U0123914

本书由中共贵州省委党校（贵州行政学院）出版基金资助

企业集团推动中国制造强国战略研究

QiYe JiTuan TuiDong ZhongGuo ZhiZao
QiangGuo ZhanLue YanJiu

◎ 雷德雨／著

经济科学出版社
Economic Science Press

图书在版编目（CIP）数据

企业集团推动中国制造强国战略研究／雷德雨著．
—北京：经济科学出版社，2016.6
ISBN 978 - 7 - 5141 - 7057 - 3

Ⅰ.①企… Ⅱ.①雷… Ⅲ.①制造工业 - 工业企业
管理 - 研究 - 中国 Ⅳ.①F426.4

中国版本图书馆 CIP 数据核字（2016）第 149334 号

责任编辑：段　钢
责任校对：杨　海
责任印制：邱　天

企业集团推动中国制造强国战略研究

雷德雨　著

经济科学出版社出版、发行　新华书店经销
社址：北京市海淀区阜成路甲 28 号　邮编：100142
总编部电话：010 - 88191217　发行部电话：010 - 88191522
网址：www. esp. com. cn
电子邮件：esp@ esp. com. cn
天猫网店：经济科学出版社旗舰店
网址：http：//jjkxcbs. tmall. com
北京万友印刷有限公司印装
710×1000　16 开　15.5 印张　305000 字
2016 年 8 月第 1 版　2016 年 8 月第 1 次印刷
ISBN 978 - 7 - 5141 - 7057 - 3　定价：48.00 元

前　言

　　制造业是现代工业的基石，是实现国家现代化的保障，也是国家综合国力的体现，是一个国家的脊梁。新一轮科技革命和产业变革正在孕育兴起，全球科技创新呈现出新的发展态势和特征。学科交叉融合加速，新兴学科不断涌现，前沿领域不断延伸，基础科学领域正在或有望取得重大突破性进展。以制造业数字化网络化智能化为核心技术，信息技术、生物技术、新材料技术、新能源技术广泛渗透，带动几乎所有领域发生了以绿色、智能、泛在为特征的群体性技术革命。2008 年金融危机以来，制造业呈现出发达国家和发展中国家间新一轮国际分工争夺态势，制造业重新成为全球经济竞争制高点。世界银行统计数据显示，2010 年以来，我国制造业增加值连续五年超过美国，成为世界制造业第一大国，一些优势领域已达到或接近世界先进水平。但与世界工业化发达国家的制造业相比，仍存在较大的差距，总体上还处于"大而不强"的局面，在自主创新能力、资源利用效率、产业结构水平、信息化程度、质量效益等方面差距明显，转型升级和跨越发展的任务紧迫而艰巨。随着国际金融危机后的全球产业重构和新一轮工业革命的展开，中国制造业面临着前所未有的挑战和机遇，表现为我国要素成本逐步提高，传统比较优势逐步减弱，这就要求我国从供给侧发力，加快产业结构转型升级，培育建立在新比较优势基础上的竞争优势。如何推动我国制造业整体升级，已经成为攸关未来我国命运的重中之重。《中国制造 2025》指出"制造业是立国之本、兴国之器、强国之基"，实现制造大国向制造强国的转变是我国实现稳定增长和提质增效升级的迫切需要，是应对新一轮科技革命和产业变革的战略选择，是实现"两个一百年"奋斗目标和中华民族伟大复兴中国梦的战略举措。

目前中国制造业存在的最主要问题是自主创新能力不强，高端技术、核心技术和关键元器件受制于人，要成为制造强国，就必须深入贯彻落实新发展理念，以五大政策支柱为依托，在适度扩大总需求的同时，着力深化供给侧结构性改革，将制造业的数字化、网络化和智能化，作为制造业创新驱动、转型升级的制高点、突破口和主攻方向，依靠创新驱动，大力推进数字化、网络化、智能化制造，提高创新能力，完善企业创新体系，大幅度提高产品质量，推行绿色制造，发展现代制造服务业，形成有国际竞争力和知名品牌的企业群体。企业集团是我国的主导企业组织形式，是我国推进供给侧结构性改革，构建创新生态系统，迈向制造强国的重要基础和核心力量。《中国制造2025》提出，坚持把结构调整作为建设制造强国的关键环节，大力发展先进制造业，改造提升传统产业，推动生产型制造向服务型制造转变。这就要求优化产业空间布局，培育一批具有核心竞争力的企业集团和大的跨国公司，走提质增效的发展道路，在发达国家先进技术优势和发展中国家低成本竞争的双重挤压下突出重围，实现制造业由大转强的历史性跨越，本书主要包括以下几个部分：

第一，首先从规模、结构、研究开发以及地域发展等方面深入分析了我国制造业发展现状，并就经济发展新常态下我国制造业发展面临的主要挑战进行了探讨，深入阐述了制造强国内涵、特征与主要评价指标体系，以及我国制造强国战略的提出、主要内容，以及我国迈向制造强国的路径，并深入研究了我国企业集团概念、发展沿革、绩效效应及其影响机制，以及企业集团推动制造强国的战略作用。

第二，创新驱动发展居于中国制造强国战略的核心位置，作为我国的主导企业组织形式，企业集团是推动新常态下我国制造强国战略的重要微观基础。本书深入阐述了如何培育创新生态系统的核心企业，并由此衍生出大中小企业各居其位，优势互补，相辅相成的创新生态系统，重点阐述了大型企业特别是大型企业集团必须首先实现自身发展方式的转变，使得自主创新成为绩效增长的源泉，发挥对我国创新驱动发展战略的重要推动作用。

第三，绿色制造是我国制造业实现可持续发展的必由之路，本书深入研究了实施绿色工业革命，大幅度地提高资源生产率、降低污染排放，实现碳排放与经济增长脱钩的路径，重点阐述了培育"大而强"的行业龙头企业，发挥导向作用，带动配套企业发展，强化大型企业集团对制造业绿色发展的引导作用，显著提高资源利用效率、明显降低污染排放和生态损耗，以最少的资源消耗和环境代价获得最大的经济利益和社会效益。

第四，智能制造是我国完成从制造业大国向强国转变的主攻方向，本书深入阐述了依托企业集团以智能制造为主攻方向，加快推进两化深度融合。以实现重大产品和成套装备的智能化为突破口，以推广普及智能工厂为切入点，以抢占智能制造生态系统主导权为核心目标，加快提升制造业产品、装备及生产、管理、服务的智能化水平。

第五，制造业的服务化已经成为制造业发展的重大趋势，我国制造业强国建设不仅需要关注制造业技术水平的提升，更要通过发展服务型制造来提升制造业的附加价值。本书深入研究了企业集团推动制造业服务化的主要模式，重点是鼓励转向更多地提供能够增加用户体验、满足用户功能需求的服务转型，从而提升我国制造企业在全球价值链中的地位。

第六，制造业国际化发展是我国制造业发展到现阶段的客观需求，在制造业国际化的过程当中，我国关键是形成一批拥有著名品牌和自主知识产权、主业突出、核心能力强、具有国际竞争力的大公司、大企业集团，推动我国制造业向全球价值链的高端攀升。

第七，发挥企业集团推动我国制造强国战略的推动作用，需要发挥体制机制的保障作用，包括：处理好政府与市场的关系、深化科技体制改革、创新人才培养、深化金融体制改革、强化制造业基础建设、夯实制造强国战略的绿色发展基础、弘扬制造业文化、夯实制造强国战略的软实力等。

雷德雨

2016 年 4 月

目　　录

第 *1* 章

我国制造业发展现状及挑战

我国制造业的规模发展具有较明显的优势，是制造大国的重要基础，对于中国成为制造强国有着重要的提升效应；而在结构优化、持续发展尤其是质量效益三个方面与世界先进水平还存在较大差距，阻碍了我国制造业的健康发展，是制约我国制造业做大做强的"瓶颈"。全球制造业正在发生新一轮分工格局调整，中国制造业向中高端升级面临新的挑战，继续保持制造业的规模发展优势、着力提升制造业的质量效益、推进制造业的结构优化并坚持制造业的可持续发展是我国实现由制造大国向制造强国转变的必由之路。

1.1

我国制造业发展现状

新中国成立特别是改革开放以来，我们制造业水平得到了长足的进步，有力推动了我国工业化和现代化进程，显著增强了我国的综合国力，推动我国总体上进入工业化中后期。目前中国已经是世界上第二大经济体，制造业产出在2012年就超过世界总量的20%，成为全球第一制造业大国，但与此同时中国制造业"大而不强"的情况十分突出，亟待转型升级，实现向制造强国的转变。

1.1.1 我国制造业规模增长较快

如图 1-1 所示，中国制造业增加值实现了较快的增长，经历了追赶乃至在规模上超越主要发达国家的过程。2010 年中国制造业增加值在全球占比超越美国，成为世界制造业第一大国。据美国经济咨询公司环球通视数据，2010

年我国制造业产出占世界的比重为 19.8% ，已超过美国成为全球制造业第一大国①。2012 年我国制造业主营业务收入占全国工业主营业务收入的 86.70% ，工业制成品出口占全国货物出口总量的 95.09% ，是我国国民经济的支柱。美国《纽约时报》撰文指出，中国工业如今在竞争中的优势已更多地体现在拥有完整的产业链条。根据 IBM 统计，中国是世界上唯一拥有联合国产业分类中全部工业门类（39 个工业大类、191 个中类、525 个小类）的国家。我国 22 个工业产品大类中的 7 大类产品产量居世界首位，其中包括钢铁、水泥、汽车等 220 种工业品品产量居世界第一位。2013 年我国发电设备产量 1.2 亿千瓦，约占全球的 60% ；造船完工量 4534 万载重吨，占全球比重 41% ；汽车产量 2212 万辆，占全球比重 25% ；机床产量 95.9 万台，占全球比重 38% 。2013 年我国装备制造业产值突破 20 万亿元，占全球比重超过 1/3。2014 年我国工业增加值达到 22.8 万亿元，占 GDP 的比重达到 35.85% 。2014 年，中国制造业净出口居世界第一位，其增加值占世界的 20.8% 。2014 年，我国共有 100 家企业入选"财富世界 500 强"，比 2008 年增加 65 家，其中制造业企业 56 家（不含港澳台），连续两年成为世界"500 强"企业数仅次于美国（130 多家）的第二大国。中国有全球最完善的工业体系，具有全球最为完备的工业体系和产业配套能力，这是我国实现制造业强国宝贵而难得的坚实基础。

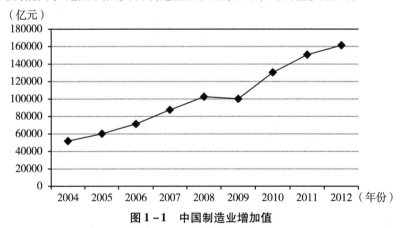

（亿元）

图 1-1　中国制造业增加值

资料来源：《中国统计年鉴》。

---

① "党的十六大以来，我国工业生产能力全面提升，制造业大国地位初步确立。在 22 个工业大类行业中，我国有 7 大类行业全球第一，水泥、汽车、家电等 220 多种工业品产量全球居首"，原载于王政，左娅：《工业：制造大国迈向制造强国（跨越·十年）》，2012 年 9 月 18 日《人民日报》第 5 版。

1.1.2　我国制造业发展的结构特征

如表 1 - 1 所示，2013 年全国共有规模以上制造业企业 326998 家，资产合计 651225.58 亿元。在所有规模以上制造业行业中，资产总计占制造业资产总计比重超过 5% 的行业包括：化学原料和化学制品制造业，非金属矿物制品业，黑色金属冶炼和压延加工业，通用设备制造业，汽车制造业，电气机械和器材制造业和计算机、通信和其他电子设备制造业等，分别占制造业总资产的比重为：9.15%，6.17%，9.62%，5.39%，7.18%，7.12% 和 7.80%，说明重化工业在我国制造业中较大比重，装备制造业和电子信息产业在制造业总资产中所占比重逐渐增加。我国多数装备产品产量位居世界第一。2013 年发电设备产量 1.2 亿千瓦，约占全球总量的 60%；造船完工量 4534 万载重吨，占全球比重 41%；汽车产量 2211.7 万辆，占全球比重 25%；机床产量 95.9 万台，占全球比重 38%。近年来我国装备自主化迈上新台阶，载人航天与探月工程、"蛟龙"载人深潜器取得重大突破，大型运输机和大型客机已完成布局，研制工作取得重要进展。新兴产业发展取得重大进展，智能制造装备、海洋工程装备、先进轨道交通装备、新能源汽车等新兴产业发展取得明显成效。目前我国高端装备制造业产值占装备制造业比重已超过 10%，反映出我国经济结构的调整优化进程。

表 1 - 1　　2013 年按行业分规模以上制造业单位数及资产总计

行　　业	企业单位数（个）	资产总计（亿元）	资产总计占制造业资产总计比重（%）
农副食品加工业	23080	26676.39	4.10
食品制造业	7531	11275.51	1.73
酒、饮料和精制茶制造业	5529	12779.01	1.96
烟草制造业	135	7976.27	1.22
纺织业	20776	21663.78	3.33
纺织服装、服饰业	15212	11020.61	1.69
皮革、毛皮、羽毛及其制品和制鞋业	8003	6094.77	0.94

续表

行　　业	企业单位数（个）	资产总计（亿元）	资产总计占制造业资产总计比重（%）
木材加工和木、竹、藤、棕、草制品业	8766	5110.5	0.78
家具制造业	4716	4039.11	0.62
造纸及纸制品业	7213	12940.17	1.99
印刷业和记录媒介的复制业	4321	4306.46	0.66
文教、工美、体育和娱乐用品制造业	7198	5916.07	0.91
石油加工、炼焦和核燃料加工业	2064	23276.4	3.57
化学原料和化学制品制造业	24211	59604.98	9.15
医药制药业	6525	18479.89	2.84
化学纤维制造业	1904	6248.77	0.96
橡胶和塑料制品业	16692	17789.4	2.73
非金属矿物制品业	30468	40190.5	6.17
黑色金属冶炼和压延加工业	11034	62638.33	9.62
有色金属冶炼和压延加工业	7168	31863.76	4.89
金属制品业	18934	21390.04	3.28
通用设备制造业	22495	35102.96	5.39
专用设备制造业	15374	29609.08	4.55
汽车制造业	11599	46788.28	7.18
铁路、船舶、航空航天和其他电子设备制造业	4859	20025.59	3.08
电气机械和器材制造业	21368	46375.08	7.12
计算机、通信和其他电子设备制造业	12669	50768.81	7.80
仪器仪表制造业	3866	6509.13	1.00
其他制造业	1598	1974.06	0.30
废弃资源综合利用业	1274	1561.07	0.24
金属制品、机械和设备修理业	416	1230.8	0.19
合计	326998	651225.58	100.00

资料来源：《中国统计年鉴》。

如表 1 - 2 所示，2013 年全国规模以上制造业企业共实现主营业务收入合计 901941.51 亿元。在所有规模以上制造业行业中，主营业务收入总计占制造业主营业务收入总计比重超过 5% 的行业包括：农副食品加工业，化学原料和化学制品制造业，非金属矿物制品业，黑色金属冶炼和压延加工业，有色金属冶炼和压延加工业，汽车制造业，电气机械和器材制造业和计算机、通信和其他电子设备制造业等，说明我国制造业结构改善已经取得了明显成效。

表 1 - 2　　　　　2013 年按行业分规模以上制造业主营业务收入

行　　业	主营业务收入 （亿元）	主营业务收入占制造业 总计比重（%）
农副食品加工业	59497.12	6.60
食品制造业	18164.99	2.01
酒、饮料和精制茶制造业	15185.2	1.68
烟草制造业	8292.67	0.92
纺织业	36160.6	4.01
纺织服装、服饰业	19250.91	2.13
皮革、毛皮、羽毛及其制品和制鞋业	12493.09	1.39
木材加工和木、竹、藤、棕、草制品业	12021.9	1.33
家具制造业	6462.75	0.72
造纸及纸制品业	13471.58	1.49
印刷业和记录媒介的复制业	5291.3	0.59
文教、工美、体育和娱乐用品制造业	12037.8	1.33
石油加工、炼焦和核燃料加工业	40679.77	4.51
化学原料和化学制品制造业	76329.77	8.46
医药制药业	20592.93	2.28
化学纤维制造业	7281.76	0.81
橡胶和塑料制品业	27310.62	3.03
非金属矿物制品业	51284.28	5.69
黑色金属冶炼和压延加工业	76316.93	8.46
有色金属冶炼和压延加工业	46536.3	5.16

续表

行　业	主营业务收入（亿元）	主营业务收入占制造业总计比重（%）
金属制品业	32842.94	3.64
通用设备制造业	42789.01	4.74
专用设备制造业	32057.48	3.55
汽车制造业	60540	6.71
铁路、船舶、航空航天和其他电子设备制造业	16545.12	1.83
电气机械和器材制造业	61018.14	6.77
计算机、通信和其他电子设备制造业	77226.31	8.56
仪器仪表制造业	7681.88	0.85
其他制造业	2307.84	0.26
废弃资源综合利用业	3340.04	0.37
金属制品、机械和设备修理业	930.48	0.10
合计	901941.51	100.00

资料来源：《中国统计年鉴》。

第三次全国经济普查结果显示工业总量日益扩大，结构正在改善。具体表现为，高耗能行业在化解产能过剩矛盾等调控政策的作用下，在工业增加值中的比重从 2008 年的 32.2% 下降至 2013 年的 28.9%。如表 1-3 所示，2013 年全国规模以上制造业企业的利润结构说明，高技术产业、装备制造业、消费品制造业等在政策推动和市场需求导向下快速增长，在工业经济中的支撑作用明显增强。

表1-3　　　　　　2013 年按行业分规模以上制造业利润总额

行　业	利润总额（亿元）	利润总额占制造业利润总额比重（%）
农副食品加工业	3105.32	6.12
食品制造业	1550.04	3.06
酒、饮料和精制茶制造业	1653.56	3.26

行　　业	利润总额（亿元）	利润总额占制造业利润总额比重（％）
烟草制造业	1222.07	2.41
纺织业	2022.71	3.99
纺织服装、服饰业	1141.09	2.25
皮革、毛皮、羽毛及其制品和制鞋业	818.67	1.61
木材加工和木、竹、藤、棕、草制品业	810.74	1.60
家具制造业	403.88	0.80
造纸及纸制品业	749.61	1.48
印刷业和记录媒介的复制业	420.08	0.83
文教、工美、体育和娱乐用品制造业	631.2	1.24
石油加工、炼焦和核燃料加工业	482.09	0.95
化学原料和化学制品制造业	4113.28	8.11
医药制药业	2071.67	4.09
化学纤维制造业	259.78	0.51
橡胶和塑料制品业	1716.27	3.38
非金属矿物制品业	3756.83	7.41
黑色金属冶炼和压延加工业	1695.04	3.34
有色金属冶炼和压延加工业	1445.44	2.85
金属制品业	1878.31	3.70
通用设备制造业	2867.05	5.65
专用设备制造业	2147.28	4.23
汽车制造业	5107.74	10.07
铁路、船舶、航空航天和其他电子设备制造业	925.66	1.83
电气机械和器材制造业	3451.73	6.81
计算机、通信和其他电子设备制造业	3308.25	6.52
仪器仪表制造业	647.16	1.28

行　业	利润总额 （亿元）	利润总额占制造业利润 总额比重（％）
其他制造业	124.8	0.25
废弃资源综合利用业	132.08	0.26
金属制品、机械和设备修理业	46.26	0.09
合计	50705.69	100.00

资料来源：《中国统计年鉴》。

1.1.3　我国制造业的研发现状

近年来随着国家自主创新战略的实施，我国制造业发展正在更多地转向依靠自主创新和知识产权的创造。近年来，我国高技术制造业规模不断扩大，效益增长较快，研发投入大幅增加，创新能力稳步提高。截至2013年年底，我国共有规模以上高技术制造业企业26894家，比2008年增加1077家，占规模以上制造业企业总数的比重为7.8％，比2008年提高了1.3个百分点。2014年我国的研发投入占GDP比重已经超过2％，达到2.09％，研发投入总额已居全球第二位。从国际专利的申请来看，近几年我国很多企业如华为、中兴等有大量的国际专利申请，我国的国际专利申请的总量已经排到全球第四位。与传统产业相比，高技术制造业经济效益增长更快，更为重要的是，创新能力更强，在研发投入较快增长的同时，产出水平也在稳步提升。截至2013年年末，涉及战略性新兴产业活动的第二产业和第三产业企业法人单位共有16.6万家，占企业法人单位总数的2％；有战略性新兴产业活动的企业共有从业人员2362.3万人，占全部企业法人单位从业人员的8.1％。其中，节能环保产业和新材料产业发展最为迅速。目前，七大战略性新兴产业在国民经济中所占份额还比较小，各地区发展也不均衡，不少地区仍处于发展起步期或成长期。但从长远来看，战略性新兴产业发展潜力巨大，将在国民经济增长过程中发挥越来越重要的作用，成为推动我国经济发展的新动力。

第三次全国经济普查结果显示，规模以上工业企业是我国研发活动的重要主体，在创新驱动战略的带动下，工业企业研发投入不断增加，工业整体自主创新能力有所增强，研发经费较快增长。过去我国工业更多依靠要素的规模驱动力，而随着研发投入的增加，我国工业企业的人力资本质量和技术水平稳步提升，创新驱动也让企业收获了高额的回报。作为企业研发产出的重要成果形式之一，2013 年规模以上工业企业新产品的销售收入较快增长，在主营业务收入中的占比有所提高。2013 年计算机、通信和其他电子设备制造，汽车制造业，电气机械和器材制造业等 3 个行业实现新产品销售收入均超过 1 万亿元，共实现新产品销售收入 53108.1 亿元，比 2008 年增长 111.6%，占全国规模以上工业企业的 41.3%；新产品销售收入占主营业务收入的比重为 26.6%，比 2008 年提高了 0.4 个百分点。工业整体自主创新能力有所增强，与高技术行业突出的引领作用密切相关。2013 年，我国规模以上全部工业中研发经费超过 500 亿元的有以计算机、通信和其他电子设备制造业等为代表的 7 个行业大类，这 7 个行业大类的研发经费为 5101.7 亿元，比 2008 年增长 151.6%。此外，工业企业研发投入的区域集聚效应进一步显现，东部地区企业的研发投入相对更大。

1.1.4　我国制造业发展的地域特征

如表 1-4 所示，《中国制造业发展研究报告 2014》从制造业经济创造能力、科技创新能力、资源能源集约能力、环境保护能力以及社会贡献能力等五个方面构建的制造业强省指标体系显示，我国制造业发展水平呈现明显的地域差异，说明我国各区域在制造业发展方式、产业结构和竞争优势方面差距较大。

表 1-4　　　　　　　　中国制造业强省排名（2012 年）

排名	省份	综合得分	排名	省份	综合得分
1	江苏	0.7606	7	安徽	0.4907
2	广东	0.6993	8	北京	0.4777
3	山东	0.6156	9	湖南	0.4621
4	浙江	0.5969	10	福建	0.4396
5	上海	0.5561	11	河南	0.4384
6	天津	0.5123	12	辽宁	0.4338

排名	省份	综合得分	排名	省份	综合得分
13	吉林	0.4220	23	黑龙江	0.3282
14	重庆	0.4123	24	甘肃	0.3052
15	四川	0.4023	25	宁夏	0.2928
16	湖北	0.3922	26	青海	0.2821
17	海南	0.3915	27	贵州	0.2748
18	江西	0.3833	28	云南	0.2460
19	河北	0.3589	29	新疆	0.2363
20	陕西	0.3568	30	陕西	0.2360
21	内蒙古	0.3534	31	西藏	——
22	广西	0.3448	——		

资料来源：李廉水主编：《中国制造业发展研究报告2014》，北京大学出版社2015年版第151页。

1.2

新常态下我国制造业发展面临的主要挑战

经过30多年的快速发展，依靠廉价而优质的劳动力、引进吸收国外先进技术、巨大的内部市场支撑经济增长的基本动力已经发生了转折性变化。从发展环境和发展条件方面来看，我国经济进入新常态以后，面临着很多新的变化，我国制造业发展面临全新的国内环境。

1.2.1 制造业供给侧对需求侧变化的适应性调整明显滞后

中国经济发展已经进入新常态，中国经济新常态符合追赶型后发经济体的一般发展规律，其显著特征是速度变化、结构调整和动力转换。当前中国工业化、城市化进程尚未完成，正在从上中等收入国家向高收入国家迈进，经济新常态是工业化进程推进的直接体现，是我国经济向形态更高级、分工更复杂、结构更合理的阶段演化的必经阶段，表现为需求结构加快转型升级，经济发展从要素驱动、投资驱动转向创新驱动。随着收入水平提高和中等收入群体扩大，居民对产品品质、质量和性能的要求明显提高，多样化、个性化、高端化需求与日俱增，服务需求在消费需求中的占比明显提高。随着恩格尔系数持续下降、居民受教育水平普遍提高和人口老龄化加快，旅游、养老、教育、医疗等服务需求快速增长。同时产业价值链提升对研发、设计、标准、供应链管理、营销网络、物流配送等生产性服务提出了更高要求。当前我国制造业供给侧明显不适应需求结构的变化，表现为无效和低端供给过多，一些传统产业产能严重过剩，产能利用率偏低。同时有效和中高端供给不足，供给侧调整明显滞后于需求结构升级，居民对高品质商品和服务的需求难以得到满足，出现到境外大量采购日常用品的现象，造成国内消费需求外流①。

进入 21 世纪以来，中国一些资本密集型的重化工业领域出现了一定程度的重复建设和产能过剩问题，因此治理重复建设、抑制产能过剩成为经济结构调整的重中之重。根据欧美等国家利用产能利用率或设备利用率判断产能是否过剩的经验，产能利用率的正常值在 79% ~ 83%，超过 90% 则认为产能不足，存在生产设备能力超负荷现象，若产能利用率低于 79%，则说明可能出现产能过剩的现象。如表 1-5 所示，当前我国现在正处在经济转型升级时期，旧的增长动力在逐步减弱，制造业很多领域都面临着产能过剩，如钢铁、有色建材、石化等行业。

表 1-5　　　　　　我国七大制造业产能过剩行业产能利用率　　　　单位:%

年份	1999	2000	2001	2002	2003	2004	2005	2006	2007	2008
黑色金属	46.23	51.81	50.07	55.86	66.74	75.57	65.62	62.23	58.51	58.22
有色金属	56.44	68.92	68.99	61.22	73.67	75.65	68.59	62.98	44.07	49.05
石化炼焦	51	63.33	60.25	64.82	81.74	85.98	69.02	67.05	73.3	69.15
化学原料	55.86	60.76	61.11	59.19	68.75	82.97	75.92	65.3	68.55	61.85
矿物制品	60.94	68.31	66.95	61.64	72.37	73.15	71.83	72.5	75.14	70.56
化学纤维	46.02	53.78	44.12	46.11	50.08	49.14	47.64	50.41	52.21	45.93
造纸制品	68.34	63.84	60.12	63.85	62.81	58.82	62.69	64.45	61.19	60.6

资料来源：韩国高、高铁梅等：《中国制造业产能过剩的测度、波动及成因研究》，载《经济研究》2011 年第 12 期。

---

① 王一鸣、陈昌盛、李承健：《正确理解供给侧结构性改革（人民要论）》，《人民日报》，2016年 3 月 29 日第 7 版。

中国制造业亟待重塑竞争优势来主动适应中国经济发展的"新常态"。在新的发展条件下，制造业供给和需求都发生了明显变化，约束条件不同以往，这些都意味着原来的增长动力必须调整，制造业发展方式要从规模速度型粗放增长转向质量效率型集约增长，发展动力从要素驱动增长向创新驱动增长转变。"新常态"下制造业发展能否顺利迈向更高阶段和水平，关键在于用改革的办法矫正供需结构错配和要素配置扭曲，减少无效和低端供给，扩大有效和中高端供给，促进要素流动和优化配置，实现更高水平的供需平衡，实现制造业新旧动力能否顺利实现平稳接续。当前，新的增长动力、新兴产业和业态正在加速成长，新旧增长动力正在交替。随着制造业新兴产业和业态的加速成长，我国制造业将实现持续健康的发展，并最终实现从制造大国向制造强国的转变。

1.2.2 制造业面临资源环境约束

长期以来，我们工业经济增长表现为高投入、高消耗的特征，存在着结构不合理的矛盾，关键技术受制于人，环境能源约束越来越强烈。工业部门是我国最大的能源消耗和温室气体排放部门。2013 年主营业务收入排名前 10 位的行业中，重化工行业占据 6 大行业，包括化学原料和化学制品制造业，黑色金属冶炼和压延加工业，电力、热力生产和供应业，非金属矿物制品业，有色金属冶炼和压延加工业以及石油加工、炼焦和核燃料加工业等，上述重化工行业合计占工业两位数行业主营业务收入合计的比重为 34%。如图 1 - 2 所示，我国工业两位数行业碳排放强度显示，以万吨标准煤计算的二氧化碳排放量最多的行业包括：电力加工、石油加工和煤炭开采等重化工行业。二氧化硫排放量居前几位的行业也集中在重化工行业，包括电力热力的生产和供应业、非金属矿物制品业、黑色金属冶炼及压延加工业、化学原料及化学制品制造业、有色金属冶炼及压延加工业、石油加工炼焦及核燃料加工业等 6 个行业二氧化硫排放量合计占工业源二氧化硫排放量的 88.5%。氮氧化物排放量居前几位的行业也是重化工业组成，其氮氧化物排放量合计占工业源氮氧化物排放量的 91.5%。我国制造业单位增加值能耗是日本的 9 倍、德国的 6 倍、美国的 4 倍。资源利用效率偏低，单位国内生产总值（GDP）能耗约为世界平均水平的 2.6 倍。对我国工业化进程的分析与预测表明，我国高耗能、高排放的重化工业部门将于 2020 年前后实现产量峰值，到 2025 年前后可以完成工业化，进入后工业化时代①，因此，实现我国产业结构调整升级，引导重化工业的绿色生产革命、发展创新驱动减的环境友好的高新技术产业构成我国"十三五"时期及今后较长时期工业发展绿色化的主要挑战。

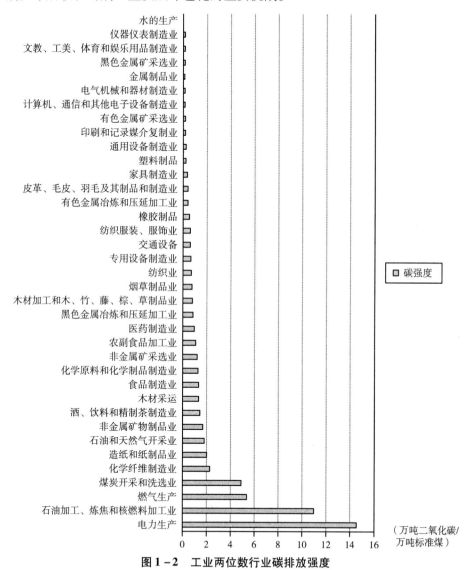

图 1－2　工业两位数行业碳排放强度

资料来源：根据历年《统计年鉴》、《能源统计年鉴》计算得出。

① 王伟光、郑国光、潘家华：《气候变化绿皮书·应对气候变化报告：科学认知与政治争锋》，社会科学文献出版社 2014 年版，第 4 页。

1.2.3 制造业自主创新能力不强

我国制造业"大而不强"的情况十分突出。虽然从"体量"上中国已成全球制造业第一大国，但大不等于强。与发达国家相比，我国制造业的核心技术薄弱、共性技术缺位，整体素质和竞争力仍有不小差距。我国核心技术和关键元器件受制于人，我国制造业增加值率只有 26.5%，远低于发达国家 35%~40% 的水平。我国自主创新能力不强，表现在核心技术缺乏，80% 以上高端技术依靠从国外进口；产品附加值不高，利润低下；劳动生产率较低。核心技术对外依存度较高，产业发展需要的高端设备、关键零部件和元器件、关键材料等大多依赖进口。如我国所需的芯片 80% 以上依赖进口，2013 年用汇 2313 亿美元，超过石油；高铁装备所需的核心零部件和元器件 80% 以上需进口。据报道，2013 年中国已是最大的机器人消费国家，预计到 2020 年我国将拥有 30 万台机器人，机器人及系统产值约 1000 亿元，将带动 3000 亿元零部件市场，种种迹象表明中国机器人市场潜力巨大，我国机器人关键零部件长期依赖进口，总体处于行业低端，而日本、德国先进机器人制造企业几乎垄断了高端机器人市场，占比达 96%。海关数据显示，我国每年进口的成套高端设备产值 3000 亿美元左右，与国内生产总额相比是 1.37：1，其中 90% 的高档数控机床、数控系统等依赖进口；此外主机空壳化发展趋势明显，关键零部件和配套系统大量依赖进口，1/4 以上的核电相关泵阀，高端液压件依赖进口[①]。

如表 1-6 所示，2014 年我国制造业规模以上工业企业 R&D 经费投入强度仅为 0.91。我国规模以上工业企业开展研发的只有 14% 左右，研发支出占主营业务收入的比例不到 1%；企业应用研究支出仅占全社会的 20%，而发达国家一般超过 50%。据世界银行统计，2012 年，我国制造业增加值为 23306.8 亿美元，在全球制造业占比超过了 20%，居世界第一位；然而，中国制造业增加值率仅为 21.5%，远低于工业发达国家 35% 的平均值。但与此同时，我国高端芯片 80% 依靠进口；生产一部 178.96 美元的苹果手机，负责组装的中国企业仅得 6.5 美元[②]。当前中国由于创新能力不强，在国际分工中尚处于技术含量和附加值较低的"制造—加工—组装"环节，在附加值较高的研发、

---

① 周济：《2025 年中国制造业可进入世界第二方阵》，载《中国电子报》2014 年 11 月 3 日第 6 版。
② 杨亮：《中国制造：走自己的路》，载《光明日报》2015 年 5 月 28 日第 13 版。

设计、工程承包、营销、售后服务等环节缺乏竞争力。

表1-6　　　2014年制造业分行业规模以上工业企业R&D经费情况

行　　业	经费投入（亿元）	投入强度（%）
农副食品加工业	195.9	0.31
食品制造业	112.7	0.55
酒、饮料和精制茶制造业	98.8	0.60
烟草制品业	20.9	0.23
纺织业	177.7	0.46
纺织服装、服饰业	74.2	0.35
皮革、毛皮、羽毛及其制品和制鞋业	40.1	0.29
木材加工和木、竹、藤、棕、草制品业	32.7	0.25
家具制造业	27.1	0.37
造纸和纸制品业	96.4	0.71
印刷和记录媒介复制业	34.2	0.51
文教、工美、体育和娱乐用品制造业	65.5	0.44
石油加工、炼焦和核燃料加工业	106.6	0.26
化学原料和化学制品制造业	746.5	0.90
医药制造业	390.3	1.67
化学纤维制造业	75.0	1.05
橡胶和塑料制品业	227.9	0.76
非金属矿物制品业	246.5	0.43
黑色金属冶炼和压延加工业	642.0	0.86
有色金属冶炼和压延加工业	330.6	0.64
金属制品业	251.2	0.69
通用设备制造业	620.6	1.32
专用设备制造业	540.9	1.55
汽车制造业	787.2	1.16
铁路、船舶、航空航天和其他运输设备制造业	426.1	2.40

续表

行　　业	经费投入（亿元）	投入强度（%）
电气机械和器材制造业	922.9	1.38
计算机、通信和其他电子设备制造业	1392.5	1.63
仪器仪表制造业	169.0	2.04
合计	8890.9	0.91

资料来源：国家统计局：《2014 年全国科技经费投入统计公报》。

　　制造业是创新的主战场，是保持国家竞争实力和创新活力的重要源泉。中国只有抓住这次工业革命的脉搏，才能在全球竞争格局中抢占未来先机①。随着我国的科技整体水平实现了大幅提升，一些重要领域跻身世界先进行列，某些领域正由"跟跑者"向"并行者""领跑者"转变，在这些领域中国已处于技术前沿。中国制造业要实现由大变强的突破，必须走自主创新的道路。

1.2.4　制造业质量基础相对薄弱

　　我国已成为制造业大国，但制造业产品质量水平不高，导致市场竞争力不强，产品的利润率较低，处于价值链的低端。如表 1－7 所示，对占世界制造业总产值 70% 以上的 15 个国家的制造业质量竞争力的对比分析显示，我国整体制造业竞争力排名第 13 位，仅高于泰国和印度，与瑞士、日本、美国、德国等国的差距极大。据统计，国家监督抽查产品质量不合格率高达 10%，制造业每年直接质量损失超过 2000 亿元。在生产者和消费者之间进行有效的质量信息传递将能够拉动巨大的消费需求，进而促进经济总量的增长。质量观测数据表明，相对于具体的产品服务质量而言，消费者更不满意的领域是产品服务的质量信息供给严重不足，导致了其对于质量的需求无法得到有效的满足，消费者对"质量信息提供"的评价从 2013 年的 59.20 分下降为 2014 年的 57.28 分，下降了 1.92 分，分别低于产品、服务质量 3.1 分和 5.3 分。质量信息供给不足的直接后果就是导致我国国内需求大量地转移到国外市场，2014 年我国的境外消费为 1 万亿美元，约占我国全年社会消费品零售总额的 23%，

---

① 杨亮：《中国制造：走自己的路》，载《光明日报》2015 年 5 月 28 日第 13 版。

且有不断增长的态势，而同期我国的社会消费品零售总额增长较 2013 年下降了 0.6 个百分点，大量的国内消费需求转移到国外，其根本原因在于我国对于质量的信息传递不够充分，优质不能优价，使得消费者对于国产产品的信心不足[①]。

表 1-7　　　　　　　　　　世界主要国家制造业质量竞争力

国家	瑞士	瑞典	日本	新加坡	美国	德国	韩国	英国
得分	0.920	0.834	0.795	0.788	0.711	0.676	0.561	0.519
国家	巴西	法国	俄罗斯	马来西亚	中国	泰国	印度	均值
得分	0.510	0.501	0.468	0.458	0.255	0.240	0.182	0.564

资料来源：杨芷晴：《世界主要国家制造业的质量竞争力测评》，载《财政研究》2015年第 9 期。

1.2.5　产业结构不合理，大多数产业仍处于价值链的中低端

从国际贸易来说，我国由过去的被动参与全球价值链分工，正在转向更加主动地布局全球战略。近年来，我国很多企业开展了全球技术并购，主动布局和整合全球价值链，反映出我国在全球产业价值链分工中的地位正在提升。我国贸易结构从加工贸易正在逐渐转向一般贸易为主。从统计数据看，我国高技术、中高技术的制造业所占制造业出口总额的比重在明显上升，目前已占整体出口的 64%，中低技术、低技术制造业所占的制造业出口总额的比重在明显下降，反映出我国制造业在全球产业分工中地位加速提升，产业结构正在逐渐由劳动密集型向资本密集型和技术密集型转型和升级。但中国企业创造的价值仍然不高，如从制造业出口的价值构成来看，我国制造业出口中的国内价值增值的比例仍然比较低，而且呈下降的趋势。1995 年国内价值比例占我国整体制造业出口总额的比重是 84.3%，这一比例到 2011 年已经下降到 70.7%，说明在我国整体制造业出口总额中，有近 25% 的增加值非本国创造。这反映出我国产业结构不尽合理，技术密集型产业和生产型服务业比重偏低，产业集聚

[①]　程虹：《2014 年中国质量观测发展报告》，中国社会科学出版社 2015 年版，第 3 页。

和集群发展水平不高，具有较强国际竞争力的大企业偏少，制造的产品附加值低，在高端制造业环节缺乏竞争力[①]。我国已成为世界工业大国，重大装备制造不断取得进步，但大部分处于加工和仿制阶段，真正拥有核心技术与自主知识产权的产品并不多。我国高技术制造业近年来出口取得了快速增长，但是我国在全球价值链中并没有实现很好的价值攀升。如我国是全球最大的电子信息产品制造基地，是全球最大的智能手机出口国，出口了全球最多的电视等电子信息产品，但是我国一年的集成电路的进口额就高达2300多亿元，成为单向产品单向进口额最高的一个产品。我国制造的智能手机的关键零部件、芯片、操纵系统很多来自进口，说明我国的高技术制造业对外依赖程度很高。我国制造业正面临来自欧美发达国家和发展中国家"双向挤压"的严峻挑战。国际金融危机之后，欧美等发达国家纷纷实施"再工业化"战略，强化中高端制造领域的领先优势，中高端产品转移出现回流现象，加速推进新一轮全球贸易投资新格局。同时，印度、越南、印度尼西亚等发展中国家依靠劳动力、资源等优势，积极吸引劳动密集型产业转移，在中低端领域承接产业和资本转移对我国产生竞争压力。

1.2.6 制造业信息化水平不高

近年来，随着互联网的发展应用，新一轮技术创新浪潮，特别是信息网络技术的应用，对世界制造业影响深远，制造业的生产方式、发展模式、产业形态、组织方式、发展格局等都将发生深刻变革。发达国家纷纷把信息技术的突破与应用作为"再工业化"的重要突破口，如美国特斯拉汽车实质是互联网的移动终端装备，改变了传统的汽车产品形态和产业发展模式，赋予了传统汽车产品新的内涵。当前我国信息化和工业化两化深度融合发展已取得一定程度的进展，但仍面临一系列突出问题。与信息网络在国家发展战略和规划布局中的基础性、先导性地位相比，政策支持力度和投入明显不足，基础设施仍不能满足两化深度融合的需要，宽带网络速率相对国际先进水平差距较大，表现在信息通信技术和产业支撑能力薄弱、标准和知识产权缺失、关键器件依赖进口、集成服务能力差、核心技术受制于人，国产研发设计工具、制造执行系

---

① 史丹：《应重视产业结构早熟风险发展服务业并不意味着忽视制造业（热点辨析）》，载《人民日报》，2015年5月11日第7版。

统、工业控制系统、大型管理软件相对缺失，跨学科、跨领域政产学研协同、以企业为主体的制造业创新体系尚不健全。数据资源开发利用水平不高，数据共享安全隐患问题突出，数据跨区域、跨部门的应用、保护和开放缺少统一规定。政策缺乏合力，新一代信息通信技术与制造业融合发展过程中的技术、产品、安全、应用协同互动机制尚未建立，技术资本密集型产业融资体系不健全，支持融合发展的财政、税收、金融等政策仍需进一步加强协调配合。制度和法律体系亟待完善，新一代信息通信技术发展和应用带来新业态、新模式，电子商务、数据开放、信息安全、互联网金融等新业务健康发展亟待更加完善的制度和法律环境[①]。在国际产业分工体系中，中国信息技术水平大部分居于产业链下游和价值链低端，深度融合所需要的工业软件和行业应用解决方案仍需依赖于国外企业。我国信息网络基础设施与发达国家相比差距明显，难以满足工业化、信息化深度融合的需要。

1.3

世界制造业战略"博弈"背景下我国制造业面临的挑战

第三次工业革命引发世界产业革命，特别是在国际金融危机爆发后，世界制造业分工格局面临新的调整，我国制造业面临着严峻挑战。

1.3.1　新一轮工业革命引发制造业产业变革

新一轮工业革命以信息技术与制造业深度融合为主线，以制造业数字化、网络化、智能化为核心，建立在物联网和务联网基础上，结合新能源、新材料等方面的突破引发了新一轮产业变革。电子科学技术情报研究所《工业和信息化蓝皮书（2014~2015）》指出，随着新一轮科技浪潮引发生产要素使用方式的结构性转变和产出效率的飞速提升，全球制造业实现了从产业链到价值链的资源配置模式升级和生产组织形式创新，改变了既有的全球制造业生产要素比较优势格局。新兴经济体所具有的土地、原材料、能源、劳动力等传统生产

---

① 毛磊、张洋：《苗圩向全国人大常委会作报告时表示主攻智能制造加快两化融合》，载《人民日报》2015年6月30日第12版。

要素比较优势，在全球化和工业化的推动下，逐渐丧失其优势地位，而发达经济体所具有的技术、设备、人才等生产要素比较优势，恰恰开始释放巨大的能量。制造业面临新一轮工业革命的挑战和机遇，波士顿咨询公司研究报告指出，过去30多年，美国经济处于较好的阶段，拉丁美洲、东欧和亚洲大部分地区都被看作低成本地区，而美国、西欧和日本则被看作高成本地区。然而工资、生产率、能源成本、货币价值和其他因素极大地影响了"全球制造业成本竞争力"图谱。新图谱包含低成本经济体、高成本经济体和大量处于两者之间的经济体形成的错综复杂的局面。如表1-8所示，过去一直被认为是低成本制造业基地的几个经济体由于多项因素结合作用，自2004年以来面临着成本优势大幅减弱的压力。

表1-8　　　　　　　　制造业成本指数，2014 年（美国＝100）

国家	中国	德国	美国	日本	韩国	法国	意大利	荷兰
指数	96	121	100	111	102	124	123	111
国家	比利时	英国	加拿大	俄罗斯	墨西哥	印度	瑞士	澳大利亚
指数	123	109	115	99	91	87	125	130
国家	西班牙	巴西	泰国	印度尼西亚	波兰	瑞典	奥地利	捷克共和国
指数	109	123	91	83	101	116	111	107

资料来源：波士顿咨询公司："The Shifting Economics of Global Manufacturing"，2014 年 8 月。

据估计，中国相对美国的工厂制造业成本优势已经减弱到5%以下；巴西的制造业成本高于西欧；波兰、捷克共和国和俄罗斯的成本竞争力也相对减弱，目前这些国家的制造业成本水平与美国相当，仅仅比英国和西班牙低几个百分点。几个过去10年制造业成本相对较高的经济体竞争力继续削弱，其制造业成本高于美国16%～30%，主要原因是生产率的低增长和能源成本提高。竞争力继续削弱的经济体包括：澳大利亚、比利时、法国、意大利、瑞典和瑞士。相比其他全球前25位出口经济体，墨西哥和美国的制造业成本结构有更多的提升。由于工资增长率低、生产率持续提高、汇率稳定和拥有巨大的能源成本优势，这两个经济体现在成为全球制造业的新星。目前墨西哥按单位成本计算的平均制造成本低于中国。在全球前10位商品出口国中，除了中国和韩国外，其他经济体的制造业成本都高于美国。制造业相对成本的这些动态变化将促使企业重新评估它们的制造业选址，从而导致全球经济发生巨大转移。这意味着全球制造业可能更加分散在各个地区。因为全球各个地区都有相对低成本的制造业中心，亚洲、欧洲和美洲的更多消费商品将在更接近本地的地方制造。美国波士顿公司在 2014 年发布的《成本竞争力指数报告》指出，"到2015 年，美国的制造业成本仅比中国长三角地区高5%左右，未来的全球制造业分工格局将逐步进行调整"。据波士顿咨询公司估计，现在在美国制造商品的平均成本只比在中国高5%，比在欧洲各大经济体还要低10%~20%。更令人震惊的是：该公司预计，到 2018 年，美国制造的成本将比中国便宜2%~3%。美国的工业用电价格现在要比其他出口大国低30%~50%。如表1-9所示，美国和墨西哥的制造业成本竞争力在过去十年相比其他所有经济体有大幅提高。这两个经济体根据生产率调整后的工资以及货币汇率保持稳定或者相对其他经济体竞争力有所提高，由于能源成本非常有竞争力，美国和墨西哥成为全球制造业新星。

表 1-9　　　　　　　　美国和墨西哥制造业成本变化　　　　　　　　单位:%

	美国 2004~2014 年	墨西哥 2004~2014 年	前25位出口国平均变化 2004~2014 年
工资	+27	+67	+71
绝对生产率	+19	+53	+27
货币	持平	-11	+7
天然气成本	-25	-37	+98
电力成本	+30	+55	+75

资料来源：美国波士顿公司：《成本竞争力指数报告》，2014 年。

波士顿咨询公司的全球制造业成本竞争力指数以美国为基准（100 分）。近年来，美国获得巨大的能源成本优势。虽然全球工业用天然气价格都在提高，但自 2005 年以来由于美国正式开始重新开采地下页岩天然气资源，美国的天然气成本却下降50%。目前，中国、法国和德国的天然气成本对于美国高出 3 倍多，日本的天然气成本甚至接近美国的 4 倍。由于页岩天然气还是化工产业等产业的重要进料，因此低成本的页岩天然气还有助于使美国的电价低于大部分其他主要出口国，这对钢铁和玻璃等能源密集新产业而言就有巨大的成本优势。天然气成本仅占美国平均制造成本的 2%，而电力成本仅占 1%。但在大部分其他主要出口国中，天然气成本占平均制造成本的比重为 5%~8%，而电力成本占 2%~5%。由于美国天然气储量广泛分布，价格预计将在未来几十年保持在每 1000 立方英尺 4~5 美元以内。另外，由于还需要一段时间其他经济体才掌握开采页岩天然气的能力或者美国才出口国内的页岩天然气，所以至少在未来 5~10 年北美仍然占据主要成本优势。飞涨的劳动力和能源成本削弱了中国和俄罗斯的竞争力。例如十年前，根据生产率调整后的制造业平均工资在中国大约是 4.35 美元/每小时，在俄罗斯是 6.76 美元/每小时，相比之下美国是 17.54 美元/每小时。10 年间，中国和俄罗斯根据生产率调整后的制造业平均工资翻了三倍，中国达到 12.47 美元/每小时，俄罗斯达到 21.90 美元/每小时，而美国仅上升了 27% 达到 22.32 美元/每小时。2004~2014 年，中国和俄罗斯工业用电的成本估计分别上升 66% 和 132%，而天然气成本则分别猛增 138% 和 202%。2004~2014 年，美国与其他高度发达的经济体之间的制造业成本差距大幅扩大。目前，美国的平均制造成本估计比英国低 9%，比日本低 11%，比德国低 21%，比法国低 24%。在较大的发达出口经济体中，只有韩国的平均制造成本与美国接近，韩国的平均制造成本仅高于美国 2%。2013 年波士顿咨询公司报告指出，事实上，美国已经成为发达经济体中制造业成本最低的经济体。劳动力是美国提高竞争优势的关键。美国是发达经济体中劳动力市场是最灵活的。在全球前 25 位制造业出口国中，美国在"劳动力监管"方面排名最前，工人生产率也最高。美国生产的很多产品根据生产率调整后的劳动力成本估计比西欧和日本低 20%~54%。中国制造业对美国的成本优势已经由 2004 年的 14% 下降到 2014 年的 4%，这就表示目前在美国进行生产只比在中国进行生产高 4%。美国与中国的制造业成本差距也在快速缩小，如果这一趋势持续 10 年，那么这一差距将会在 10 年内消失，这意味着世界制造业分工格局面临新的调整，我国制造业面临着严峻挑战。

1.3.2　第三次工业革命引发制造业革命

如表 1-10 所示，杰里米·里夫金是从资源环境的角度来分析第三次工业革命的，他认为未来工业的新一轮的发展应该是走向可再生能源，将以氢的形式存储间歇式能源，产业将通过能源互联网实现分配分散式生产，并实现零排放的交通方式，他认为未来的新工业革命的产生是在新能源加互联网，体现在从能源的使用、从能源的生产、从能源的存储到能源的分配和能源的使用的五个环节共同构成未来新一轮工业革命的基础，他认为能源互联网将催生第三次工业革命。保罗·麦基里 2012 年在《经济学家》杂志撰文指出，制造业数字化引领第三次工业革命，将以"制造业数字化"为核心，使全球技术要素和市场要素配置方式发生革命性变化。第三次工业革命不仅影响到产品的生产方式，还将影响到产品的生产地点。智能软件、新材料、机器人、新的制造方法将形成合力，产生足以改变经济社会进程的巨大力量。克里斯·安德森在《创客：新工业革命》指出"创客"是指不以赢利为目标，努力把各种创意转变为现实的人。创客运动意味着人人都可以成为制造者，这是制造业正在经历的一个巨大改变。维韦克·瓦德瓦指出，三种指数方式发展的技术将引发制造业变革。

表 1 – 10　　　　　　　　　　对第三次工业革命的定义和启示

代表人物	主要观点
杰里米·里夫金	在《第三次工业革命》一书中，预言一种建立在互联网和新能源结合基础上的新经济即将到来。第三次工业革命就是目前新兴的可再生能源技术和互联网等新信息技术的出现、使用和不断融合后，将带给人类生产方式以及生活方式的再次巨大改变
保罗·麦基里	从数字化、制造的角度来谈未来的制造业的变革，他认为未来制造业变革的重要特征和方向是定制化生产、绿色化的生产、本土化的生产
克里斯·安德森	在《创客：新工业革命》中指出"创客"是指不以赢利为目标，努力把各种创意转变为现实的人。创客运动的核心是将互联网、设计思维、制造业的长处进行融合，使用数字桌面工具设计新产品并制作出样品，经网络分享成果并完善设计，通过商业制造服务商规模化生产或自行生产
维韦克·瓦德瓦	将人工智能、机器人和数字制造技术相结合会引发一场制造业的革命。三种以指数方式飞速发展的技术：人工智能、机器人和数字制造技术将使制造业更具创造性，更加本地化和个性化，还会降低成本，这将带来一场制造业革命

资料来源：根据公开资料整理。

在新一轮工业革命背景下，制造业表现出与以往不同的非常明显的一些特点。第一，一主多翼。本轮的工业革命体现在信息通信技术是这一轮工业革命的主导力量，信息通信技术自身的快速突破以及对其他领域的渗透，带动了各个领域的创新突破，如新材料、新能源、生物等多点突破、协同发展。第二，跨界融合，互联网与制造业、制造业与服务业等各个领域之间在融合渗透，不断地创造新的业态和新的模式。从现代制造业的发展来看，商业模式的创新与技术创新现在变得同等重要。第三，开放协同。创新将更多地在产业生态体系、产业链条层面展开。过去是企业与企业之间竞争创新，但是从现在来看，这种创新将更多地表现在产业链条层面，即包含产业链的上下游，整个的生态体系的竞争，单打独斗式的创新已经难以生存，所以开放共享、合作共赢成为潮流。最典型的就是智能手机里的生态体系，最主要的是谷歌、苹果以及微软、三星的生态体系等①。

从全球背景看，全球制造业发展格局发生了深刻变化。近年来，随着全球经济与贸易环境的变化，制造业正在成为一些大国参与全球产业分工、争夺全球产业链、价值链最上游的角力场。一方面，国际金融危机后，欧美等发达国家纷纷推出"再工业化"战略，力图抢占国际竞争的制高点。如美国制定了先进制造业伙伴关系计划，德国推出了"工业4.0"战略，日本发布了制造业竞争策略。另一方面，新兴经济体国家如印度、越南等，也利用其相对更低的劳动力等要素成本，快速推进其工业化进程。新一轮技术革命和产业革命也深刻影响着全球分工格局。数字信息技术、新材料、3D打印、云计算等新技术正在改变"发达国家技术＋发展中国家劳动力＋高收入国家市场"这一传统分工格局，智能制造、制造业服务化、生产的分散化、营销的全球化成为新的趋势，处于制造业高端的美、日、德、英、法等国的相对竞争优势明显增强。《华盛顿邮报》发表署名文章《为什么说现在该轮到中国担心制造业了》，认为美国将会重新获得制造业的领导权。当前虽然中国工业化成就已经十分巨大。已经创造了"中国奇迹"，但我们还在"过大关"②。尤其是金融危机以后，以美国为代表的工业化国家又正式提出"再工业化"，并希望借此带动美国经济走出危机泥沼，以重振制造业和大力发展实体经济为核心的工业化战略又一次成为世界发展的新浪潮，这个重大的"外生变量"对中国的工业化战略与前景具有重大影响，值得深入分析③。"再工业化"与第三次工业革命的结合，将可能使发达国家在科技、信息、资本等方面长期积累的优势进一步强

---

① 王鹏：《信息技术是战略基础和先导性技术》，载《科技日报》2013年1月27日第2版。
②③ 黄群慧：《中国的工业化进程：阶段、特征与前景》，载《经济与管理》2013年第7期。

化，抢占全球产业链关键环节，主导新型装备、新材料的生产和供应，成为未来科技革新与产业革命红利的主要受益者，这将对中国提升产业竞争力形成挑战。

1.3.3　第三次工业革命背景下的各国制造业战略"博弈"

创新活动的重点领域——制造业历来是竞争最为集中、最为活跃的领域，金融危机以来全球制造业进入新一轮的创新期，无论是发达国家还是发展中国家都在做出新的战略部署，全球制造业正在发生新一轮的分工格局调整。发达国家纷纷实施再工业化战略，加速布局新一轮技术创新、强化在高端领域的竞争优势和对全球价值链的掌控能力。我国制造业转型升级、向制造强国转变的过程中，将同时面临发达国家的高端挤压和新兴经济体的低端挤压，中国制造业必须打造应对"双端挤压"格局的强健体魄。

（1）发达国家"再工业化"的深层次原因。

国际金融危机以后，发达国家开始反思"制造业空心化"，纷纷推进"再工业化"战略，并以制造业信息化和制造业服务化为核心，制订各类制造业发展战略和规划。如表1-11所示，发达国家实现再工业化的原因不仅在于金融危机以后，发达国家要寻求新的经济增长点以解决就业问题，而是有更深层次的原因。本轮金融危机后，发达国家对实体经济和虚拟经济、制造业和服务业、制造环节与研发环节之间的关系进行了深层次的反思，如实体经济与虚拟经济不是简单的二分关系，实体经济才是国家真正稳定增长的基石，尤其是德国在本轮全球金融危机中的稳健的表现做出了明显的例证。法国总统奥朗德坦承，"法国一度有一种错误的想法，就是工业已经过时了，国家发展不再需要工厂、工程师、技术工人，法国进入了'服务业经济'的时代。事实证明，这一想法并不现实，世界上没有一个大国不具备强劲的工业实力"。对于制造业和服务业的关系，发达国家意识到制造业与服务业不是简单的二三产业的结构替换关系，实际上从很多企业的收入和业务范围来看，已经在从事大量服务业的内容，制造业与服务业在信息技术的条件下越来越密切。同时，本国研发——他国制造的这种模式面临质疑，在本国布局制造业实体在发达国家得到越来越多的重视。

表1-11　发达国家对金融危机的反思："再工业化"的深层次原因

对实体经济与虚拟经济关系的反思	过去发达国家尤其是欧美国家主要借助经济全球化布局，大力发展服务经济、金融等虚拟经济，但是经济危机以后，认识到实体经济才是国家真正稳定增长的基石
对制造业与服务业关系的反思	实际上制造业与服务业在信息技术的条件下越来越密切，一方面服务业的主体是生产性服务业，其服务对象就是制造业，另一方面，在信息技术条件下与融合创新的不断推进下，制造业服务化的趋势越来越明显，可以说制造业与服务业的关系的界限越来越模糊
对制造环节与研发环节关系的反思	本国研发——他国制造的这种模式面临质疑，尤其是认为制造环节的缺失会带来技术创新能力的流失，所以像美国这样的一些发达国家已经把制造业的创新应用转化能力，以及在本国布局制造业实体作为本轮先进制造业发展的重要内容之一

资料来源：根据公开资料整理。

在深入反思的基础上，世界各国对制造业在推动贸易增长、提高研发和创新水平、促进就业等方面的重要作用又有了新的认识，美国、日本、德国、英国、法国等这些主要的工业国家都先后制定了一系列的国家战略，如美国的"先进制造业伙伴计划"、美国的"制造业创新网络计划"、德国的"工业4.0战略"、英国的"英国制造2050"、法国的"新工业法国计划"、日本的《制造业白皮书》等，这些战略的实施，给全球制造业的发展注入了新的动力。

（2）美国"再工业化"与制造业振兴计划。

奥巴马政府从2009年年初开始调整经济发展战略，同年12月公布《重振美国制造业框架》；2010年出台《美国制造业促进法案》；2011年6月和2012年2月相继启动了《先进制造业伙伴计划》和《先进制造业国家战略计划》；2012年又出台《国家制造业创新网络》。通过积极的工业政策，鼓励制造企业重返美国。目前，美国已正式启动了高端制造发展计划，正在生物制造、新一代微电子研发、高端机器人、纳米技术、高端电池、能源材料等领域加强攻关。这无疑将推动美国高端人才、高端要素和高端创新集群发展，并继续保持在高端制造领域的研发领先、技术领先和制造领先。从实际效果看，美国制造业占GDP的比重从2010年的12%回升至2013年的15%，战略效应已经显现。

（3）德国工业4.0。

2013年4月在德国汉诺威工业博览会上，德国"工业4.0工作组"发表了《保障德国制造业的未来：关于实施"工业4.0"战略的建议》，标志着"工业4.0"的概念正式诞生。德国希望在"工业4.0"中在生产制造的各个环节应用信息技术，将信息技术与物理现实社会之间的联系可视化，将生产工艺与管理流程全面融合。如表1-12所示，德国工业4.0战略是第三次工业革命的具体化，包含3个含义：第一，用物联网和服务互联网把制造业的物理设备单元和传感器、终端系统、智能控制系统、通信设施等都连接组合起来，使物理设备具有研发、设计、精准控制的"智能"；第二，这个系统实现了人和人、人和机器、机器与机器、制造与服务之间的互联，实现了智能制造；第三，用户全过程全流程的参与，不仅带来丰富的市场信息，而且衍生了"个人定制""众包设计"等新业态，引起了生产方式商业模式的变革。

表1-12　　　　　　　　　　　　德国工业4.0

工业4.0的愿景	工业4.0展现了一个全新的工业蓝图：在一个"智能、网络化的世界"里，互联网、物联网和务联网（服务互联网）将渗透到所有的关键领域，创造新价值的过程逐步发生改变，产业链分工将被重组，传统的行业界限将消失，并产生各种新的活动领域和合作形式。通过深度应用ICT（信息通信技术），总体掌控从消费需求到生产制造的所有过程，由此实现高效生产管理，维持并提升制造业的竞争力
工业4.0战略的要点	研究两大主题：智能工厂和智能生产。 "智能工厂"是未来智能基础设施的关键组成部分，重点是智能化生产系统及过程，以及网络化分布生产设施的实现。"智能生产"侧重于将人机互动、智能物流管理、3D打印等先进技术应用于整个工业生产过程，从而形成高度灵活、个性化、网络化的生产链，生产流程智能化是实现工业4.0的关键
实现三项集成	"横向集成"是企业之间通过价值链以及信息网络所实现的一种资源整合，是为了实现各企业间的无缝合作，提供实时产品与服务
	"纵向集成"是基于未来智能工厂中网络化的制造体系，实现个性化定制生产，替代传统的固定式生产流程（如生产流水线）
	"端对端集成"是指贯穿整个价值链的工程化数字集成，是在所有终端实现数字化的前提下所实现的基于价值链与不同公司之间的一种整合，这将在最大程度上实现个性化定制

实施八项计划	标准化和参考架构：共同标准使不同公司间的网络连接和集成成为可能
	管理复杂系统：为管理日趋复杂的产品和制造系统提供基础
	工业宽带基础设施：可靠、全面、高品质的通信网络
	安全和保障：在确保生产设施和产品本身不能对人和环境构成威胁的同时，防止生产设施和产品的滥用和未经授权的获取
	工作的组织和设计
	培训和持续的职业发展：终身学习和持续职业发展计划，帮助工人应对来自工作和技能的新要求
	监管框架：创新带来的诸如企业数据、责任、个人数据以及贸易限制等新问题，需要包括准则、示范合同、协议、审计等适当手段加以监管
	资源利用效率：关注资源能源大量消耗给环境和安全供应带来的风险

资料来源：《保障德国制造业的未来：关于实施工业4.0战略的建议》。

工业4.0体现了生产模式从"集中型"向"分散型"的范式转变，是人类生产方式和制造模式的重大变革。未来10年基于信息物理系统（Cyber-Physical System，CPS）的智能化将使人类步入以智能制造为主导的新一轮工业革命。产品全生命周期和全制造流程的数字化以及基于信息通信技术的模块集成，将形成一个高度灵活、个性化、数字化的产品和服务的生产模式。工业4.0将无处不在的传感器、嵌入式终端系统、职能控制系统、通信设施通过CPS形成一个智能网络，使人与人、人与机器、机器与机器以及服务与服务之间能够互联，从而实现横向、纵向和端对端的高度集成。总的来说，"工业4.0"战略的核心，就是通过CPS网络实现人、设备与产品的实施连通，相互识别和有效交流，从而构建一个全新的高度灵活的个性化和数字化的智能制造模式。在这种模式下，生产由集中向分散转变，规模效应不再是工业生产的关键因素；产品由趋同向个性转变，未来产品将按照个人意愿进行生产，极端情况下将成为自动化、个性化的单件制造；用户由部分参与向全程参与转变，用户不仅出现在生产流程的两端，而是广泛、实施参与生产和价值创造的全过程。

（4）新工业法国。

2013年9月法国启动实行"新工业法国"计划，旨在通过创新重塑工业实力，重新构建法国工业领域新的竞争实力，力图依靠技术创新推动工业全面复苏，使法国处于全球工业竞争力第一梯队。此战略为期十年，主要解决三大问题：能源、数字革命和经济生活，共包含34项优先发展工业领域，总投资35亿欧元，计划用10年时间让法国重振工业强国的雄风，展现了法国在第三次工业革命中实现工业转型的决心和实力。34个优先项目包括三类：第一类涉及环保和新能源，开发百公里油耗小于2升的节能汽车，研发与电动汽车配套的充电桩以及使用时间较长的蓄电池，研制能耗节省20%～30%的高速火车，发展绿色化学技术等。第二类设计医疗和健康，建立数字医院，医生可通过网络向病人提供在线即时诊治，开发新的农产品加工技术，推动法国农产品出口等。第三类聚焦前沿技术，如发展大数据、云计算等信息技术；加强网络安全技术开发，提升法国保护网络主权的能力；加速研制机器人，保持超级计算机技术的领先地位。

（5）韩国：未来增长动力落实计划。

2014年6月，韩国政府制定出台《未来增长动力落实计划》，如表1－13所示，此计划从205项产业中选出智能汽车、5G移动通信、智能机器人等13个有望带动韩国经济发展的未来增长动力产业，其中制造业有9个。进一步明确了13大未来动力产业的战略推进方向，在产业结构、产业环境及推进模式方面构建了具体框架，聚焦研发、市场、企业及人才四大产业基础，重点突出物联网及智能技术应用等产业发展趋势，以期占领世界产业发展高地，保持韩国在国际竞争中的领先地位。

表1－13　　　　　　　　十三大未来增长动力产业

类　　别		产　　业
九大战略产业	主力产业	智能汽车、5G移动通信、深海底海洋工程设备
	未来新产业	智能机器人、可穿戴智能设备、实感内容
	公共福利产业	定制型健康管理、灾难安全管理职能系统、新再生能源混合系统
四大基础产业		智能型半导体、大数据、融复合材料、智能型物联网

资料来源：赛迪规划研究所：《韩国——着力打造未来增长动力产业》，2015年11月。

1.3.4 对发达国家"再工业化"战略的思考

"再工业化"战略的聚焦点在于发达国家和新兴经济体着眼于新一轮全球经济竞争，纷纷把发展制造业上升为国家战略，力图重构全球制造业生态体系。各国"再工业化"战略体现出对未来科技和产业制高点的前瞻谋划，很多国家都提出未来产业的技术的突破方向、产业发展的重点等战略规划和谋划，并且都把新一代信息技术及渗透应用作为未来的战略重点。政府在本轮工业化过程中进行主动布局和积极引导，发达工业化国家纷纷制定和实施了一系列的国家战略和政策手段。都更加注重完善支撑创新的基础条件，如科技基础设施的建设、人才培养、加大政府投入、促进科技成果转换等，在这些方面进行基础条件的进一步建设。各国都制定了优惠的政策，吸引制造业回流在国内发展。制造业自身将会在生产手段、模式、组织结构等方面发生一些新的变革，从制造业技术体系的变化来看，随着新一轮信息技术以及其能源、材料等各个领域技术的突破，我国的制造业正在进入一个创新密集期，所以过去传统的一些技术体系可能正在发生一些新的变化。从制造业自身的变革的方向看，总体上制造业从生产手段、生产模式、生产组织这几个角度都会发生一些变革性的变化。生产手段和生产模式方面，未来的制造业将更多地走向数字化、虚拟化和智能化。生产组织会越来越多地走向网络化、平台化、扁平化，更快地响应用户的需求。

第**2**章

我国制造强国战略与企业集团

金融危机以后，发达国家纷纷出台各种国家战略，对未来的制造业技术创新、重点领域、重点方向进行前瞻的布局，说明制造业正在成为国家间竞争的主战场。作为全球最大的制造业国家，我国必须要积极应对，要进一步确立制造业的战略地位，坚定发展制造业的决心。

2.1

从制造大国向制造强国转型是我国的必然选择

如表 2-1 所示，近年来，国际上掀起了新一轮技术创新浪潮。一方面由于国际金融危机带给全世界经济变革的压力，另一方面则是因为一些领域技术积累达到一定程度所形成的突破变革。表现在新一轮技术创新浪潮的牵引和推动下，全球将迎来新的产业革命，发达国家将制造业升级作为新一轮工业革命的首要任务。这些新趋势带来的变化表现在国际产业转移出现新的"星座式"特征，全球分工格局将发生很大变化。与以前历次产业革命很大的一个不同，此次产业革命不是一个单一技术的突破，而可能是以新兴信息技术为基础和支撑，包含新能源、生物等多个领域技术的交叉融合与群体突破。发达国家"再工业化"战略的目标是生产效率的提升、生产模式的创新以及新兴产业的发展，"再工业化"战略的提出反映出发达国家对制造业在经济发展中的地位和作用有了新的认识。美国提出"先进制造业国家战略计划"，德国提出"工业 4.0"，试图在第三次工业革命中牢牢占据制造业高端，对中国制造业形成高压态势。另外，我国劳动力供求关系急剧变化导致传统比较优势弱化。伴随我国刘易斯拐点到来，劳动力供求关系变化，由劳动力无限供给转变为有限供应，劳动力成本持续明显上升，我国在劳动密集型产业的竞争优势迅速丧失。快速崛起的新兴经济体将以相对低廉的成本优势，实现对中国制造的替代。泰国的制造业劳动生产率与中国大致相当，但人均工资水平却显著低于我国；越南、印度和印度尼西亚的制造业劳动生产率和平均工资均低于我国。随着这些国家的经济发展，其制造业区位吸引力会快速提升。近年来出现跨国公司关闭在大陆的工厂，如微软关停诺基亚在东莞和北京的工厂，而有的长期从事代工的国内生产企业倒闭，如知名手机零部件代工厂苏州联建科技等。一定程度上反映了中国制造业面临的"双端挤压"困局①。

表2-1	新产业革命特点
制造业呈现个性化、分散化、网络化的新特征	这种新的制造模式尚不太可能取代传统的集中式大规模制造，整个制造业将向双向互动、多层共进的结构演变发展
分工模式将从过去的"轮辐式"转变为"星座式"	过去30年，发达国家制造业快速向中国集中，形成了一个类似自行车轮辐一样的结构，中国处在国际产业转移的中心位置。未来中国产业转移将有三个趋势：一部分产业将由东南沿海向中西部地区转移，一部分产业将从国内转向其他发展中国家，还有一部分产业将向发达国家回流
产业组织方式也将发生重大变革	近几年国际企业竞争格局出现了前所未有的重构，一些企业快速崛起，一些企业迅速衰落，还有一些企业还在苦苦探索转型之路。以中国为代表的发展中国家涌现出一批具有国际竞争力的大企业，这是一个新动向

资料来源：王鹏：《信息技术是战略基础和先导性技术》，载《科技日报》，2013年1月27日第2版。

伴随我国老龄人口比例上升和进入老龄社会，储蓄率趋于下降，资金成本也将趋于上升，我国在劳动密集型产业领域与后起的新兴市场国家明显弱化，同时我国在资本和技术密集型产业领域相对发达国家的成本优势也有所弱化。现代制造技术的应用提升了制造环节的价值创造能力，使制造环节在产业价值链上的战略地位变得与研发和营销同等重要，过去描述价值链各环节价值创造能力差异的"微笑曲线"有可能变成"沉默曲线"、甚至"悲伤曲线"。发达工业国家不仅可以通过发展工业机器人、高端数控机床、柔性制造系统等现代

---

① 黄群慧：《中国制造当积极应对"双端挤压"（新论）》，载《人民日报》，2015年6月25日第5版。

装备制造业控制新的产业制高点，而且可以通过运用现代制造技术和制造系统装备传统产业来提高传统产业的生产效率。第三次工业革命为发达工业国家重塑制造业和实体经济优势提供了机遇，曾经为寻找更低成本要素而从发达国家转出的生产活动有可能向发达国家回溯，导致制造业重心再次向发达国家偏移，传统"雁阵理论"所预言的后发国家产业赶超路径可能被封堵①。

迄今为止，中国崛起的最大法宝就是规模巨大的工业体系。工业显著地提高了国家的生产率和收入水平，工业最重要的作用之一是支撑科学发明和技术创新的实现，从根本上决定着国家的创新能力。中国所面临的各项重大经济、社会和安全问题的解决都依赖于更加强大的工业能力。来自哈佛大学和麻省理工学院的两位教授发表的一项研究成果显示，在过去 60 多年间，由工业产品复杂性所反映的一国制造业能力是所有预测性经济指标中能够最好地解释国家长期增长前景的指标，国家间的制造业能力差异能够解释国家间收入差异的至少 70%。这种从能力视角观察制造业经济功能的发现意味着，虽然制造业在发达市场经济国家经济总量中的比重不断下降，但制造业本身所蕴涵的生产能力和知识积累却是关系一国经济长期发展绩效的关键。因此，制造业对于国民经济的意义，不仅仅在于此部门直接创造了多少经济价值，更体现在它对于国民经济长期增长的驱动作用②。因此，在现阶段，中国最重要、最迫切的战略任务之一仍然是继续强健工业筋骨，发展成为制造强国。有了以先进制造业为实体的工业之筋骨，中国才能雄踞于世界大国之列，确保国家安全、民生福祉和民族昌盛，并且真正成为一个永远保持活力的创新型国家③。

从制造大国向制造强国转型是我国的必然选择，我国制造业发展面临的国内外环境正在发生巨大变化。从我国的外部环境来看，我国与发展中国家竞争的传统劳动密集型领域仍在延续，同时在资本和技术密集型领域对发达国家的竞争与替代已经全面开始。当前我国正处在一种高端承接，就是在高端环节我国还要去承接发达国家的技术、产业的转移，同时我国的中端环节已经具有一定实力，正在加快升级，与此同时，我国一些缺少竞争能力的、不再具备比较优势的一些低端环节则需要对外转移，这三者实际上是处于交叉并存的时期。

①　黄群慧、贺俊：《"第三次工业革命"与中国经济发展战略调整——技术经济范式转变的视角》，载《中国工业经济》，2013 年第 1 期。

②　黄群慧：《中国的工业化进程：阶段、特征与前景》，载《经济与管理》2013 年第 7 期。

③　金碚：《大国筋骨——中国工业化 65 年历程与思考》，广东经济出版社 2015 年版，第 291 页。

在这样一个时期，我们将面对与发达国家在高端环节更直接的竞争，以及与新兴市场国家在中低端环节更激烈的竞争的双重竞争压力。当前我国制造业已经到了必须加快转型升级的战略阶段，一定要明确制造业的战略地位、方向和目标，才能使我国制造业迈进由大到强的上台阶的路径。实现制造强国战略目标，中国必须通过调整结构，补齐短板，并同时提升自主研发、创新设计的能力，提高产品的附加值，实现中国制造向中国创造转变、中国速度向中国质量转变、中国产品向中国品牌转变。具体来说，必须做强传统产业，推动传统产业由加工制造环节向研发、设计、专利、融资、投资、品牌构建、商业模式、物流体系延伸；同时必须掌握核心技术，促进制造业向产业链的高端发展，推动加工贸易实现由低附加值向高附加值发展。

2.2

制造强国内涵、特征与主要评价指标体系

如表2-2所示，构成制造强国内涵和特征的要点是：一国依托制造业获取竞争优势，使此国能够多层次、多角度、多方位参与并影响到全球制造业的总体格局，进而形成较强的综合竞争力。因此，拥有规模效益优化、在国际分工中地位较高、具备良好发展潜力的制造业的国家，可称其为制造强国。

表2-2 制造强国的内涵

规模和效益并举	从美国、德国、法国、日本等制造强国的发展历程来看，制造业强大的过程也是其工业化逐步完成的过程。工业化最基本的特征就是制造业规模日趋壮大，产业质量高。因此，具有规模较大、结构优化、产业质量高的制造业是制造强国的重要内涵
在国际分工中地位较高	目前一些典型的制造强国多数已处于后工业化时期，即服务业比重上升，而制造业中高技术产业明显上升的阶段，以创新为驱动力，劳动生产率较高，在国际分工中大多处于产业链高端地位，尤其是信息技术的应用使其拥有无法轻易撼动的核心竞争力及掌控能力
发展潜力大	"由弱变强""由大到强""强者恒强"是制造业处于不同发展阶段的国家所追求的不同目标。不论是既有的制造强国，还是具有后发优势的"潜在"强国，都要求具有良好的发展潜力。以强大的自主创新能力实现资源节约、环境友好、绿色发展的制造业，其发展趋势无疑是最为持久的

资料来源：刘丹等：《"制造强国"评价指标体系构建及初步分析》，载《中国工程科学》2015年第17卷第7期。

如表 2 - 3 所示，制造强国包括四个方面的特征：一是雄厚的产业规模，表现为产业规模大、具有成熟健全的现代产业体系、在全球制造业中占有相当比重；二是优化的产业结构，表现为产业结构优化、基础产业和装备制造业水平高、战略性新兴产业比重高、拥有众多实力雄厚的跨国企业及一大批充满生机活力的中小型创新企业；三是良好的质量效益，表现为生产技术领先、劳动生产率高、占据价值链高端环节；四是持续的发展潜力，表现为自主创新能力强、拥有良好的信息化水平，科技引领能力逐步增长，实现绿色可持续发展。

表 2 - 3　　　　　　　　　　　制造强国的特征

雄厚的产业规模	表现为产业规模较大、具有成熟健全的现代产业体系、在全球制造业中占有相当比重。雄厚的产业规模主要反映了当前制造业发展的基本状况，是强国的先决条件
优化的产业结构	表现为产业结构优化、基础产业和装备制造业水平较高、拥有众多实力雄厚的跨国企业。优化的产业结构主要反映了产业间的合理结构及产业之间的密切联系，是强国的重要基石
良好的效率效益	表现为制造业生产技术水平世界领先、劳动生产率高、占据价值链高端环节等。效率效益体现了制造业发展质量和国际地位，是强国的核心表现
持续的发展潜力	表现为具有较强的自主创新能力，能实现绿色可持续发展。发展潜力体现高端化发展能力和长期发展潜力，是强国的持续保障

资料来源：刘丹等：《"制造强国"评价指标体系构建及初步分析》，载《中国工程科学》2015 年第 17 卷第 7 期。

如表 2 - 4 所示，根据制造强国的内涵和特征，制造强国的主要评价指标体系包括规模发展、质量效益、结构优化和持续发展等四大指标体系。在四大一级指标下共有 18 项二级指标，分别对我国制造业实现由大变强的战略目标进行细化评价。

表 2 - 4　　　　　　　　　　　"制造强国"评价指标体系

一级指标	二级指标
规模发展	制造业增加值、国民人均制造业增加值
	制造业出口占全球出口总额比重

续表

一级指标	二级指标
质量效益	出口产品召回通报指数
	本国制造业拥有世界知名品牌数
	制造业增加值率
	制造业全员劳动生产率
	高技术产品贸易竞争优势指数
	销售利润率
结构优化	基础产业增加值占全球比重
	全球"500强"中本国制造业企业营业收入占比
	装备制造业增加值占制造业增加值比重
	标志性产业的产业集中度
持续发展	单位制造业增加值的全球发明专利授权量
	制造业研发投入强度
	制造业研发人员占从业人员比重
	单位制造业增加值能耗
	工业固体废物综合利用率
	网络就绪指数

资料来源：王迪等：《"制造强国"评价指标历史发展趋势及特征分析》，载《中国工程科学》2015年第17卷第7期。

制造业综合指数是"制造强国"的评价指标，这一指数是以美国、德国、日本、英国、法国和韩国等主要工业化国家为参考，计算出其历年来的制造业综合指数，以表征一个国家制造业综合竞争力在世界上的地位。如表2-5所示，在2012年主要工业化国家的制造业综合指数分布，美国的指数分值是155.87分，位居全球制造业第一强国，日本、德国指数分值分别为121.31分和110.7分，中国指数分值为81.42。按照分值结构，全球制造业国家分成了三个方阵，第一方阵是美国，全球领先；第二方阵是日本和德国；第三方阵是中国、法国、英国。在第三方阵中，中国目前处于前列，但是与第一方阵的美国以及第二方阵的日本、德国等相比还有很大的差距。

表 2 – 5　　　　　2012 年九国"制造强国"综合指数值及排名情况

国家	数值	排名
美国	155.87	1
日本	121.31	2
德国	110.7	3
法国	63.53	4
英国	61.81	5
中国	81.42	6
韩国	57.17	7
印度	34.56	8
巴西	31.97	9

资料来源：刘丹等：《"制造强国"评价指标体系构建及初步分析》，载《中国工程科学》2015 年第 17 卷第 7 期。

如表 2 – 6 所示，通过对综合指数进行分析得出，中国与第一、第二方阵国家的差距主要是全员劳动生产率低、增加值率低、创新能力薄弱、知名品牌缺乏。中国制造业与美国、日本、德国的制造业相比，差距主要表现在全员劳动生产率低、产品增加值率低、创新能力薄弱、知名品牌缺乏。

表 2 – 6　　　　　2012 年世界主要制造业国家制造强国评价指标对比

国　　　家	英国	中国	法国	日本	美国	德国	韩国
制造业增加值指数	6.04	20.03	6.44	18.35	23.41	13.47	6.02
制造业出口占全球出口总额比重（%）	2.64	13.46	3.34	6.54	8.15	8.12	3.39
制造业出口产品召回通报指数	0.072	0.285	0.052	0.023	0.043	0.038	0.027
制造业拥有世界知名品牌数	14	6	21	31	75	15	4
制造业增加值率	39.7	22.1	36.9	49.1	47.6	45.8	42.2
制造业全员劳动生产率（美元·人/年）	1247867	93764	1143687	1852754	1848524	1456212	1345247

续表

国　　家	英国	中国	法国	日本	美国	德国	韩国
高技术产品贸易竞争优势指数	0.72	0.24	0.65	0.87	0.79	0.86	0.74
销售利润率（%）	4.53	6.07	4.13	3.51	4.84	3.98	3.86
基础产业增加值占全球基础产业增加值比重（%）	4.26	11.54	3.13	13.75	16.84	18.77	2.55
全球财富500强中本国制造业企业营业收入占全部制造业企业营业收入比重（%）	5.89	6.17	7.23	16.12	32.85	21.26	5.68
装备制造业增加值占本国制造业增加值比重（%）	14.26	32.07	18.87	32.12	35.60	43.87	12.91
标志性产业的产业集中度	70.43	46.25	75.66	82.12	86.75	93.25	68.29
制造业研发投入强度（%）	1.84	1.60	2.24	3.48	2.85	2.87	3.45
制造业研发人员占全部从业人员比重（人/百万人）	7320	1526	8347	18012	16240	17235	9134
单位制造业增加值全球发明专利授权量（项/亿美元）	1.62	5.39	2.51	12.81	15.98	6.11	3.41
制造业单位增加值能耗（千克石油当量/2005年不变价购买力平价美元）	0.09	0.26	0.13	0.11	0.16	0.11	0.18
工业固体废物综合利用率（%）	88.51	66.82	86.35	95.95	87.65	91.76	78.78
网络就绪指数	5.50	4.56	5.31	5.25	5.56	5.32	5.47

　　资料来源：古依莎娜等：《"制造强国"的战略路径研究及初步分析》，载《中国工程科学》2015年第17卷第7期。

2.3

我国制造强国战略

目前，我国制造业规模居世界前列，但制造业资源消耗大、自主创新能力不强等问题依然突出。主要依靠资源等要素投入推动经济增长和规模扩张的粗放型发展方式不可持续，转变经济发展方式刻不容缓。制造业是我国实体经济的主体和国民经济的支柱，是经济结构调整和产业转型升级的"主战场"。被称为中国制造业十年纲领的《中国制造 2025》正式对外发布，框定了一条由制造大国向制造强国的转型之路，全面提高我国制造业的质量、效益和可持续发展能力。

2.3.1　我国制造强国战略的提出

工业是强国之本，建设制造强国势在必行。当前全球制造业格局正在发生深刻变化，世界各国都将制造业作为立国之本，我国制造业发展面临发达国家和发展中国家的"双重竞争"。随着我国经济发展进入以增速换挡、结构转型和动力转换为主要特征的"新常态"，传统发展方式已经难以为继，打造新的竞争优势，建设制造强国势在必行。制造业是工业的主体。我国工业要在新一轮国际竞争中获得优势地位，必须立足我国实际，紧盯新一代制造技术发展方向。德国"工业 4.0"战略是信息化与工业化深度融合的产物。作为新的工业生产模式，"工业 4.0"对我国工业转型升级具有一定启示意义。目前我国绝大多数工厂还处于劳动密集的"规模化流水线"的"工业 2.0"时代，尚未进入大规模自动化生产的"工业 3.0"时代。鉴于与发达国家工业水平存在较大差距，我国应立足自身实际，在总体上追求"工业 4.0"的同时，兼顾"工业3.0""工业 2.0"，寻找工业转型升级的突破口，《中国制造 2025》就是要打开这个突破口①，2015 年 5 月 19 日国务院印发《中国制造 2025》，部署全面推进实施制造强国战略。《中国制造 2025》对未来 30 年中国制造业由大变强的路径提出了清晰的规划蓝图，对我国未来 10 年从制造大国向制造强国迈进

---

① 房丰洲：《工业转型升级如何突破把握新一代制造技术发展方向》，载《人民日报》2015 年 6 月 30 日第 7 版。

提出了具体的目标、方向和路径，这对于我国制造业的发展是具有历史意义的重大事件。《中国制造2025》的总体思路是坚持走中国特色新型工业化道路，以促进制造业创新发展为主题，以提质增效为中心，以加快新一代信息技术与制造业融合为主线，以推进智能制造为主攻方向，以满足经济社会发展和国防建设对重大技术装备需求为目标，强化工业基础能力，提高综合集成水平，完善多层次人才体系，促进产业转型升级，实现制造业由"大"变"强"的历史性跨越[①]。《中国制造2025》开篇提出，制造业是实体经济的主体，是立国之本、兴国之器、强国之基，这是在全球竞争格局中给予制造业推动我国未来转型升级中的战略地位的明确判断。《中国制造2025》第一次从国家战略层面描绘建设制造强国的宏伟蓝图，是为应对制造业转型升级出台的整体规划。《中国制造2025》的提出，是适应世界经济发展趋势和中国制造业发展要求的战略选择。《中国制造2025》提出了"三步走"战略目标、九大战略任务、十个重点领域和五个重大工程，对未来10年推进制造强国建设作出了全面部署，我国将坚持创新驱动、智能转型、强化基础、绿色发展，加快从制造大国转向制造强国。

2.3.2 我国制造强国战略的主要内容

实施《中国制造2025》的核心就是加快推动制造强国建设。如表2-7所示，正是基于对整个全球制造业国家一些主要指标的分析和判断，以及我国未来制造业的发展战略走向，《中国制造2025》对未来中国制造业的发展提出了"三步走"的总体设计和导向，明确了我国未来制造业发展的主题、中心任务、主线和主攻方向。《中国制造2025》提出了实现"三步走"战略的总体导向，并进一步提出了总体导向下五个方面的基本方针，这五个基本方针是未来指导我国制造业发展的基本要求。同时，中国制造2025还提出九大战略任务、五项重点工程，以及八个方面的重点政策举措，包括大力推行数字化、网络化、智能化制造；提高创新设计能力；完善技术创新体系；强化制造基础；提升产品质量；推行绿色制造；培育具有国际竞争力的企业群体和优势产业；发展现代制造服务业。《中国制造2025》确定了十大领

---

① 王喜文：《中国制造业转型升级的未来方向》，载《国家治理》2015年第7期。

域，包括新一代信息技术、高档数控机床和机器人、航空航天装备、海洋工程装备及高技术船舶、先进轨道交通装备、节能与新能源汽车、电力装备、新材料、生物医药及高性能医疗器械、农业机械装备。这十大领域属于高新科技产业与现代制造业的融合发展，通过对十大领域的界定，为我国现代工业的现代化、科技化指明了道路，也为优化产业结构升级指明了方向，意味着我国将告别重化工工业为特征的国民经济结构，向高端、节能、环保、高科技方向迈进。

表 2 - 7　　　　　　　　　　《中国制造 2025》主要内容

"三步走"战略	《中国制造 2025》明确提出，到 2025 年我国将迈入制造强国行列，在全球产业分工和价值链中的地位明显提升，2035 年制造业整体达到世界制造强国阵营中等水平，新中国成立 100 年时制造业大国地位更加巩固，综合实力进入世界制造强国前列
总体导向	以"创新驱动发展"为主题，贯彻落实国家创新驱动发展战略，制造业自身就是创新的主战场，创新是未来制造业发展的重要主题
	以提质增效为中心，制造强国的核心是制造业的高质量和高效益
	顺应了当前及未来新一轮的科技和产业革命，以信息化和工业化的深度融合为我国未来制造业发展的重要主线
	以智能制造为主攻方向
五个基本方针	创新驱动：创新是核心引擎和不竭动力
	质量为先：高质量是竞争力的重要体现
	绿色发展：可持续发展的必由之路
	结构优化：制造业转型升级的重要内容
	人才为本：建设制造强国的根本保障

资料来源：《中国制造 2025》整理。

2.3.3　我国迈向制造强国战略的路径

《中国制造 2025》指出，当前全球制造业发展格局和我国经济发展环境发生重大变化，新一轮科技革命和产业变革与我国加快转变经济发展方式形成历史性交汇，国际产业分工格局正在重塑，"我国必须紧紧抓住当前难得的战略机遇，突出创新驱动，优化政策环境，发挥制度优势，实现中国制造向中国创造转变，中国速度向中国质量转变，中国产品向中国品牌转变"，即由要素驱动向创新驱动转变；由低成本竞争优势向质量效益竞争优势转变；由资源消耗大、污染物排放多的粗放制造向绿色制造转变；由生产型制造向服务型制造转变。《中国制造2025》主线是将体现信息技术与制造技术深度融合的数字化、智能化制造作为今后发展的主线。

我国制造业强国进程可分为三个阶段：2025年中国制造业可进入世界第二方阵，迈入制造强国行列；2035年中国制造业将位居第二方阵前列；2045年中国制造业可望进入第一方阵，成为具有全球引领影响力的制造强国。"中国制造2025"框定了一条由制造大国向制造强国的转型之路。这意味着，2015~2025年，在"中国制造2025"的引领之下，我国经济将进一步深行于"稳增长、调结构"的"新常态"中，依托制造业的持续发力创造创新，不断加快工业化进程，从而进一步巩固筑牢国民经济的重要支柱和基础，顺应趋势变化推动并培育形成新的增长点。如表2-8所示，未来中国制造2025年第一个10年除十大重点领域加快突破以外，还要推进以下方面工作，夯实我国制造业产业和技术基础。第一，继续保持规模发展。第二，强化我国制造业基础能力，提升质量。第三，必须把结构调整作为建设制造强国的突出重点，推进传统产业向中高端迈进，促进大企业与中小企业协调发展，优化制造业空间布局，走提质增效的发展道路。提升产业集成水平，发展高端装备制造业。第四，强化可持续发展能力，在自主创新、绿色发展，工业化和信息化两化融合方面突破。

表2-8　　　　　2025年"制造强国"进程各项指标预测和综合指数估算

一级指标	二级指标	2012年发展现状	2025年发展目标	年均增速（%）
规模发展	制造业增加值，国民人均制造业增加值（现价美元）	绝对值：20792.6，人均增加值1532.9	绝对值：50107，人均增加值：3694	6
	制造业出口占全球出口总额比重（%）	13.46	持平	0

一级指标	二级指标	2012 年发展现状	2025 年发展目标	年均增速（%）
质量效益	出口产品召回通报指数	0.2852	持平	0
	本国制造业拥有世界知名品牌数（个）	6	10	4.01
	制造业增加值率（%）	22.1	25.8	1.2
	制造业全员劳动生产率（万元/（人·年$^{-1}$））	20.19	54.91	5
	高技术产品贸易竞争优势指数	0.24	0.27	1
	销售利润率（%）	6	持平	0
结构优化	基础产业增加值占全球比重（%）	11.54	14	1.5
	全球 500 强中本国制造业企业营业收入占比（%）	6.17	7.49	1.5
	装备制造业增加值占制造业增加值比重（%）	32	34.22	0.5
	标志性产业的产业集中度（%）	46.25	48.71	0.4
持续发展	单位制造业增加值的全球发明专利授权量（项·亿元$^{-1}$）	5.39	5.75	0.5
	制造业研发投入强度	1.6	1.87	1.2
	制造业研发人员占从业人员比重（每百万人）	1526.3254	1852.3	1.5
	单位制造业增加值能耗千克石油当量/2005 年不变价购买力平价美元	0.261	0.178	-3
	工业固体废物综合利用率（%）	66.82	76.05	1.00
	网络就绪指数（NRI 指数）	4.03	4.89	1.50

　　资料来源：古依莎娜等：《"制造强国"的战略路径研究及初步分析》，载《中国工程科学》2015 年第 17 卷第 7 期。

如表2-9所示，调结构、促升级始终是我国制造业发展的中心任务。目前我国资源密集型产业比重过大，技术密集型产业和生产性服务业比重偏低，部分传统行业集中度相对偏低，产业集聚和集群发展水平不高。我国亟待在已有高端装备制造业和战略性新兴产业发展规划的基础上，结合全球新技术发展与产业竞争趋势，配合经济战略转型，全面提升我国在全球价值链的分工水平，跨越式提升中国制造业的技术内涵及全球竞争力。

表2-9 我国迈向制造强国的战略路径

战略方向	战略路径
继续保持制造业规模优势	继续保持制造业规模优势，提高产品价值量，保持出口稳定发展态势。规模在目前我国"制造强国"指数中占有最大份额，由于增长的惯性作用，在今后一个时期内，规模发展仍将占有最大比重，切不可动摇或忽视
着力提升制造业质量效益	切实提升产品质量，加强品牌建设，提高制造业的效益。提高制造业增加值率。加强研发设计，提高产品档次，以创新、质量、品牌、服务获得附加值，由主要依靠物质资源消耗向主要依靠技术进步、高素质人力资源和管理创新转变；同时要减少消耗，降低成本，重视各地发展中的产能过剩问题，避免恶性竞争，引导各地发展特色产业，提高资源节约和集约利用水平。对"三来一补"企业要引导其向产业链两端高附加值延伸。建立高效运转的完整产业链，把自主创新和品牌建设放在更加突出的位置。促进企业规模化和集约化经营，提高劳动生产率，转变生产方式，加强教育培训，提高劳动者素质。提高自动化水平，充分调动劳动者的积极性，推动高技术产业发展，推行制造业数字化和智能化，高度重视发展以传感器、控制系统、工业机器人和伺服装置为代表的关键部件和装置，推进数字化工厂的试点，创新生产模式和商业模式
积极推进制造业结构优化	推动制造业产业结构整体升级，夯实制造业基础产业。实施制造业强基工程，推进高效、新型制造工艺的开发和推广应用。大力发展新型功能材料、先进结构材料、复合材料及特种优质专用材料。扶持制造业产业转型升级的着力点有：促进战略性新兴产业发展，改造提升传统制造业，深度发展制造服务业，推进现代制造服务业发展，推进制造业与服务业的互动发展。提升制造业参与国际分工的能力和水平，优化制造业组织结构，培育具有国际竞争力的跨国公司，培育"专、精、特"配套企业，促进产业集聚向产业集群转变。提高重大技术装备成套能力，发展一批优质外向型工程公司，培育优质工程产业链。加大创建期的指导与支持。加快国外工程市场的开发力度

战略方向	战略路径
始终坚持制造业可持续发展	增强制造业创新能力，构建完善的制造业技术创新体系，促进企业成为技术创新主体。推进成熟技术的转移和产业化，推进多层次人才培养，营造有利于人才发展的良好环境，培养和引进创新性领军人才。注重技能人才的培养，形成人才合理流动机制。推行制造业绿色发展，推动降低企业节能减排，推进生产过程的绿色化，持续提高流程制造业的节能减排水平和能力。推进装备制造业、轻工纺织等制造业的绿色制造，实现产品绿色化，建立回收产业、发展再制造工程。完善绿色制造相关标准和法律法规，建立高耗能、高污染行业的准入制度，积极实施循环经济发展战略。提升制造业信息化发展水平，加快信息基础设施改造升级，提高制造企业"两化"深度融合水平

资料来源：古依莎娜等：《"制造强国"的战略路径研究及初步分析》，载《中国工程科学》2015 年第 17 卷第 7 期。

2.3.4　中国制造强国战略与德国"工业 4.0"

世界工业化发展正在面临着新的变革，"工业 4.0"最初由德国政府于 2013 年提出。"工业 4.0"是相对于 18 世纪引入机械制造设备的"工业 1.0"、20 世纪初电气化的"工业 2.0"以及 20 世纪 70 年代信息化的"工业 3.0"而言的新一轮工业革命。"工业 4.0"描绘了制造业的未来愿景，提出继蒸汽机的应用、规模化生产和电子信息技术等三次工业革命后，人类将迎来以信息物理融合系统（CPS）为基础，以生产高度数字化、网络化、机器自组织为标志的新一轮工业革命。根据德国"工业 4.0"计划，未来工业生产形式的主要内容包括：在生产要素高度灵活配置条件下，大规模生产高度个性化产品，顾客与业务伙伴对业务过程和价值创造过程广泛参与，生产和高质量服务的集成等。物联网、服务网以及数据网将取代传统封闭性的制造系统，成为未来工业的基础。

发达国家"再工业化"战略将影响全球制造业版图，在此背景下我国制造业亟待转型升级。由于发展阶段和工业化基础不同，中国制造强国战略与德国"工业 4.0"既有共同点也存在差异。如表 2-10 所示，两者的主要差异在于，第一，《中国制造 2025》是我国制造业发展的战略部署和行动纲领，是我国由制造大国向制造强国转型过程中的顶层设计和路径选择。德国"工业

4.0"首先是企业战略，它是西门子公司依托于自己的技术和对未来工业发展的认识提出来的企业战略，经不断地宣传，融合共识，现在"工业4.0"也已经成为德国等一些国家的国家战略。德国"工业4.0"是德国在面对美国的信息产业和中国的制造成本侵袭下，试图摸索未来工业生产的途径、重建产业优势的战略选择。德国"工业4.0"是对未来工业的一种发展愿景，其实现仍然需要较长过程。第二，《中国制造2025》与"工业4.0"都把推进信息技术和制造技术的深度融合放在第一位，都把智能制造这一未来变革的方向作为战略重点，因此都体现了信息技术与制造业融合创新的趋势。由于发展基础和产业发展所处的阶段不同，《中国制造2025》比德国"工业4.0"有更宽的外延、更深的内涵和更系统的内容。德国已基本完成"工业3.0"，处于世界制造强国第二方阵。中国制造业发展不平衡，层次结构差异很大。有的制造行业刚刚进入自动化，有的行业已开始实施了信息化，与此同时有的制造行业甚至可能刚进入"工业1.0"时代的机械化，还属于劳动密集型产业。因此，我国制造业内部发展差异较大，各行业发展的各个阶段存在重叠。从发展基础来看，德国是制造大国，也是制造强国；中国是制造大国，但还不是制造强国。从产业阶段来看，德国走"工业1.0""工业2.0""工业3.0""工业4.0"串联式发展道路；中国走"工业2.0"补课、"工业3.0"普及、"工业4.0"示范的"并联式"发展道路。第三，从战略任务来看，德国瞄准新一轮科技革命，聚焦制造业高端产业和高端环节。由于我国制造业发展不平衡，我国制造强国战略的核心在于转型升级的整体谋划，不仅要提出培育发展新兴产业的路径措施，还要重视对量大面广的传统产业进行改造升级。我国制造业还有很多基础的问题需要解决，《中国制造2025》除了瞄准智能制造外，还包括强化工业基础能力，提升质量和品牌，完善创新体系、推动产业结构调整等重点内容。

表2-10　　　　　　　　中国制造强国战略与德国"工业4.0"

	《中国制造2025》	德国"工业4.0"
发起者	工信部牵头，中国工程院起草	联邦教研部与联邦经济技术部资助，德国工程院、弗劳恩霍夫协会、西门子公司建议
定位	国家工业中长期发展战略	新一轮工业革命背景下国家工业升级战略

续表

	《中国制造 2025》	德国"工业 4.0"
特征	信息化和工业化的深度融合	制造业和信息化的结合
出发点	增强国家工业竞争力，实现从制造大国向制造强国的转变	增强国家制造业竞争力
重点	工业强基：基础材料、基础零部件、基础工艺、产业技术基础	强调智能工厂和生产智能化
两化融合	制造业互联网化	信息物理系统（CPS）生产设备获得智能，制造业不做信息产业的附庸

资料来源：根据公开资料整理。

2.4

对企业集团概念及其分类的国内外研究综述

Chandler（1977，1990）和 Willamson（1975，1985）把 20 世纪美国的大公司划分为四种类型，包括"U"型公司即按职能划分部门的公司（Functional）、"M"型公司即多部门型公司或事业部公司（Multifunctional），联合体（Conglomerate），和"H"型公司即控股公司（Holding Company），这四种分类被认为是迄今对企业组织形式最为有影响力的划分方法。在此基础上，Chandler 指出还存在一种过渡的和不稳定[①]的企业联合，Williamson（1985）指出，在市场和科层组织[②]这两种组织方式之间存在混合的组织形式，企业集团是这种混合组织形式的主要类型。由于各国的社会经济环境、制度环境及市场环境不同，各国企业集团的起源和发展也存在很大差异，使企业集团组织形式表现出多样性，包括紧密的企业联合如控股公司，以及松散的企业联合网络如日本的横向企业集团等，因此企业集团概念也表现出多样性。结合特定的经济社会环境特征，对企业集团概念进行准确界定，是对企业集团与公司绩效研究的重要前提。

---

① Chandler（1977，1990）认为至少在资本密集型行业，这种不稳定的联合要逐渐让位于更大的，更为一体化的公司。

② 即 Chandler（1977）定义的现代公司。

2.4.1 国外学者定义的企业集团概念

企业集团研究是新兴的交叉学科，按照研究者的学科背景，企业集团的概念可以分为经济学角度以及社会学角度。由于企业集团是一种公司联合体，因而也吸引了社会学者的注意并引入社会学的方法来分析经济问题，经济社会学从网络组织的角度研究企业集团，从而产生了新的学科经济社会学①。

（1）经济学角度的企业集团概念。

研究企业集团的经济学者一般把企业集团定义为长期存在的企业联合体，这种联合体由具有独立法人地位的公司组成，成员公司的联结纽带既包括股权商务方面的经济纽带，也包括家族和亲属等社会纽带。Strachan（1976）是较早研究企业集团的学者，他认为企业集团是由各种类型的公司，以及这些公司的所有者及管理者组成的长期存在的联合体。Strachan 认为企业集团和其他类型的联合体存在差异，这表现在企业集团是由各种类型的公司组成的，并且是由富有的商人和家族组成的联合，由于企业集团通常享有家族和亲属关系的忠诚和信赖，集团成员之间能够掌握双方更为全面的信息，因而集团成员之间能实现比市场交易更为公平的内部交易。

以下学者对企业集团的定义与 Strachan 类似，Khanna 和 Rivkin（2001）认为企业集团是由具有独立法人地位的公司组成的联合体，通常集团成员公司之间存在正式和非正式的联系纽带，而且通常采取协同行动；Chang 和 Hong（2002）认为企业集团是由独立的法人公司组成的联合体，企业集团通常受特定的家族拥有或控制，控制纽带表现为管理或是财务纽带；Yiu，Bruton 和 Lu（2005）定义企业集团为具有独立法人地位的公司组成的联合体，企业集团成员公司之间的联系纽带可以是如所有权、财务和商业方面的经济纽带，也可以是如家族、亲属方面的社会纽带；Ghemawat 和 Khanna（1998）认为企业集团是一种组织形式，其特点是跨很多行业的多元化经营，成员之间的相互持股关系，以及某种程度的家族控制。

研究经济发展的学者从企业集团的功能角度来定义，他们的研究往往着眼于新兴市场企业集团弥补市场不完善和填补制度缺失的功能，因而把企业集团

---

① Smelser J. Neil and Richard Swedberg（ed.）. *The Handbook of Economic Sociology*. New York：Russel Sage Foundation. Princeton：Princeton University Press，2005，P. 5.

定义为实施制度创新的一种组织结构。Leff（1978）指出，由于不完善的市场在分配稀缺资源①时会产生准租金，企业集团可以定义为一种组织结构，市场参与者采取企业集团这种组织结构来获取上述的准租金，因此应该从制度创新角度界定企业集团。在不完善的市场中，企业集团组织结构的制度创新在于将各交易主体之间的交易活动内部化，并获取交易活动内部化所带来的收益，因而企业集团是实现成员之间相互合作的产业组织形式。今井贤一（1989）也明确指出企业集团是一种制度创新，还有一部分经济学家（主要是财务学者）从企业集团的金字塔结构②及其影响方面来定义，比较有代表性的是 Claessens，Fan 和 Land（2002）定义企业集团为一种企业组织形式，大量的公司通过股票型金字塔和交叉持股联系在一起。对于金字塔结构企业集团的影响，La Porta 等（1999）和 Morck 等（2005）认为企业集团是一种控股股东通过利益输送盘剥小股东的工具③。

（2）经济社会学角度的企业集团概念及其分类。

经济社会学者更为强调企业集团成员之间的社会联结纽带。经济社会学代表学者 Granovetter（2005）认为，企业集团由具有独立法人地位的成员公司组成，成员公司之间可能有经济和财务方面的联系，但不存在统一的财务或管理系统来协调成员公司的行为。通常由某个核心公司或是控股公司，银行或核心制造业公司部分地持有集团成员的股份，或者由个人、群体或家族拥有或控制集团内的所有成员公司。因此，企业集团就是由某种正式或非正式的纽带联系起来的企业联合体。其他社会学家在定义企业集团时，也普遍强调集团成员之间的社会联结纽带。Encarnation（1989）指出，企业集团是由集团成员的多重关系构成的，包括家族、家庭、宗教、语言、民族和地区在内的各种关系都加

---

①　稀缺资源主要包括资本和高层管理者，由于资本市场的不完善造成无法有效率地配置资本，同时新兴市场往往较为缺乏高素质的管理者。

②　Berle 和 Means（1932）最早指出了控股股东对公司的控制权（Control Rights）超出其所有权（Cash Flow Rights）现象。持有少数股权的股东可能利用企业集团组织结构获得对集团的控制权，这种控制权往往超过其所持股权相应的现金流权，比较常见的是金字塔形组织结构。金字塔形企业集团使得处于顶端的控股股东得以控制处于金字塔各层次的成员公司（Morck et al.，2005）。因此虽然控股股东只拥有成员公司的部分所有权，却可借助金字塔企业集团组织形式实现对成员公司充分的控制（Khanna and Yafeh，2007）。

③　这表现在当控制权超出其所持股权对应的现金流权时，控股股东有可能对少数股东实施利益抽取（Extraction of Value），即控股股东可能实施集团成员之间的利益输送（Tunneling）以获得控制权私利。利益输送主要通过集团成员之间的各种关联交易进行，如集团内部高于或低于市场价的转移定价等（Johnson et al.，2000）。

强了成员之间的经济和组织纽带。Keister（2000）指出，企业集团是一种特定的以不同程度的法定和社会联系纽带联结的公司联合体，这种联系纽带超出了短期经济交易所要求的程度。

经济社会学者指出，企业集团是具有独立法人地位的公司组成的联合体，因而通常认为企业集团是由成员公司组成的一种网络组织，并且内嵌①于特定的社会经济环境中的社会网络，对企业集团与其他网络组织之间的区分，明确企业集团概念的内涵和外延十分关键。企业集团区别于其他经济组织形式的关键特征在于，企业集团和公司间网络由具有独立法人地位的公司组成，而且存在某种联系纽带把具有法人独立地位的公司联合在一起，研究企业集团的经济学家强调股权联结纽带，社会学家强调正式和非正式的纽带，如亲属关系、共同的种族、宗教、地区和董事兼任等。从存续时间来看，企业集团是长期存在的公司联合体（Granovetter，2005）。因此企业集团是指由独立的法人以正式或非正式的方式组成的、持续存在的公司联合体。企业集团把诸多企业联合在自身组织之中，又包含种种市场因素，因而是一种中间性组织。在此基础上，Cuervo-Cazurra（2006）对企业集团和其他公司网络组织进行了进一步区分。

如图2-1所示，公司间的联合方式有两个极端情况，这两个极端都不是企业集团（Granovetter，2005）。一个极端是仅靠短期战略协议联结的公司联合体。在市场和科层组织（即Chandler定义的现代公司）之间存在着公司间网络组织，包括供应商网络、分销商网络、战略网络和地域网络等，这些网络组织是靠短期战略协议联结的公司联合体，因而不是企业集团；另一个极端是科层组织即现代公司，科层组织是把公司间网络完全一体化到一个单一的实体中，因而也不是企业集团。由于企业集团是由具有独立法人地位的公司组成的，这些公司以长期存在的正式或非正式的纽带联系在一起，因而企业集团居于上述两个极端之间。Cuervo-Cazurra（2006）把企业集团分为三种类型，包括国有的企业集团、分散持有的企业集团和家族型企业集团，并且指出上述企业集团的代表类型分别为我国的企业集团、日本企业集团以及新兴市场国家的企业集团。

---

① Granovetter（1985）年提出了内嵌性的观点，即经济活动内嵌于具体的，不断发展的社会关系体系，网络是内嵌性的主要含义。内嵌性对于说明企业集团的网络特性非常有价值。

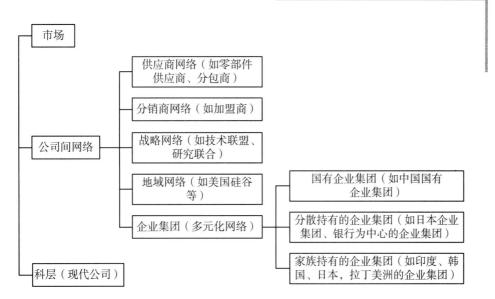

图 2 - 1　市场、科层组织与公司间网络

资料来源：笔者根据 Cuervo-Cazurra（2006）的分类绘制。

2.4.2　我国的企业集团概念

（1）相关管理部门对企业集团的定义。

我国工商行政管理局对企业集团的定义为："以资本为主要纽带的母子公司为主体，以集团章程为共同行为规范的母公司、子公司和参股公司及其他成员企业和机构共同组成的具有一定规模的企业法人联合体，但集团本身不具有法人资格"[①]；国家统计局定义企业集团为："以母子公司为主体，通过投资及生产经营协作等多种方式，与众多的企事业单位共同组成的经济联合体。"[②]

（2）我国学者定义的企业集团概念。

我国引进企业集团组织形式后，学者对企业集团的研究也随着其在我国从无到有、发展壮大的历程而不断深入和完善，以下按照时间先后顺序列出我国学者定义的企业集团概念。

邱靖基、陈佳贵（1991）认为我国企业集团是"以公有制为基础，以多

[①]　见工商行政管理局：《企业集团登记管理暂行规定》，工商企字（1998）第 59 号。

[②]　中华人民共和国国家统计局编：《中国大企业集团》各年版本。

个法人企业通过以资金联结为主的多种联系纽带构成的多层次的企业集合体"①，并指出"应当以经济体制改革的总目标为方向，正确地建设具有中国特色的企业集团。"②

孙效良（1992）指出我国企业集团是"以一个实力雄厚的企业为核心，用资产和契约纽带把众多企业联结在一起的法人联合体。"③

李非（1994）定义企业集团是"在法律形式上独立的若干企业经由股份持有、董事兼任等制度性的结合手段而形成的企业联合体。"④

伍柏麟（1996）认为企业集团是"以母公司为主体，通过产权关系和生产经营协作等多种方式，由众多的企事业法人组织共同组成的经济联合体"，并从组织创新的角度指出企业集团是"现代企业组织结构又一次创新的结果。"⑤

银温泉、臧跃茹（1999）认为企业集团的概念应该既考虑到我国企业集团发育成熟初期的非产权联结特征，又保留国内外企业集团的核心内容——法人企业的联合，指出我国企业集团是"建立在社会主义公有制基础之上，与社会化大生产相适应的，以产权为主要联结纽带，以现代企业公司制度为主要体制特征的两个或两个以上的法人联合组织。"⑥

毛蕴诗等（2000）认为企业集团是："企业的集合体或企业之间联合发展的一种形式。这种在经济上与业务活动方面的统一控制、协调而法律上又各自保持独立的多法人联合体成为企业集团。"⑦

席酉民等（2003）界定企业集团为："一些具有相对独立性的企业为了适应市场经营环境和企业内部组织的变化，按照特定要求和借助某些机制相互结合而组成的企业有机联合体。"⑧

于左（2009）界定企业集团为："企业集团是多个企业（法人与非法人企

---

①② 邱靖基、陈佳贵：《企业集团：模式构想与道路选择》，经济管理出版社1991年版，第10页。

③ 孙效良：《发展企业集团的若干理论和方针政策问题》，载《集团经济研究》1992年第5期。

④ 李非：《企业集团理论》，天津人民出版社1994年版，第22页。

⑤ 伍柏麟：《中国企业集团论》，复旦大学出版社1996年版，第70页。

⑥ 银温泉、臧跃茹：《中国企业集团体制模式》，中国计划出版社1999年版，第50~51页。

⑦ 毛蕴诗、李家新、彭清华：《企业集团——扩展动因、模式与案例》，广东人民出版社2000年版，转引自于左：《企业集团的性质、资源分配行为与公共政策》，中国社会科学出版社2009年版，第5页。

⑧ 席酉民、梁磊、王洪涛：《企业集团发展模式与运行机制比较》，机械工业出版社2003年版，第41页。

业）组成的企业联合体，是成员企业通过一定的联系纽带（主要是资本，但也可包括人事、合同等）联结而成的企业间组织。"[①]

盛毅（2010）指出企业集团是"以一个实力雄厚的大型企业为核心，以资本联结为主要纽带，并辅之以产品、技术、人员、契约等多种手段，联结一系列企事业单位，最终形成以母子公司为主体，包括参股公司及其他协作单位，具有多层次结构的法人联合体。"[②]

2.4.3　小结及述评

从以上国内外企业集团的概念可以看出，国内外企业集团研究文献普遍认为企业集团是独立法人企业组成的联合体，经济学家特别是财务学者强调企业集团成员之间的股权联系，而经济社会学者更为强调联结集团成员的正式或非正式的纽带，包括资金、产权等经济纽带和技术、人员等社会纽带等。这些表述都符合企业集团的公司间网络特征。此外，我国学者伍柏麟认为企业集团是制度创新的结果；席酉民等人指出，独立企业加入企业集团的行为是对于市场环境的主动适应，以上方面国内外的相关研究基本一致。根据经济社会学的内嵌理论，我国新兴加转轨的特殊的经济社会环境、体制环境和市场环境决定了我国的企业集团概念具有独有的特征，主要表现在以下两个方面。

首先，早期的企业集团概念如邱靖基、陈佳贵以及银温泉、臧跃茹对我国企业集团的定义均提到要以公有制为基础。邱靖基、陈佳贵的定义还提到要以经济体制改革的总目标为方向，建设我国的企业集团，说明促进国有企业改革是我国推行企业集团政策的重要内容，这也决定了我国国有企业集团占主导地位的结构特征。其次，我国企业集团概念相对狭义，主要强调产权为主体的企业集团联结纽带。我国相关管理部门的规定也要求建立以母子公司为主体的企业集团结构，我国工商行政管理局《企业集团登记管理暂行规定》要求企业集团母公司即核心公司至少拥有 5 家子公司。建立母子公司体制的企业集团单位数占全国企业集团单位数的比重由 1997 年的 80.88% 增长为 2008 年的

---

①　于左：《企业集团的性质、资源分配行为与公共政策》，中国社会科学出版社 2009 年版，第 5 页。

②　盛毅：《中国企业集团发展的理论与实践》，人民出版社 2010 年版，第 3 页。

97%，绝大多数的企业集团都建立了母子公司体制。

2.5

企业集团绩效效应及其对工业化进程的推动作用：基于交易成本经济学

20世纪80年代中期以后，为推动经济体制改革和企业制度创新，建立适应市场经济下的新型企业组织，中国开始引进企业集团这一企业运行机制，经过20多年的发展培育，企业集团在我国从无到有发展壮大，成为我国工业化和经济发展的重要推动力量。交易成本经济学及其分析方法是企业集团的重要理论基础和分析方法，有必要对其理论发展进行系统梳理。

2.5.1 交易成本经济学及其分析方法

交易成本分析方法是社会科学的主要分析方法，起源于科斯1937年的经典论文《企业的性质》，这篇论文首次将交易成本用于分析公司和市场组织。威廉姆森1979年的论文《交易成本经济学：治理契约关系》中首次提出"交易成本经济学"一词，并指出其研究范围包括交易成本的起源、产生过程和后果。作为新制度学派的奠基者，威廉姆森的分析假设市场交易者的机会主义和有限理性，公司和科层都是执行交易的两种不同的方法，因此，交易成本理论是跨学科的，融合了经济学和组织理论。威廉姆森明确了交易成本经济学的基本分析方法，交易在市场还是在公司完成取决于两者各自的交易效率，市场制定和执行复杂契约的成本取决于交易的决策制定者和市场的客观特征。因此，市场交易者如供应商、分销商和其他参与主体之间的市场交易通过契约来进行，如果市场信息完善、契约执行能力较强，而且控制和监督机制较为健全，企业就会选择市场作为交易的组织方式。但如果在这些环境因素作用下，交易表现出不确定和可能蕴涵风险时，复杂而又灵活的契约条款很难制定和执行。考虑到不完全的契约可能带来的风险，公司就会考虑超越市场，采用科层形式的组织方式。这时市场交易就会内化到公司当中，即纵向一体化的科层协调的公司。

2.5.2　企业集团绩效效应的研究：运用交易成本经济学

Leff 是较早研究企业集团的学者，认为由于存在不完善的资本和中间品市场，企业集团是公司间的一种制度安排，可以克服发展中国家要素市场和中间产品市场的缺陷和风险。Leff（1978）进一步指出，正是从市场和公司之间的比较效率角度，交易成本经济学认为企业集团是交易参与者对市场失败和交易成本的理性反应。利用企业集团的内部市场，企业集团成员能够弥补新兴经济体中不存在或是低效的制度缺失问题。Khanna 和 Palepu（1997）进一步拓展了 Leff 的观点，指出新兴市场存在的制度缺失问题导致劳动力、资本技术市场不健全，产品市场信息不充分，执行契约的法制基础薄弱，因而总体交易成本较高。为降低交易成本，新兴市场企业选择企业集团来组织交易，企业集团内部市场执行资本、产品、人力资本的资源配置。由于企业集团能够填补上述的制度缺失，因而产生了正的绩效效应（资产收益率 ROA）。Khanna 和 Rivkon（2001）指出企业集团能够弥补制度缺失的问题，这些制度通常是产品市场、资本市场和劳动力市场有效运行所不可或缺的。多元化的企业集团是很多发展中国家普遍采用的产业组织形式，通过克服市场不完善和制度基础设施缺失的问题，企业集团能够替代发达经济体的市场中介制度的功能。还有学者从金融市场角度探讨了企业集团的重要作用，Kali（1999）指出，当存在制度约束特别是金融市场约束时，采用企业集团这种组织形式可以促进采用现代生产技术，存在证券市场制度缺失时，企业集团成员内部的双边协调成本低于证券市场的协调成本，因而集团内部的风险分担机制能够替代证券市场的功能。

运用交易成本分析框架研究企业集团绩效的实证分析十分丰富，很多实证研究发现在新兴国家，企业集团成员的绩效比非集团成员绩效好。Chang 和 Choi（1988）对韩国 1975～1984 年的大企业集团的研究结果表明韩国企业集团降低了交易成本，实现了规模经济和范围经济。Perotti 和 Gelfer（2001）对 1996 年俄罗斯的上市公司的研究结论是俄罗斯的企业集团成员取得了比独立企业更高的托宾 Q 值。经济社会学者 Granovetter（1994）结合交易成本经济学和社会学研究方法，认为通过节约交易成本，企业集团是增加价值的企业组织方式。WaQar I. Ghani（2011）指出企业集团有效地弥补了如资本、产品及劳动力市场的不完善并且填补了法律、监管和执行方面的制度缺失问题，因而对于国家的经济增长有重要作用。Zattoni，Pedersen 和 Kumar（2009）认为，当产品、劳动力和资本市场较不完善且相关配套制度缺失时，企业集团成员能够取得比独立企业更好的绩效（ROS 销售利润率），并指出其结果支持交易成本理论。

2.5.3 小结与述评

综合来看，已有的基于交易成本的研究文献主要从以下三方面阐述了企业集团的绩效效应。首先，明确了分析框架和主要分析方法，已有文献一般认为企业集团是弥补市场不完善和制度缺失的制度安排，根据交易成本经济学，新兴市场往往存在市场不完善导致的较高的交易成本，企业集团能够有效地替代不完善的市场降低交易成本从而提高成员绩效。交易成本经济学及其分析方法是企业集团绩效研究的基本分析框架，基于交易成本之间的差异来解释为什么不同产业会有不同的结构、行为和绩效，根据交易成本经济学，组织形式的异质性（内部化、外部化以及准市场等）是由最小化交易成本决定的。其次，为企业集团不同时期的绩效变化提供了理论解释。根据交易成本经济学，企业集团是一种制度安排，从短期来看，随着市场的不断完善和机制的不断健全，企业集团提供的执行契约和提供中间产品、资金的通用能力对于集团成员绩效的作用减弱；从长期来看，工业化后期技术创新能力强的企业集团能够为成员提供某种无形的竞争力即技术能力，这也即 Kock 和 Guillen（2001）中提到的企业集团"资源（能力）观"。最后，明确了基础设施建设的重要性。对于新兴国家来说，基础设施决定了市场参与者选择不同的交易组织方式，进而决定了组织形式的异质性，即新兴国家普遍选择企业集团而不是钱德勒定义的现代"M"型公司来组织市场交易。

已有文献主要强调了企业集团内部市场克服市场不完善和制度缺失从而提高成员的绩效，并充分说明了基础设施建设对于新兴国家的重要性。基础设施包括对产出水平或生产效率有直接或间接的提高作用的经济项目，主要包括交通运输系统、发电设施、通信设施、金融设施、教育和卫生设施等。当前企业集团已成为我国的主导企业组织形式，应采取相关体制机制改革夯实软、硬件基础设施建设，包括完善的法治基础、强化监管等，从而降低企业的交易成本，同时也要构建企业接触信息、资金和市场的社会网络等，减少独立企业为寻求降低交易成本而选择加入企业集团的动机，推动企业集团的绩效效应向为成员公司提供技术能力转化，这是企业集团推动我国创新驱动发展战略、迈向制造强国的重要基础。

2.6

企业集团是推动我国制造强国战略的重要微观主体

《中国制造 2025》提出我国主要行业产品质量水平达到或接近国际先进水平，形成一批具有自主知识产权的国际知名品牌，一批优势产业率先形成突破，部分战略产业掌握核心技术，接近国际先进水平。中国制造业要扭转大而不强的面貌，亟须在一些重大技术和重大装备领域取得突破，亟须培育一大批具有国际竞争力的骨干企业。根据国家统计局的定义，我国企业集团是指以母子公司（Parent-filial System）为主体，"以投资或生产经营协作方式"将若干公司组织起来的一种企业联合体，企业集团成员公司是独立的法人实体。国家工商行政管理局规定，企业集团的母公司（即核心公司）注册资本须超过 5000 万元人民币，并且至少拥有 5 家子公司，核心公司和子公司的总注册资本须超过 1 亿元人民币。20 世纪 80 年代，为克服我国经济转型时期面临的条块分割现象，以及"大而全""小而全"的企业组织形式和分散化格局，我国实施了企业集团政策，在国家相关政策的鼓励和支持下，企业集团在我国从无到有并发展壮大，迄今规模不断扩大，盈利水平不断提高，已成为我国国民经济中的主导企业组织形式。

企业集团的发展极大地推动了我国企业规模的扩大，以及我国工业化历程和产业结构的演进。图 2-2 说明，2002~2010 年中国前 500 家大企业集团的营业收入占世界"500 强"企业的营业收入百分比不断提高，从 2002 年的 5.26% 增长到 2010 年的 18.55%，说明中国企业集团的总规模不断扩大，实力逐渐增强。

从国外发展企业集团的经验来看，企业集团是弥补市场不完善和制度缺失的制度安排。日本、韩国等东亚国家的发展经验说明，在企业集团发展的早期阶段，与独立企业相比，企业集团的能力主要体现在契约的执行能力、生产的规模经济以及克服不完善的市场的缺陷的能力方面。企业集团发展的中后期阶段，企业集团内部调动资源和实施资源配置的优势弱化，实施产品和过程创新

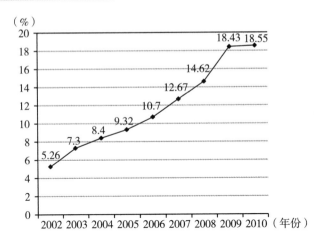

图 2 - 2　中国前 500 家大企业集团营业收入占世界"500 强"营业收入的百分比

资料来源:《中国大企业集团年度发展报告 2011》。

的组织和技术能力就变得更为重要。与发展经验相一致,目前文献普遍认同企业集团是独立法人企业组成的联合体,经济学者的研究主要基于交易成本经济学,认为根据交易成本经济学,企业集团是一种制度安排,从短期来看,随着市场的不断完善和机制的不断健全,企业集团提供的执行契约和提供中间产品、资金的通用能力对于集团成员绩效的作用减弱;从长期来看,工业化后期技术创新能力强的企业集团能够为成员提供某种无形的竞争力即技术能力。

企业集团研究是新兴的交叉学科,基于企业集团是一种公司联合体,也吸引了社会学的注意并引入社会学的方法来分析经济问题,从而产生了新的学科:经济社会学。经济社会学认为企业集团是一种网络组织并区分了企业集团与其他公司间网络组织的差异,从而进一步明确了企业集团的含义。经济学家特别是财务学者强调企业集团之间的股权联系,而社会学家和历史学家更为强调连接集团成员的正式或非正式的纽带。包括资金、产权等经济纽带和技术、人员等社会纽带使集团成员联结在一起,这些表述都符合企业集团的公司间网络特征。经济社会学者认为企业集团的网络特征具有内嵌性的特征,即经济活动内嵌于具体的,不断发展的社会关系。发展企业集团的国际经验说明,在企业集团发展的中后阶段,企业集团将进一步适应成员对技术能力的需要而不断强化技术创新能力,应通过体制机制改革降低企业的交易成本,减少独立企业为寻求降低交易成本而选择加入企业集团的动机,推动企业集团的绩效效应向为成员公司提供技术能力转化,这是企业集团推动我国创新驱动发展战略、迈向制造强国的重要基础。

但从整体来看，我国制造业仍处于产业中低端水平，盈利能力及品牌地位有待提升。从国内来看，2012 年入围中国"500 强"的 272 家制造业企业利润占比仅为 25.04％；从国际来看，我国制造业缺乏世界一流大型企业与知名品牌，在全球产业链中的高附加值环节份额相对较小。在 2014 年公布的全球十家最赚钱的企业中，中国有 4 家企业入榜，全部都是国有商业银行，没有一家工业企业，而入榜的另外 6 家外国企业中有苹果、三星、微软三家电子制造企业。与国际一流企业相比，中国大企业在诸如体制机制、资源整合、创新能力、人才培养、品牌影响力、自主知识产权和核心技术、国际化能力等方面，还存在明显差距。

第3章

我国企业集团发展沿革、
绩效效应及机制研究

3.1

我国企业集团发展沿革

我国企业集团有着清晰的政策发展脉络，与此相对应的是企业集团发展现状的总量特征和结构特征，因此对我国企业集团发展沿革和现状的回顾十分必要。本节是企业集团和公司绩效整体研究的定性分析部分，不但是可信的定量分析的必要前提，也是有针对性的企业集团政策建议的实践基础。

3.1.1 横向经济联合和企业集团形成阶段（1980～1992 年）

（1）企业集团的前身——横向经济联合。

我国企业集团的前身——横向经济联合的出现带有自下而上的制度创新特点，为扩大企业自主权，改变部门分割、条块分割，以及"大而全""小而全"，高度分散的不合理的企业组织结构，"1979 年以后对一些企业开展了改组联合试点。"[①] 针对企业改组联合试点的现象，国务院于 1980 年 7 月做出《关于推动经济联合的暂行规定》，提出各类经济联合是"调整好国民经济和进一步改革经济体制的需要，是我国国民经济发展的必然趋势"，为推动经济联合的发展，《暂

---

① 邱靖基、陈佳贵：《企业集团：模式构想与道路选择》，经济管理出版社 1991 年版，第 24 页。

行规定》特别强调横向经济联合可以是跨行业、跨地区的经营协作。

1984 年 5 月国务院发布了《关于进一步扩大国营工业企业自主权的暂行规定》，明确强调在"不改变企业所有制形式、不改变隶属关系、不改变财政体制"等"三不变"原则下，企业有权"参与或组织跨地区、跨部门的联合经营"。1984 年 10 月中共中央做出《关于经济体制改革的决定》[①] 明确指出社会主义商品经济的发展是"以横向经济联系和联合为特征和条件的"，并提出横向经济联合成员可以包括全民、集体和个体经济主体，联合成员有完全的经营自主权，可以采取各种灵活的经营协作和经济联合。

横向经济联合阶段企业集团成员的主要管理原则是"三不变原则"，特别是在横向经济联合发展的初期阶段，"三不变原则"对于"防止因联合而引起部门之间、地区之间以及部门和地区之间的矛盾，减少改革的阻力，起到了一定的作用"[②]。如表 3－1 所示，这一阶段国家制定的促进企业间经济联合的政策推动了企业间经济联合的蓬勃发展，形成了"以大中型企业为骨干、以名优产品为龙头、以产研结合为重点的经济联合体"[③]，为下一阶段企业集团的形成奠定了组织基础。但这一阶段的企业联合体成员的联结纽带以成员之间的联合协议为主，联结纽带松散，容易出现"有利则联、无利则散"[④] 的情况。

表 3－1　　　　　　　　　　我国企业间横向经济联合

途　径	目　标	横向经济联合实例
同一行业企业及事业单位组成专业公司或联营公司	统一管理成员企业的人财物和产供销	中国轻工业机械总公司、中国黄金总公司、中国电子器材总公司等
同一行业相关企业组成联营公司	扩大名优产品发展	以第一汽车制造厂为主组成解放汽车工业联营公司、以第二汽车制造厂为主组成东风汽车联营公司

---

①　根据刘霞辉、张平、张晓晶（2008）对中国经济体制改革阶段的划分，1984 ~ 1992 年着重推行了国有企业改革，即国有企业所有权和经营权两权分离，这一阶段国有企业股份制改革也开始进行试点。1984 年《关于经济体制改革的决定》标志中国经济体制改革进入城市经济体制改革阶段，这一阶段的经济体制改革以国有企业改革为中心环节。

②　左昌鸿、唐拥军：《中国企业集团组织与管理原理研究》，广西师范大学出版社 1992 年版，第 88 页。

③　邱靖基、陈佳贵：《企业集团：模式构想与道路选择》，经济管理出版社 1991 年版，第 27 页。

④　中国企业集团促进会：《母子公司关系研究——企业集团的组织结构和管理控制》，中国财政经济出版社 2004 年版，第 41 页。

途　径	目　标	横向经济联合实例
打破隶属关系界限成立企业联合	统一管理、综合利用资源	石油化学工业公司（上海高桥地区炼油、化工、轻工、电力等 7 个企业联合组成）
军工与民用企业跨行业、跨部门联合	贯彻"军民结合"方针	嘉陵牌摩托车经济联合体（7 个摩托车零部件相关的军工和民用企业组成）

资料来源：邱靖基、陈佳贵：《企业集团：模式构想与道路选择》第 25～27 页资料整理。

（2）企业集团形成阶段。

在企业间经济联合的实施过程中，企业集团成员相互关系较为松散，难以实现经济联合体内部资源的优化配置。我国相关管理部门赴日本等国考察企业组织管理的成功经验后，提出组建企业集团的建议。一些经济联合体"先后改称为企业集团，如东风汽车工业集团、嘉陵集团和沈阳汽车工业集团等。"[1]针对经济联合体向企业集团转变的现象，国务院于 1986 年 3 月发布《关于进一步推动横向经济联合若干问题的规定》，明确提出要在企业横向经济联合基础上"发展一批企业群体或企业集团"，这是我国政府在正式文件中首次提出"企业集团"，标志着"企业集团这一企业组织形式在我国正式形成。"[2]

1987 年 12 月我国发布的《关于组建和发展企业集团的几点意见》（以下简称《意见》）中明确提出，企业集团是"适应社会主义有计划商品经济和社会化大生产的客观需要而出现的一种具有多层次组织结构的经济组织"，《意见》还强调企业集团的核心层是"具有法人资格的经济实体。"为鼓励企业集团的改革和发展，《意见》提出了对企业集团的改革和支持措施，包括企业集团试行股份制改革，实施所有权与经营权的分离改革；大型企业集团在国家计划中实行单列；企业集团可以设立财务公司等。为打破企业集团的地区和部门界限，1990 年我国《国民经济和社会发展十年规划和"八五"计划》明确提出"要有计划地组建一批跨地区、跨部门的企业集团"。

如表 3－2 所示，我国企业集团的具体组建方式包括大型国有企业改制、改革国家行业性公司、政府行业主管部分机构改革，以及组建国有资产经营公

---

[1]　邱靖基、陈佳贵：《企业集团：模式构想与道路选择》，经济管理出版社 1991 年版，第 28 页。
[2]　迟树功、杨渤海：《企业集团发展规模经济研究》，经济科学出版社 2000 年版，第 5 页。

司等几种主要方式。我国企业集团"绝大部分由原来的国有企业演变、组合而成，随着我国由计划经济向市场经济体制的转变而逐步深化，这是我国企业集团发展的显著特色。"① 与企业集团横向经济联合的企业间自发组织有所不同，企业集团政策的支持和鼓励对我国企业集团的形成十分关键，企业集团成为我国探索国有企业改革的企业组织形式。

表 3 – 2　　　　　　　　我国国有企业集团的组建方式和途径

组建方式	途　　径	企业集团实例
大型国有企业改制	在 20 世纪 80 年代横向经济联合体，大型国有企业主辅分离改制的基础上，采取联合投资、并购、股权置换等方式组建子公司从而成立企业集团；其中一部分企业集团由国家和地方政府部门实行国有资产授权经营，由企业集团核心企业实施统一管理	东风汽车集团、东方电气集团、中国重型汽车集团、第一汽车集团等
改革国家行业性公司	对石油化工、船舶、有色金属等全国性行业总公司所属企业进行公司制改革，将这些行业性公司改制成为控股公司，通过建立母子公司体制成立企业集团	中国石油化工总公司、中国有色金属工业总公司等
政府行业主管部门机构改革	分离原行业主管部门的行业管理职能和国有资产管理职能，组建国有控股公司，将其下属企业改制为子公司，通过建立母子公司体制成立企业集团	上海纺织国有控股经营公司和仪表国有控股经营公司
组建国有资产经营公司	地方政府对国有企业实施公司制改革，并组建国有资产经营公司。对改制后的国有企业进行国有股权管理，与被控股公司建立母子公司体制成立企业集团	武汉市国有资产经营公司

资料来源：根据《母子公司关系研究——企业集团的组织结构和管理控制》第 44～45 页资料整理。

3.1.2　建立资本为纽带的企业集团（1993～2000 年）

（1）企业集团实施股份制，建立资本联结纽带的必要性。

在我国支持企业集团发展的政策鼓励下，各种形式的企业集团在横向经济

① 中国企业集团促进会：《母子公司关系研究——企业集团的组织结构和管理控制》，中国财政经济出版社 2004 年版，第 44 页。

联合体的基础上迅速组建和发展起来。截至 1988 年年底，在机械、电子、轻工等行业发展出了一批企业集团，其中"经地、市以上政府有关部门批准成立的企业集团有 1630 个。"[①] 虽然这一时期企业集团增长较快，但企业集团成员之间的联结方式较松散，很多企业集团靠行政手段成立，没有建立起集团成员之间的资本联结纽带，"80% 的企业集团没有紧密层企业，实质上还是属于行政性公司或较紧密的经济联合体。"[②] 这一阶段"三不变"原则导致无法统一调度、使用企业集团的内部资源，使企业集团"不能充分发挥特有的集团效应"[③]，逐渐成为企业集团进一步发展的障碍。

如表 3-3 所示，在我国的经济社会体制环境下，企业集团实施股份制有利于打破条块分割，以及解决政企分开问题。国有大中型企业在建立企业集团和股份制改革的实践过程中，逐渐认识到企业集团成员间必须同时具有生产经营的分工协作和参股的双重关系，才能形成利益共同体，实现集团内资源的优化配置，从而提高成员绩效。因此对企业集团实施股份制改革，建立成员之间的资本联结纽带是"引导企业集团冲出重重困境的根本出路"[④]。

表 3-3 企业集团实施股份制的必要性

目　　标	途　　径
建立企业集团的新型产权关系和紧密的资本联结纽带	替代合同、协议等契约形式的行政管理模式，用股份制管理企业集团成员间的生产经营和协作关系
打破条块分割，处理企业集团与地方的利益关系	界定国家、地方、集体和个人的资产数额、划分股份协调双方利益关系
冲破企业集团的行政隶属关系束缚，有效解决政企分开问题	分离企业集团的终极所有权（资产所有者）和企业法人所有权，实行董事会领导下的经理负责制
强化企业集团投资中心功能	设立企业集团财务公司，为集团提供发展资金来源
建立有效的企业集团经营机制和风险控制机制	核心企业对成员公司发挥有效控制和主导作用

资料来源：《企业集团：模式构想与道路选择》第 72~75 页资料整理。

---

①② 中国企业集团促进会：《母子公司关系研究——企业集团的组织结构和管理控制》，中国财政经济出版社 2004 年版，第 41 页。

③ 左昌鸿、唐拥军：《中国企业集团组织与管理原理研究》，广西师范大学出版社 1992 年版，第 89 页。

④ 邱靖基、陈佳贵：《企业集团：模式构想与道路选择》，经济管理出版社 1991 年版，第 73 页。

（2）组建和形成以资本为联结纽带的企业集团。

为促进我国企业集团形成资本联结纽带，1986 年我国《关于明后两年经济体制改革的意见》中提出，"横向联合的企业群体和企业集团，明年可普遍推行股份制。"1991 年 2 月在《国务院批转国家计委、国家体改委、国务院生产办公室关于选择一批大型企业集团进行试点请示的通知》以及《关于促进企业集团发展的意见》中规定了企业集团的组织方式为多层次的"不具备总体法人地位的法人联合组织"，并提出企业集团核心企业是独立法人实体，"具有一定优势和具有投资中心功能。"此外，国务院有关部门制定了相关配套政策扶植试点企业集团。在国务院的领导下，完成了第一批试点企业集团（55 家）的组建。

1992 年召开的党的十四大"把社会主义市场经济确立为中国经济体制改革的目标模式，标志着中国的改革进入初步建立社会主义市场经济体制阶段。"[1] 1993 年 11 月发布的《中共中央关于建立社会主义市场经济体制若干问题的决定》明确提出国有企业改革的目标是建立现代企业制度[2]，要以产权为纽带组建企业集团，发展一批"以公有制为主体，以产权联结为主要纽带的跨地区、跨行业、跨所有制和跨国的大型企业集团"，并指出企业集团在经济体制改革中的重要作用是实现规模经济收益，促进我国经济结构调整；开发新技术和新产品，增强我国的国际竞争力。随着我国经济体制改革进程的推进，发展企业集团成为我国经济发展和经济结构调整的主要内容。

20 世纪 90 年代中期以来，"我国开始注重从战略上调整国有经济布局"[3]，企业集团是我国调整国有经济战略布局的主要力量。1995 年中共十四届五中全会提出"调整国有经济布局和结构，抓好大的，放活小的，对国有企业实施战略性改组"。1996 年 3 月《关于国民经济和社会发展"九五"计划和二〇一〇年远景目标纲要的报告》中提出"以资本为纽带，连接和带动一批企业的改组和发展"，推动国有大企业和企业集团实现规模经济。1997 年 4 月发布的《关于深入大型企业集团试点工作的意见》《关于企业集团建立母子公司体制的指导意见》明确提出"建立以资本为主要联结纽带的母子公司体

---

①③　刘霞辉、张平、张晓晶：《改革年代的经济增长与结构变迁》，格致出版社、上海三联书店、上海人民出版社 2008 年版，第 120 页。

②　1994 年我国开始实施建立现代企业制度的试点，重点是企业公司制股份制改革，完善公司法人治理结构。

制"，同时批准了第二批国家试点企业集团（63 家），为支持试点企业集团发展，国务院相关部门给予了试点企业集团政策扶植，出台了针对试点企业集团发展的优惠政策①。

1997 年 9 月党的十五大明确提出"以资本为纽带，通过市场形成具有较强竞争力的跨地区、跨行业、跨所有制和跨国经营的大企业集团"，鼓励企业集团实施面向市场的新产品开发和技术创新，鼓励和引导社会资金投向企业集团技术改造，提高企业集团的技术创新能力、增强企业集团的竞争力。2000 年 10 月《中共中央关于国有企业改革和发展若干重大问题的决定》提出，发展企业集团时要避免行政手段的干预行为；坚持"抓大放小"，增强企业集团主营行业的竞争优势，培育具有较强竞争力的大型企业和企业集团，推动我国大型企业集团成为"国民经济的支柱和参与国际竞争的主要力量。"

（3）培育有国际竞争力的大企业集团（2001 年至今）。

进入 21 世纪以来，培育具有国际竞争力的大企业集团成为我国新时期企业集团政策的重要目标。2001 年 3 月我国发布的《国民经济和社会发展第十个五年计划纲要》（以下简称《纲要》）强调建设专业化分工协作的产业组织体系的重要性，明确提出形成"大企业为主导、大中小企业协调发展的格局"。《纲要》强调大企业集团应强化主业经营，增强创新能力和新产品开发能力，拥有品牌和自主知识产权；鼓励中小企业向"专、精、特、新"的方向发展。在此过程中不断完善中小企业服务体系，从而形成中小企业与大企业以及大企业集团之间配套发展的格局。

2001 年 10 月发布的《关于发展具有国际竞争力的大型企业集团的指导意见》（以下简称《指导意见》）明确提出发展一批"具有持续盈利能力和抗御风险能力的大公司和大企业集团"，《指导意见》强调新时期我国企业集团竞争力来自自主创新能力、品牌及市场开拓能力，并突出了抗风险能力对企业集团持续健康发展的重要性。为实现培育具有国际竞争力的大企业及大企业集团的目标，我国从 2003 年开始逐步成立各级国有资产监督管理机构②。

2005 年 10 月发布的《中共中央关于制定国民经济和社会发展第十一个五

---

① 优惠政策包括：投资权（对外长期投资、吸收外商投资），项目投资决策权，优先上市、发行债务的融资权，对外担保权等。

② 2003 年国务院成立国资委以后截至 2005 年年底，83% 以上的市（地）组建了国有资产监管机构，其中单独成立国资委的占已组建机构的 60%。

年规划的建议》提出，我国国民经济布局和经济结构调整要进一步推动"国有资本向关系国家安全和国民经济命脉的重要行业和关键领域集中，增强国有经济控制力，发挥主导作用。"2005 年 11 月发布的《促进产业结构调整暂行规定》提出要进一步优化我国产业组织结构和区域产业布局，提高我国企业的规模经济收益以及提高产业集中度，形成"核心竞争力强的大公司和企业集团"，并强调大公司和企业集团应该强化主业，拥有自主知识产权。

2006 年发布的《关于推进国有资本调整和国有企业重组指导意见》提出"加快国有大型企业的调整和重组"，推动国有企业强强联合，实现国有企业资源的优化配置。其中明确提出在符合国家产业政策的前提下，国有资本调整和重组的目标是"提高企业的规模经济效应，形成合理的产业集中度，培育一批具有国际竞争力的特大型企业集团。"

2008 年下半年以来，国际金融危机对我国的经济影响日益明显，我国重点行业"增速下滑、生产经营状况恶化、行业效益大幅下降。"[1] 根据国务院部署，各相关部门陆续制定发布了 10 个《重点行业产业调整和振兴规划》[2]，规划期为 2009 ~ 2011 年。行业振兴的目的主要是"对一些传统行业如钢铁、汽车等行业进行产业调整，淘汰落后产能，进行行业改造。"[3] 其强调大企业集团实施兼并重组，提高产业集中度以及优化资源配置，如《船舶工业调整和振兴规划》提出发展大型企业集团；《钢铁产业调整和振兴规划》提出"国内排名前 5 位钢铁企业的产能占全国产能的比例达到 45% 以上"；《汽车产业调整和振兴规划》提出形成"2 ~ 3 家产销规模超过 200 万辆的大型汽车企业集团"等。

2010 年 10 月我国发布的《中共中央关于制定国民经济和社会发展第十二个五年规划的建议》强调引导企业实施兼并重组，从而"提高产业集中度，发展拥有国际知名品牌和核心竞争力的大中型企业。"其同时提出要增强我国小企业的专业化水平，形成大中小型企业的分工协作体系，从而优化我国企业组织结构。

---

① 中国社会科学院工业经济研究所：《中国产业发展和产业政策报告（2011）》，中信出版社 2011 年版，第 1 页。

② 包括船舶工业、电子信息产业、纺织工业、钢铁产业、汽车产业、轻工业、石化产业、有色金属产业、物流业和装备制造业等 10 个重点行业的调整和振兴规划，这些行业也是我国大企业集团较为集中的行业。

③ 张文魁：《中国大企业集团年度发展报告 2010》，中国发展出版社 2011 年版，第 57 页。

2011 年 12 月我国发布的《工业转型升级规划（2011～2015 年）》强调加快形成我国大企业、大企业集团和中小企业之间协调发展的产业组织结构，在规模经济行业"促进形成一批具有国际竞争力的大集团"，同时支持中小企业向"专精特新"方向发展，通过中小企业与大企业、大企业集团之间的配套协作提高我国产业组织结构的资源配置效率；其就国有资本的战略调整提出"健全国有资本有进有退、合理流动机制，促进国有资本向关系国家安全和国民经济命脉的重要行业和重要领域集中"。

3.2

我国企业集团发展现状

3.2.1　企业集团总体实力不断增强

（1）企业集团规模不断扩大。

1997～2008 年企业集团单位数呈稳步增长，企业集团平均子公司数量变化不大，但企业集团资产总额变化明显，其年增长率远快于企业集团单位数的增长。在此期间企业集团资产总计占当年 GDP 的比重由 1997 年的约 63%上升到 2008 年的 131%，占我国国民经济的比重不断提高，说明企业集团在 12 年间资产规模不断扩大，平均每户企业集团的资产总额从 1997 年的 21.25 亿元增长为 2008 年的 138.44 亿元。

① 企业集团单位数（1997～2008 年）。

如图 3-1 所示，1997～2008 年我国企业集团单位数量呈稳步增长态势，12 年间全国企业集团单位数由 1997 年的 2369 家增加到 2008 年的 2971 家，增长了 25%，年均增长率为 2.07%①。

② 企业集团成员单位数。

如表 3-4 所示，我国企业集团是母子公司体制的组织形式，每家企业集团有一个核心公司即母公司，因而企业集团单位数和母公司数是一致的。从企

---

① 采取年均增长率计算公式，即 $(\sqrt[n-1]{x_1/x_0}-1)\times100\%$，其中 x_0 代表期初数，x_1 代表期末数，n 表示从期初到期末的年数，第 3 章中涉及的企业集团各指标的年均增长率均采取此方法计算得出。

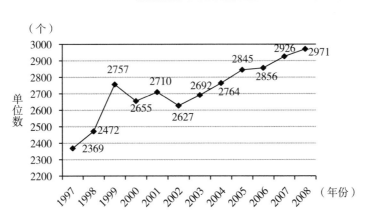

图 3 - 1　我国企业集团单位数

业集团成员单位数来看，子公司是成员单位的主要类型，这也说明我国企业集团的成员单位主要是子公司组成的，这也是我国企业集团的组织特点。2003 ~ 2008 年，企业集团的平均子公司数变化不大，每家企业集团平均拥有十家子公司；企业集团成员单位数量变化也不大，这说明我国企业集团成员单位构成较稳定。

表 3 - 4　　　　　　　　　　我国企业集团成员情况

单位数（个）	2003 年	2004 年	2005 年	2006 年	2007 年	2008 年
企业集团	2692	2764	2845	2856	2926	2971
成员单位	28372	29251	30324	30806	32027	33135
母公司	2692	2764	2845	2856	2926	2971
子公司	25680	26487	27479	27950	29101	30164
平均成员单位	10. 54	10. 58	10. 66	10. 79	10. 95	11. 15
平均子公司	9. 54	9. 58	9. 66	9. 79	9. 95	10. 15

③ 企业集团资产总计。

如图 3 - 2 所示，1997 ~ 2008 年企业集团规模的主要指标（资产总额）增长较快。由 1997 年的 50346. 72 亿元增长为 2008 年的 411312. 46 亿元，增长了 7. 16 倍，年均增长率为 21. 03%。1997 年和 2008 年的企业集团总资产占当年 GDP 的百分比分别为 63. 75% 和 130. 97%，说明企业集团实现了较快的规模增长，在我国经济中占有重要地位。

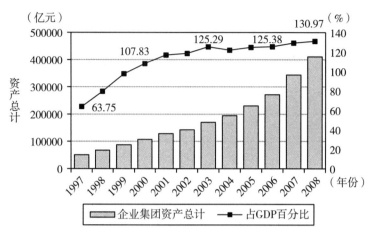

图 3-2 我国企业集团资产总计

④ 企业集团从业人员数。

如图 3-3 所示，企业集团从业人员数稳步增长，从 1997 年的 1850.43 万人增长为 2008 年的 3284.99 万人，年均增长率为 5.35%，占当年城镇就业人员的百分比从 9.16% 增长为 10.87%。

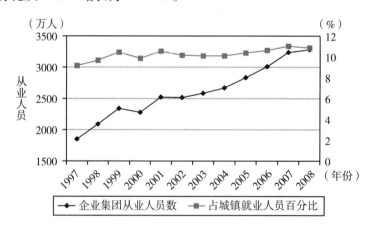

图 3-3 我国企业集团从业人员数

（2）企业集团盈利能力不断增强。

如图 3-4 所示，1997～2008 年企业集团营业收入和利润总额有较大幅度的增长，营业收入总额由 1997 年的 28205.22 亿元增长为 2008 年的 271871.02

亿元，占当年 GDP 的百分比从 35.72% 增长为 86.57%；企业集团利润总额占营业收入的百分比也增长较快，1997 年利润占营业收入总计的 4.34%，2008 年此百分比达 8.09%；企业集团的出口销售收入由 1997 年的 2579.79 亿元增长为 2008 年的 17933.57 亿元，分别占全国出口销售总额约 17%。以上数据说明，在此期间企业集团营业收入增长较快，占我国 GDP 的比例大幅提高；利润总额占企业集团营业收入的比重也有较大提高，这说明我国企业集团盈利能力不断增强。

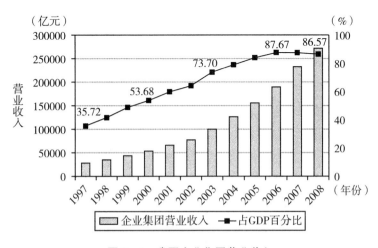

图 3 - 4　我国企业集团营业收入

（3）企业集团研发投入不断增加。

如图 3 - 5 所示，随着企业集团规模和盈利水平的大幅增长，企业集团的研究开发费用也经历了持续的快速增长过程，1997～2008 年我国企业集团研究开发费用从 155.43 亿元增长为 3190.74 亿元，占企业集团营业收入的百分比从 0.55% 增长为 1.17%，年均增长率为 31.61%。研究开发费用的增长说明在此期间，我国企业集团的技术创新投入在不断增加①。

（4）企业集团主要比率。

如表 3 - 5 所示，除 2008 年受到国际金融危机冲击外，企业集团盈利指标销售利润率由 2003 年的 5.54% 增长为 2007 年的 8.09%，总资产报酬率由 2003 年的 4.23% 增长为 2007 年的 6.53%；生产效率指标劳动生产率有较大幅

---

①　但比较国际大企业平均 5% 的研发强度（即研发投入占营业收入的百分比），我国企业集团研发强度还有相当的差距。

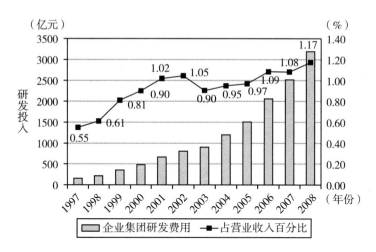

图 3 - 5 我国企业集团研究开发费用

度增长，1997～2008 年，劳动生产率由 38.71 万元/人增长为 82.76 万元/人，以上数据说明我国企业集团盈利水平和效率水平均有明显提高，资产负债率指标上升幅度不大，同时偿债能力指标已获利息倍数表现出较快增长；企业集团创新能力指标新产品销售收入占营业收入百分约为 10%，未出现较大变化，说明企业集团研发费用随营业收入增加而稳定增长。综合以上数据说明，我国企业集团 2003～2008 年盈利能力增长较快同时运营相对稳健，盈利能力的增长与效率提高和研究开发投入增多等因素相关。

表 3 - 5 我国企业集团主要比率

比　　率	2003 年	2004 年	2005 年	2006 年	2007 年	2008 年
销售利润率（%）	5.54	6.56	6.68	6.9	8.09	5.36
总资产报酬率（%）	4.23	5.26	5.48	5.82	6.53	4.67
劳动生产率①（万元/人）	38.71	47.31	54.84	63	71.8	82.76
资产负债率（%）	60.19	61.07	61.62	62.04	62.29	64.34

---

① 劳动生产率为企业集团营业收入与从业人员平均人数的比率；已获利息倍数为企业集团息税前利润与利息净支出的比值。

续表

比　　率	2003 年	2004 年	2005 年	2006 年	2007 年	2008 年
已获利息倍数（倍）	4.35	5.26	5.61	5.84	6.19	4.15
新产品销售收入占营业收入百分比①（%）	9.64	9.06	9.61	9.87	10.15	9.59

3.2.2　企业集团的集中趋势

在总量指标方面，我国企业集团表现出规模不断扩大、盈利能力不断提高的态势，企业集团已成为我国的主要企业组织形式。与此同时，企业集团结构指标表现出明显的集中趋势：在控股类型方面，集中趋势表现为国有控股企业集团占主导地位；在企业集团的主营业务方面，表现为第二产业企业集团特别是工业企业集团的集中趋势；在企业集团的所在地区方面，表现为东部地区的企业集团占主导地位。

（1）企业集团母公司控股类型②的集中趋势。

其他类型企业集团（主要是私人控股的企业集团）单位数上升较快，截至 2008 年，国有控股和其他控股企业集团单位数分别为 1291 家和 1361 家。在绝对量方面，国有控股企业集团在总资产、营业收入总额、出口销售总额、利润总额、研究开发费用和从业人员总数等方面均占主导地位，截至 2008 年，国有控股企业集团的相应百分比接近或超过 80%；就年均增长率而言，其他类型企业集团在营业收入合计、出口销售收入合计以及利润总额的增速快于国有控股和集体控股企业集团。

---

①　按照《中国大企业集团》的定义，新产品销售收入是指企业集团"销售在一定区域或行业范围内具有先进性、新颖性和适用性的新产品，从而实现的主营业务收入和其他业务收入。"

②　按照《中国大企业集团》的定义，指"以法人企业作为分类对象，根据企业实收资本中某种经济成分的出资人的实际出资情况进行分类。"从 2006 年年报开始，企业集团调查统计执行国统字［2005］79 号文，《关于统计上对公有和非公有控股经济的分类办法的通知》，年鉴中国有控股包括国有企业以及公司制企业中的国有绝对控股企业和国有相对控股企业，集体控股包括集体企业以及公司制企业中的集体绝对控股企业和集体相对控股企业。

① 按母公司控股类型划分的企业集团单位数。

如图 3-6 所示，其他类型企业集团①单位数增长最快，由 1997 年的 441 家增长为 2008 年的 1361 家，年均增长率为 11%，占全部企业集团单位数百分比由 1997 年的 18.62% 增长为 2008 年的 45.81%，这一百分比大于国有控股企业集团所占百分比（43.52%）；国有和集体控股企业集团单位数呈下降趋势，国有控股企业集团从 1997 年的 1455 家减少为 2008 年的 1293 家，占全部企业集团单位数的百分比从 61.42% 减少为 43.52%。集体控股企业集团单位数从 1997 年的 473 家减少为 2008 年的 317 家，占全部企业集团单位数的百分比从 19.97% 减少为 2008 年的 10.67%。

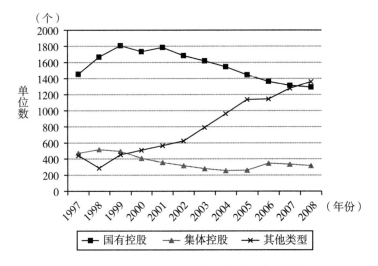

图 3-6　按母公司控股类型划分的企业集团单位数

② 按母公司控股类型划分的企业集团资产总计。

如图 3-7 所示，1997~2008 年国有控股企业集团的总资产由 1997 年的 42952.83 亿元增长为 2008 年的 357525.33 亿元，年均增长率为 21.25%，占全部企业集团资产总计的绝大部分，1997 年国有控股企业集团占全部企业集团总资产的 85.31%，2008 年这一百分比增长为 86.92%；集体控股企业集团总资产由 1997 年的 2025.98 亿元增长为 2008 年的 12153.79 亿元，年均增长率

---

① 即私人、港澳台商及外商控股企业集团，其他类型企业集团大部分为私人控股企业集团。截至 2008 年，其他类型企业集团单位数中私人控股企业集团为 1290 家，占全部其他类型企业集团单位数的 94.78%。

为 17.69%，占全部企业集团资产总计的百分比从 4.02%减少为 2.95%。其他类型企业集团总资产①从 1997 年的 5367.91 亿元增长为 2008 年的 41633.34 亿元，年均增长率为 20.47%，占全部企业集团总资产的百分比从 10.66%略减少为 10.12%。从年均增长率来看，国有控股企业集团总资产年均增长率快于集体控股和其他类型企业集团。

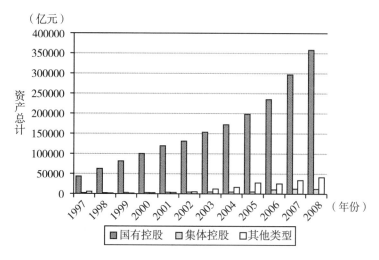

图 3 - 7　按母公司控股类型划分的企业集团资产

③ 按母公司控股类型划分的企业集团营业收入合计。

如图 3 - 8 所示，国有控股企业集团营业收入合计从 1997 年的 23288.5 亿元增长为 2008 年的 213069.4 亿元，年均增长率为 22.29%，占全部企业集团营业收入总计的百分比从 1997 年的 82.57%减少为 2008 年的 78.37%。集体控股企业集团营业收入合计从 1997 年的 1909.71 亿元增长为 2008 年的 12737.99 亿元，年均增长率为 18.83%，占全部企业集团营业收入合计的百分比从 1997 年的 6.77%减少为 2008 年的 4.69%。其他类型企业集团营业收入合计②从 1997 年的 3007.01 亿元增长为 2008 年的 46063.63 亿元，年均增长率为 28.16%，占全部企业集团营业收入合计的百分比从 1997 年的 10.66%增长

---

① 私人控股企业集团总资产占其他类型企业集团总资产的绝大部分，截至 2008 年年底，私人控股企业集团总资产为 37669.45 亿元，占其他类型企业集团总资产的 90.48%。

② 私人控股企业集团总资产占其他类型企业集团营业收入的绝大部分，截至 2008 年年底，私人控股企业集团的营业收入总计为 42447.52 亿元，占全部其他企业集团类型营业收入总计的 92.15%。

为 2008 年的 16.94%。从年均增长率来看，其他类型企业集团营业收入合计增长率快于国有控股和集体控股企业集团。

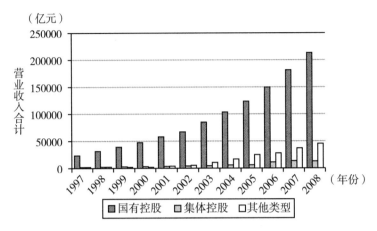

图 3 - 8　按母公司控股类型划分的企业集团营业收入合计

④ 按母公司控股类型划分的企业集团出口销售收入总计。

如图 3 - 9 所示，国有控股企业集团出口销售收入从 1997 年的 2139.8 亿元增长为 2008 年的 12382.53 亿元，年均增长率为 17.30%，占全部企业集团出口销售收入的百分比从 1997 年的 82.94% 减少为 2008 年的 69.05%。集体控股企业集团出口销售收入从 1997 年的 179.91 亿元增长为 2008 年的 1342.76 亿元，年均增长率为 20.05%，占全部企业集团出口销售收入的百分比从 1997 年的 6.97% 增长为 2008 年的 7.49%。其他类型企业集团出口销售收入[①]从 1997 年的 260.08 亿元增长为 2008 年的 4208.28 亿元，年均增长率为 28.80%，占全部企业集团出口销售收入的百分比从 1997 年的 10.08% 增长为 2008 年的 23.47%。从年均增长率来看，其他类型企业集团出口销售收入增长率快于国有控股和集体控股企业集团。

⑤ 按母公司控股类型划分的企业集团利润总额。

如图 3 - 10 所示，国有控股企业集团利润总额从 1997 年的 980.88 亿元增长为 2008 年的 11381.75 亿元，年均增长率为 24.96%，占全部企业集团利润总额的百分比从 1997 年的 80.22% 减少为 2008 年的 78.05%。集体控股企业

---

① 私人控股企业集团总资产占其他类型企业集团出口销售收入的绝大部分，截至 2008 年，私人控股企业集团出口销售收入占其他类型企业集团出口销售收入的 91.11%。

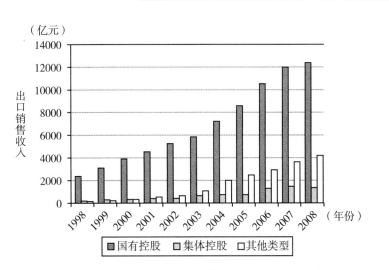

图 3 – 9　按母公司控股类型划分的企业集团出口销售收入

集团利润总额从 1997 年的 125.54 亿元增长为 2008 年的 658.59 亿元,年均增长率为 16.26%,占全部企业集团利润总额的百分比从 1997 年的 10.27% 减少为 2008 年的 4.52%。其他类型企业集团利润总额①从 1997 年的 116.33 亿元增长为 2008 年的 2543 亿元,年均增长率为 32.37%,占全部企业集团利润总额的百分比从 1997 年的 9.51% 增长为 2008 年的 17.44%。从年均增长率来看,其他类型企业集团利润总额增长率快于国有控股和集体控股企业集团。

⑥ 按母公司控股类型划分的企业集团研究开发费用总额。

如图 3 – 11 所示,国有控股企业集团研究开发费用总额从 1997 年的 117.79 亿元增长为 2008 年的 2561.15 亿元,年均增长率为 32.30%,占全部企业集团研究开发费用的百分比从 1997 年的 75.78% 增长为 2008 年的 80.27%。集体控股企业集团研究开发费用总额从 1997 年的 14.9 亿元增长为 2008 年的 158.48 亿元,年均增长率为 23.98%,占全部企业集团研究开发费用的百分比从 1997 年的 9.59% 减少为 2008 年的 4.97%。其他类型企业集团研究开发费用②从 1997 年的 22.74 亿元增长为 2008 年的 471.11 亿元,年均增

---

① 私人控股企业集团总资产占其他类型企业集团利润总额的绝大部分,截至 2008 年,私人控股企业集团出口销售收入占其他类型企业集团利润总额的 89.65%。

② 私人控股企业集团总资产占其他类型企业集团研究开发费用的绝大部分,截至 2008 年,私人控股企业集团研究开发费用占其他类型企业集团的 91.72%。

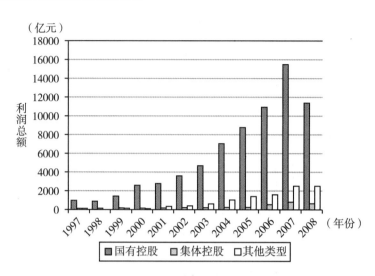

图 3 - 10　按母公司控股类型划分的企业集团利润总额

长率为 31.72%，占全部企业集团研究开发费用的百分比从 1997 年的 4.67%
增长为 2008 年的 14.76%。从年均增长率来看，国有控股企业集团研究开发费
用增长率快于集体控股和其他类型企业集团。

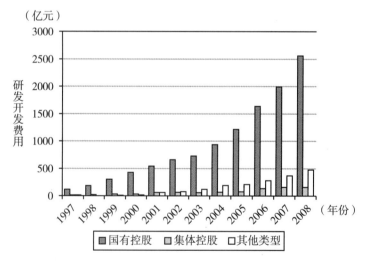

图 3 - 11　按母公司控股类型划分的企业集团研究开发费用

（2）企业集团的主营行业集中趋势。

不同主营行业的企业集团也表现出明显的集中趋势，第二产业企业集团特

别是工业企业集团在规模和绩效指标方面居主导地位。第三产业企业集团在总资产、利润总额和营业收入等指标方面表现出较快的增长态势，这与我国目前处于的工业化阶段相符合。

① 按主营行业划分的企业集团单位数。

如图 3 - 12 所示，按企业集团主营行业划分，1997 ~ 2008 年第二产业企业集团和第三产业企业集团单位数增长较快。第二产业企业集团单位数从1816 家增长为 2082 家，占全部企业集团单位数的百分比从 1997 年的 76.66%减少为 2008 年的 70.08%①。由于交通运输、仓储和邮政业及房地产业企业集团单位数增加较快，第三产业企业集团单位数从 1997 年的 516 家增长为 2008年的 857 家，占全部企业集团单位数的百分比由 1997 年的 21.78% 增长为2008 年的 28.85%。第一产业企业集团单位数从 1997 年的 37 家减少为 2008年的 32 家，占全部企业集团单位数的百分比从 1997 年的 1.56% 减少为 1.08%。

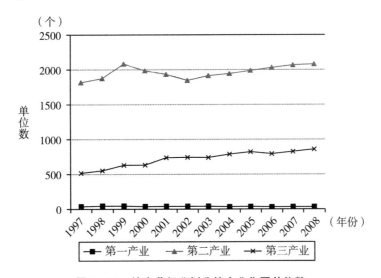

图 3 - 12　按主营行业划分的企业集团单位数

② 按主营行业划分的企业集团资产总计。

如图 3 - 13 所示，1997 ~ 2008 年第二产业和第三产业企业集团资产总

---

① 尽管建筑业企业集团单位数增加，但由于工业企业集团在企业集团单位数中的比重逐渐下降，从 1997 年的 73.79% 减少为 2008 年的 61.53%，因而第二产业在企业集团单位数中所占比重略有下降。

计增长较快，第二产业企业集团的总资产由 1997 年的 38545.99 亿元增长为 2008 年的 251585.77 亿元，年均增长率为 18.59%，占全部企业集团总资产的百分比从 1997 年的 76.56% 减少为 2008 年的 61.17%；第三产业企业集团的总资产由 1997 年的 10354.84 亿元增长为 2008 年的 157890.54 亿元，年均增长率为 28.1%，占全部企业集团总资产的百分比从 1997 年的 20.57% 增长为 2008 年的 38.39%；第一产业企业集团资产总计增长较慢，由 1997 年的 1445.89 亿元增长为 2008 年的 1836.16 亿元，年均增长率为 2.2%，占全部企业集团总资产的百分比从 1997 年的 2.87% 减少为 2008 年的 0.45%。

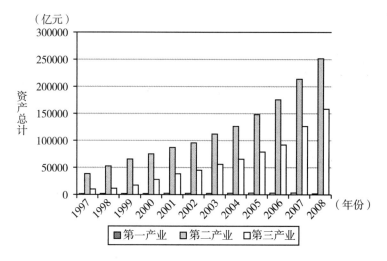

图 3-13　按主营行业划分的企业集团资产总计

工业企业集团占据第二产业企业集团总资产中最大份额，工业企业集团总资产从 1997 年的 36283.14 亿元增长为 2008 年的 229963.78 亿元，年均增长率为 18.28%，占全部企业集团资产总计的百分比从 1997 年的 72.07% 减少为 2008 年的 55.91%。如表 3-6 和表 3-7 所示，工业企业集团在我国工业总资产中占重要地位。工业企业集团单位数在全国规模以上工业企业单位数中所占的百分比很低，2008 年这一百分比仅占 0.43%，而且总体呈下降趋势，但工业企业集团的资产总计占我国规模以上工业企业资产总计半数以上，2008 年这一比例是 53.32%。

表 3 - 6　　　　　　工业企业集团单位数（2003～2008 年）

年　　份	2003	2004	2005	2006	2007	2008
单位数（个）	1738	1756	1790	1806	1833	1828
全国规模以上工业企业单位数*（个）	196222	276474	271835	301961	336768	426113
百分比（%）	0.89	0.64	0.66	0.60	0.54	0.43

注：* 数据来源于各年统计年鉴。

表 3 - 7　　　　　　工业企业集团资产总计（2003～2008 年）

年　　份	2003	2004	2005	2006	2007	2008
资产总计（亿元）	103608.41	117406.33	137806.54	162474.91	196341.19	229963.78
全国规模以上工业企业资产总计*（亿元）	168807.70	215358.00	244784.25	291214.51	353037.37	431305.55
百分比（%）	61.38	54.52	56.30	55.79	55.61	53.32

注：* 数据来源于各年统计年鉴。

在工业企业集团中采矿业企业集团总资产上升较快，从 1997 年的 1158.12 亿元增长为 2008 年的 44671.70 亿元，年均增长率为 39.38%，占全部企业集团资产总计的百分比从 1997 年的 2.30% 上升到 2008 年的 10.86%。制造业企业集团总资产从 1997 年的 26088.36 亿元增长为 132956.34 亿元，年均增长率为 15.96%，占全部企业集团总资产的百分比从 51.82% 减少为 32.32%。

③ 按主营行业划分的企业集团营业收入合计。

如图 3 - 14 所示，1997～2008 年第二产业和第三产业企业集团的营业收入合计增长较快。第二产业营业收入从 20810.27 亿元增长为 202496.82 亿元，年均增长率为 22.98%，占全部企业集团营业收入的百分比从 1997 年的 73.78% 增长为 2008 年的 74.48%。第三产业营业收入从 1997 年的 6603.79 亿元增长为 2008 年的 68022.18 亿元，年均增长率为 23.62%，占全部企业集团营业收入的百分比从 1997 年的 23.41% 增长为 2008 年的 25.02%。第一产业营业收入从 1997 年的 791.15 亿元增长为 2008 年的 1352.02 亿元，年均增长率为 5%，占全部企业集团营业收入的百分比从 1997 年的 2.8% 减少为 2008 年的 0.5%。

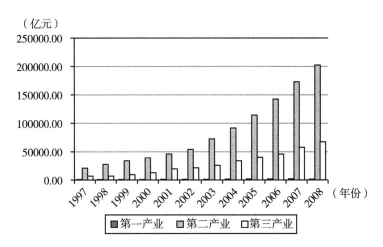

（亿元）

图 3 - 14　按主营行业划分的企业集团营业收入合计

工业企业集团在第二产业营业收入中份额最大，工业企业集团营业收入从1997 年的 19234.22 亿元增长为 2008 年的 181796.42 亿元，年均增长率为22.65%，占全部企业集团营业收入的百分比从 1997 年的 68.19% 减少为 2008年的66.87%。如表 3 - 8 所示，工业企业集团的营业收入在我国工业企业营业收入中占重要地位，截至 2008 年，工业企业集团主营业务收入占全国规模以上工业企业主营业务收入的 36.36%，占全国规模以上工业企业工业总产值的35.83%。

表 3 - 8　　　　　　　　工业企业集团营业收入（2003 ~ 2008 年）

年　　份	2003	2004	2005	2006	2007	2008
主营业务收入（亿元）	65921.49	80242.78	103332.08	128283.75	156126.78	181796.42
占全国规模以上工业企业主营业务收入*百分比（%）	46.04	40.34	41.57	40.91	39.06	36.36
占全国规模以上工业企业工业总产值*（亿元）百分比（%）	46.34	39.78	41.07	40.52	38.53	35.83

注：* 数据来源于各年统计年鉴。

工业企业集团中的采矿业企业集团营业收入增长较快，从 1997 年的 434.95 亿元增长为 2008 年的 29620.21 亿元，年均增长率为 46.77%，占全部企业集团营业收入的百分比从 1.54% 增长为 10.89%。工业企业集团中制造业企业集团营业收入在 1997 年和 2008 年分别为 15879.63 亿元和 128573.40 亿元，年均增长率为 20.94%，在全部企业集团营业收入中所占百分比由 1997 年的 56.30% 减少为 2008 年的 47.29%。

④ 按主营行业划分的企业集团出口销售收入合计。

如图 3-15 所示，1997～2008 年第二产业和第三产业出口销售收入总额均较快增长，第二产业的出口销售收入总额从 1997 年的 1443.84 亿元增长为 2008 年的 13902.89 亿元，年均增长率为 22.86%，占全部企业集团出口销售收入的百分比从 1997 年的 55.97% 增长为 77.52%。第三产业的出口销售总额从 1997 年的 1100.58 亿元增长为 2008 年的 3970.43 亿元，年均增长率为 12.37%，占全部企业集团出口销售收入的百分比从 1997 年的 42.66% 减少为 22.14%。第一产业的出口销售总额从 1997 年的 35.35 亿元增长为 2008 年的 60.24 亿元，年均增长率为 5%，占全部企业集团出口销售收入的百分比从 1997 年的 1.37% 减少为 0.34%。

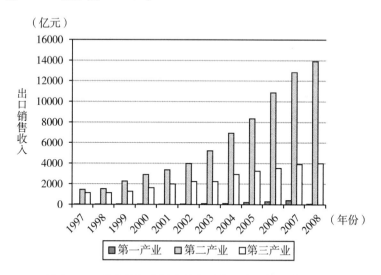

图 3-15　按主营行业划分的企业集团出口销售收入合计

在第二产业企业集团出口销售总额中，工业企业集团所占份额最大，工业企业集团出口销售收入从 1997 年的 1435.88 亿元增长为 2008 年的 13714.26 亿元，年均增长率为 22.77%，在全部企业集团出口销售收入总额中所占比重从 55.66% 增长为 2008 年的 76.47%。制造业企业集团在工业企业集团出口销售总额中占最大份额，年均增长率为 22.7%，占全部企业集团出口销售收入总额的百分比从 1997 年的 53.02% 增长为 2008 年的 72.36%。

⑤ 按主营行业划分的企业集团利润合计。

如图 3 - 16 所示，除 2008 年金融危机影响外，第二和第三产业企业集团利润总额增长迅速，第二产业企业集团利润总额从 1997 年的 966.97 亿元增长为 2008 年的 10009.83 亿元，年均增长率为 23.67%，占全部企业集团利润总额的比重由 1997 年的 79.08% 减少为 2008 年的 68.64%。第三产业企业集团利润总额从 1997 年的 286.10 亿元增长为 2008 年的 4557.18 亿元，年均增长率为 28.61%，占全部企业集团利润总额的比重从 1997 年的 21.65% 增长为 2008 年的 31.06%。1997 ~ 2000 年第一产业企业集团亏损，2000 年开始盈利但占全部企业集团利润总额份额较小①。

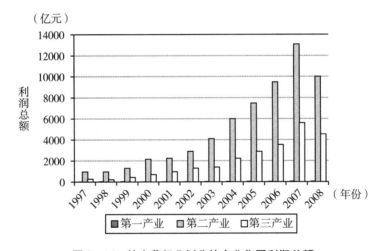

图 3 - 16　按主营行业划分的企业集团利润总额

在第二产业企业集团利润总额中，工业企业集团利润总额占据最大比例。工业企业集团利润总额从 1997 年的 942.75 亿元增长为 2008 年的 9441.56 亿元，年均增长率为 23.3%，占全部企业集团利润总额的比重从 1997 年的 77.01% 减少为 2008 年的 64.74%。工业企业集团在我国工业企业占重要地位，

① 2000 ~ 2008 年第一产业企业集团利润总额从 14.99 亿元增长为 43.22 亿元。

如表 3 - 9 所示，除 2008 年受金融危机影响有所下降外，工业企业集团利润总额占全国规模以上工业企业利润总额的百分比近 50%。

表 3 - 9　　　　　　　工业企业集团利润总额（2003～2008 年）

年　　份	2003	2004	2005	2006	2007	2008
利润总额（亿元）	4003.76	5849.83	7227.77	9127.17	12522.99	9441.56
全国规模以上工业企业利润总额*（亿元）	8337.24	11929.30	14802.54	19504.44	27155.18	30562.37
百分比（%）	48.02	49.04	48.83	46.80	46.12	30.89

注：*数据来源于各年统计年鉴。

如图 3 - 17 所示，工业中的制造业和采矿业利润在第二产业企业集团利润总额中所占比重较大。制造业利润从 1997 年的 694.99 亿元增长为 2008 年的 5507.68 亿元，年均增长率为 20.7%，占全部企业集团利润总额从 1997 年的 56.84% 减少为 2008 年的 37.77%。采矿业企业集团利润总额从 1997 年的 21.80 亿元增长为 2008 年的 3693.51 亿元，年均增长率为 59.45%，在全部企业集团利润总额中所占百分比从 1997 年的 1.87% 增长为 2008 年的 25.33%。

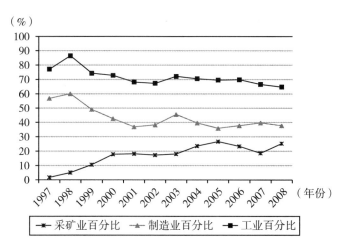

图 3 - 17　工业、采矿业、制造业利润占第二产业企业集团利润总额百分比

⑥ 按主营行业划分的企业集团研究开发费用合计。

如图 3 - 18 所示，1997～2008 年第二产业企业集团研究开发费用增长较快，从1997年的149.45亿元增长为2008年的3025.96亿元，年均增长率为31.45%，占全部企业集团研究开发费用的百分比从95.66%减少为2008年的91.23%。

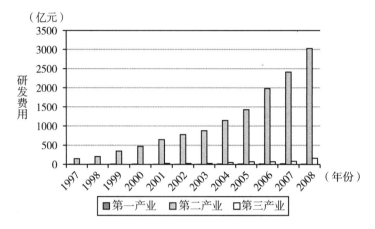

图3-18 按主营行业划分的企业集团研究开发费用

在工业企业集团中，制造业企业集团所占的研究开发费用份额最大，从1997年的131.71亿元增长到2008年的2489.85亿元，年均增长率为30.63%，占全部企业集团研究开发费用的百分比从1997年的84.74%减少为2008年的78.03%。第二产业中采矿业企业集团研究开发费用从1997年的11.29亿元增长为2008年的329.21亿元，年均增长率为35.88%，占全部企业集团研究开发费用的百分比从1997年的7.26%增长为2008年的10.23%。

（3）企业集团的地区[①]集中趋势。

1997~2008年各地区企业集团的集团数、资产总计、营业收入总计、利润总额、研究开发费用和从业人员等各项规模、绩效指标来看，东部地区企业集团均占最大份额，反映出东部地区企业集团在全国企业集团中的重要地位。

① 按地区划分的企业集团单位数。

如图3-19所示，1997~2008年，除东北地区企业集团单位数下降外，东部地区、中部地区、西部地区企业集团单位数都呈增长态势。其中东部地区企业集团单位数从1997年的1479家增加为2007年的1970家，占全国企业集团数的比

---

① 东部地区包括北京、天津、河北、上海、江苏、浙江、福建、山东、广东、海南10个省和直辖市；中部地区包括山西、安徽、江西、河南、湖北、湖南6个省；西部地区包括内蒙古、广西、重庆、四川、贵州、云南、西藏、陕西、甘肃、宁夏、青海、新疆12个省、自治区和直辖市；东北地区包括辽宁、吉林、黑龙江3个省。

重从 1997 年的 62.43% 增长为 2008 年的 66.31%，占我国企业集团地区比重的最大份额。中部地区和西部地区企业集团单位数在全国所占比重类似，东北地区所占比重最少。截至 2008 年，中部地区和西部地区企业集团单位数分别为 392 家和 432 家，占全国企业集团单位数的百分比分别为 13.19% 和 14.54%，东北地区企业集团单位数为 177 家，占全国企业集团单位数的百分比为 5.96%。

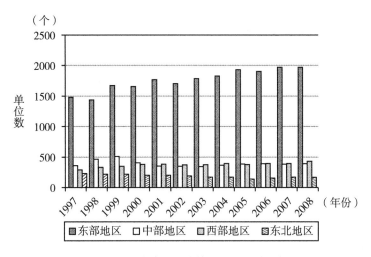

图 3-19 按地区划分的企业集团单位数

② 按地区划分的企业集团资产总计。

如图 3-20 所示，东部地区企业集团总资产在全国企业集团资产总计中占最大份额。1997～2008 年东部地区企业集团总资产从 33427.79 亿元增长为 336542.22 亿元，年均增长率为 23.36%，占全国企业集团资产总计的百分比从 66.40% 增长为 81.82%。1997～2008 年，中部地区企业集团总资产从 6008.83 亿元增长为 31267.75 亿元，年均增长率分别为 16.18%。西部地区企业集团总资产从 5145.04 亿元增长为 29798.13 亿元，年均增长率为 17.31%。截至 2008 年，中部地区和西部地区企业集团总资产分别占全国企业集团资产总计的 7.60% 和 7.24%。2008 年东北地区企业集团总资产为 13704.36 亿元，占全国企业集团总资产的比重为 3.33%。

③ 按地区划分的企业集团营业收入合计。

如图 3-21 所示，东部地区企业集团营业收入在全国企业集团营业收入总计中所占比重最大。1997～2008 年东部地区企业集团的营业收入从 19802.46 亿元增长为 216378.25 亿元，年均增长率为 24.28%，占全国企业集团营业收

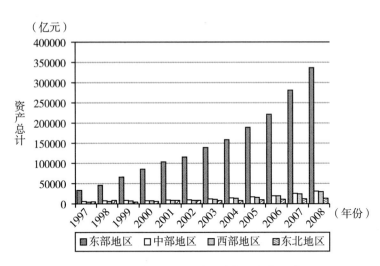

图3-20　按地区划分的企业集团资产总计

入总计的百分比从1997年的70.21%增长为2008年的79.59%。1997~2008年，中部地区企业集团的营业收入从3068.50亿元增长为25963.81亿元，年均增长率为21.43%。西部地区企业集团营业收入从2806.71亿元增长为18533.94亿元，年均增长率为18.72%。截至2008年，中部地区和西部地区企业集团营业收入分别占全国企业集团营业收入总计的9.55%和6.82%。截至2008年，东北地区企业集团营业收入总计为10995.03亿元，占全国企业集团营业收入总计的百分比为4.04%。

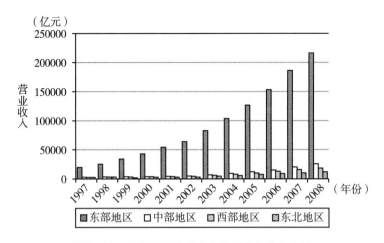

图3-21　按地区划分的企业集团营业收入合计

④ 按地区划分的企业集团利润合计。

如图 3－22 所示，东部地区企业集团利润总额在全国企业集团利润总额中所占比重最大。1997～2008 年东部企业集团的利润总额从 946.12 亿元增长为 11512.39 亿元，年均增长率为 25.5%，占全国企业集团利润总额的百分比从 1997 年的 77.38% 增长为 2008 年的 78.94%。1997～2008 年，中部企业集团利润总额从 104.89 亿元增长为 1428.55 亿元，年均增长率为 26.8%。西部地区企业集团利润总额从 130.55 亿元增长为 1075.22 亿元，年均增长率为 21.13%。截至 2008 年，中部地区和西部地区企业集团利润总额分别占全国企业集团利润总额的 9.80% 和 7.37%。截至 2008 年，东北地区企业集团利润总额为 567.20 亿元，占全国企业集团利润总额的百分比为 3.89%。

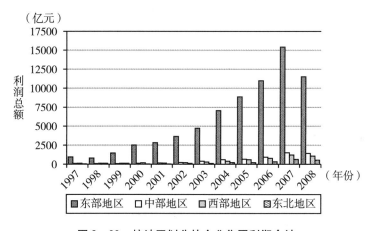

图 3－22 按地区划分的企业集团利润合计

⑤ 按地区划分的企业集团研发费用总计。

如图 3－23 所示，东部地区企业集团研发费用在全国企业集团研发费用总计中所占比重最大。1997～2008 年东部地区企业集团的研究开发费用从 107.06 亿元增长为 2428.86 亿元，年平均增长率为 32.82%，占全国企业集团研究开发费用的百分比从 1997 年的 68.88% 增长为 2008 年的 76.12%。1997～2008 年，中部地区企业集团研究开发费用从 17.67 亿元增长为 377.46 亿元，年平均增长率分别为 32.1%。西部地区企业集团研究开发费用从 16.37 亿元增长为 238.99 亿元，年平均增长率分别为 27.6%。截至 2008 年，中部地区和西部地区企业集团研究开发费用分别占全国企业集团研究开发费用的 11.83% 和

7.49%。2008 年东北地区企业集团研究开发费用为 145.47 亿元，占全国企业集团研究开发费用的百分比为 4.56%。

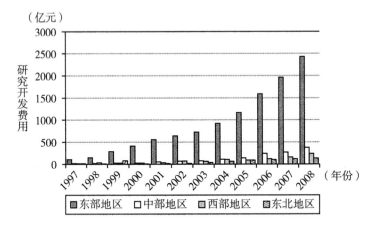

图 3-23　按地区划分的企业集团研究开发费用合计

3.3

我国企业集团绩效研究：基于上市公司的实证分析

本节采用微观经济计量学反事实分析框架和准实验研究方法，使用企业集团上市公司作为处理组，采用独立上市公司（控制组）作为处理组反事实结果的代理变量，比较企业集团上市公司的事实结果（加入企业集团状态下的绩效）和反事实结果（不加入企业集团状态下的绩效）的差异，从而估计出独立上市公司加入企业集团的平均处理效应，并对其加入企业集团的动机进行深入分析。

3.3.1　实证分析样本数据及说明

（1）总体数据来源及选取规则。

本节使用 2009 年、2010 年和 2011 年我国 A 股上市公司的截面数据，样本数据来自 Wind 数据库、深圳证券交易所、上海证券交易所网站、各上市公司网站以及证监会指定信息披露网站巨潮资讯网等。在收集到的数据样本中，首先剔除金融行业上市公司①以及发行 B 股、H 股和 N 股的上市公司②；剔除绩效严重异常的特别处理（ST）和特别转让（PT）公司。经过以上处理，2009 年共有样本公司 1486 家，其中企业集团 1032 家（国有集团 727 家，非国有集团 305 家），非企业集团 454 家；2010 年共有样本公司 1830 家，其中企业集团 1140 家（国有集团 764 家，非国有集团 376 家），非企业集团 690 家；2011 年共有样本公司 2109 家，其中企业集团 1208 家（国有集团 788 家，非国有集团 420 家），非企业集团 901 家。

在判断上市公司是否属企业集团时，主要依据国家统计局《中国大企业集团》的名录，同时参考上市公司网站、年报以及其他公开披露的资料。具体判断规则为，如果上市公司满足下列情形之一则判断此上市公司为企业集团：第一，上市公司本身是企业集团；第二，上市公司的第一大股东是企业集团；第三，上市公司的实际控制人③是企业集团。

此外，在判断上市公司控股类型属国有或非国有时，判断依据为：若上市公司实际控制人为中央国家机关、国资委、地方政府、地方国资委、中央国有企业、行政事业单位等之一则判断此上市公司为国有控股类型；实际控制人不属于上述范围之内的，此上市公司为非国有控股类型。

（2）绩效指标及说明。

在对企业集团研究的文献中，绩效指标的选取主要有两类：第一类指标是盈利能力指标（Profitability），常用的如总资产净利率（ROA）、净资产利润率（ROE）等；第二类指标为托宾 Q 指标（Tobin's Q）。本书选取的绩效指标是总资产净利率（ROA），以下就现阶段各绩效指标的优劣势以及选取原因做出说明。

① 托宾 Q 指标。

托宾 Q 指标是指公司的市场价值与其重置成本之比，若某公司的托宾 Q

---

① 金融业上市公司与其他行业上市公司的会计准则不同，考虑到因此可能带来的上市公司绩效差异，在数据分析样本中剔除金融业上市公司。

② B 股指中国上市公司发行的人民币特种股票，H 股指在中国内地注册的公司在香港上市发行的外资股，N 股指在中国内地注册的公司在纽约上市发行的外资股。外资股东可能会影响上市公司的治理结构和绩效，为保证上市公司绩效的可比性，因而剔除同时发行 B 股、H 股或 N 股的 A 股上市公司。

③ 除收购股份成为上市公司的控股股东外，个人或组织还可以通过其他方式和安排实际控制上市公司。因此上市公司的控股股东与实际控制人有可能存在差异，我国证监部门相关管理规则都要求上市公司披露实际控制人及其变动情况，根据披露情况看，上市公司实际控制人包括法人、自然人及其他组织等几种类型。

值大于 1，表明此公司的市场价值高于其重置成本，说明市场对此公司的估价水平较高；反之若某公司的托宾 Q 值小于 1，说明对此公司的估价水平较低，导致公司的市场价值低于其重置成本。通常，"人们用总资产的账面价值替代重置成本，普通股的市场价格和债务的账面价值之和表示市场价值。"[①] 托宾 Q 指标的计算一般采取：（上市公司的权益的市场价值 + 负债的账面价值）/公司总资产的账面价值。

托宾 Q 指标对比公司的市场价值与重置成本，反映公司的盈利能力和公司的价值。由于市场价值是托宾 Q 指标的主要判断依据，证券市场是否有效、能否真实地反映公司的价值是托宾 Q 指标能否准确衡量上市公司绩效的关键。如果证券市场经常发生较大的波动，特别是市场投机性炒作导致的非理性涨跌往往会导致托宾 Q 值无法真实地反映公司的盈利能力和价值。如中国资本市场 2007 年和 2008 年股票价格发生过较大幅度波动，"2007 年 12 月 28 日，上证综合指数收盘价为 5261.56 点，而 2008 年 12 月 31 日上证综合指数收盘价仅为 1911.79 点"[②]。最近的研究如梁成（2012）认为中国证券市场波动幅度大，非理性投资行为明显，李良新（2012）指出中国证券市场仍处于有效性不断增强的发展过程，因此，在市场波动作用下，采取托宾 Q 指标衡量我国现阶段上市公司绩效可能会出现不合理的高估或低估的现象。

托宾 Q 指标衡量公司绩效和价值时还有另一个前提条件，即公司的股票必须是全流通的，这样上市公司的市场价值才能真实全面地反映出市场对于上市公司盈利能力的评价。由于证券市场发展的历史原因，我国上市公司存在相当大部分的非流通股。为解决这一问题，2005 年 4 月 29 日中国证监会发布《关于上市公司股权分置改革试点有关问题的通知》启动股权分置改革，截至 2007 年股权分置改革基本完成[③]。但在股权分置改革的过程中，产生了上市公司的限售流通股[④]。

---

①② 张先治、陈友邦：《财务分析》，东北财经大学出版社 2010 年版，第 188 页。

③ 截至 2007 年 12 月 31 日，沪深两市共 1298 家已完成或进入股改程序的上市公司市值占应改革上市公司总市值的比重达到 98%，股权分置改革基本完成。

④ 在 2006 年 6 月 19 日 "新老划断" 之前所存在的没能上市公开流通的股份，通过股改而持续上市的可以按历史惯例称为 "非流通股"。而 2006 年 6 月 19 日 "新老划断" 之后，新发行上市的公司所带来的尚未上市公开流通的股份，目前市场上更普遍地将它们称为 "流通权限限售股票"，简称为 "限售股"。"限售股" 将在公司上市之后的 1~3 年期间限制出售，过了 1~3 年的限售期，它们将自动解除禁止出售的限制。原载于陆一：《谈股论经：中国证券市场基本概念辩误》，上海世纪出版股份有限公司远东出版社 2010 年版，第 88~90 页。

表3-10显示的是我国股权分置改革完成后限售流通股的变化情况，截至2011年12月31日限售流通股数占我国A股总股本达到44.55%，占我国总股本近一半。

表3-10 我国A股流通情况（按股份数量划分）

截止日期	A股总股本（亿股）	本期开始流通股数合计（亿股）	无限售条件股份数量（亿股）	限售流通股份数量（亿股）	限售流通股/A股总股本（%）
2007年12月31日	17522.32	989.36	5148.97	12373.34	70.61
2008年12月31日	17325.85	1370.57	6132.64	11193.21	64.60
2009年12月31日	14312.51	6802.10	12024.10	2288.41	15.99
2010年12月31日	20506.13	4173.98	14679.23	5826.90	28.42
2011年12月31日	11782.19	1992.20	6533.56	5248.64	44.55

资料来源：笔者根据Wind数据库，上海证券交易所及深圳证券交易所相关资料整理。

如表3-11所示，从限售流通股市值来看，截至2011年12月31日我国A股限售流通股市值占A股总市值的百分比达38.89%。

表3-11 我国A股流通情况（按股份市值划分）

截止日期	A股总市值（亿元）	本期开始流通市值合计（亿元）	无限售条件股份市值（亿元）	限售流通股份市值（亿元）	限售流通股份市值/A股总市值（%）
2007年12月31日	234455.25	15828.78	86850.93	147604.32	62.96
2008年12月31日	230010.79	18543.98	74243.02	155767.77	67.72
2009年12月31日	127988.54	49122.70	103202.33	24786.20	19.37
2010年12月31日	194275.48	52084.13	144355.38	49920.10	25.70
2011年12月31日	114555.70	20712.20	70007.16	44548.54	38.89

资料来源：笔者根据Wind数据库，上海证券交易所及深圳证券交易所相关资料整理。

由于我国上市公司存在限售流通股，而且随着新的公司发行上市，证券市场限售流通股的数量还会不断增加。由于市场价值没有反映出上市公司的整体股本，因此托宾Q指标难以整体反映上市公司盈利能力和公司价值。

② 盈利能力指标。

衡量企业盈利能力的主要指标包括总资产净利率 ROA 和净资产收益率 ROE，企业集团绩效研究文献常用的指标是总资产净利率 ROA。

$$净资产收益率 = \frac{净利润}{平均净资产} \times 100\% \tag{3.1}$$

$$总资产净利率 = \frac{营业收入}{平均总资产} \times \frac{净利润}{营业收入} \times 100\% \tag{3.2}$$

ROE 指标反映的是企业净资产的盈利能力，而 ROA 指标衡量的是企业总资产的经营能力。由于净资产是企业资产减去负债之后的余额，ROE 指标会受到企业资本结构的影响。当企业资产负债率上升时，会导致其负债与所有者权益的比例提高，净资产收益率也会随之提高。因此 ROE 指标可能掩盖盈利企业的财务风险。

与 ROE 指标相比，ROA 指标衡量公司总资产的经营能力。总资产净利率越高，说明公司资产的运用效率较高，也意味着公司的资产盈利能力越强，总资产净利率可以做以下分解：

总资产净利率的影响因素包括：$\frac{营业收入}{平均总资产}$ 即总资产周转率，可用于说明企业资产的运用效率，是企业经营效果的直接体现；$\frac{净利润}{营业收入}$ 是销售净利率，反映企业生产产品的盈利能力，产品盈利能力越强，销售净利率越高。因此，总资产净利率指标综合反映了上市公司运用公司资产的效率和生产产品的盈利能力（张先治、陈友邦，2010）。

综上所述，本分析采取盈利能力指标 ROA 来作为上市公司的绩效指标，ROA 的计算采取上市公司 2009 年、2010 年，2011 年各年的净利润除以各年的平均总资产，平均总资产采取当年年初总资产与年末总资产的算术平均值。

3.3.2 实证分析模型

根据第 4 章对分析框架和分析方法的研究综述，本书建立反事实分析框架来可信地估计平均处理效应，从而建立加入企业集团与公司绩效之间的因果关系。反事实分析框架的实质是在保持其他影响因素不变的情况下，考察参与处理的结果。在本章研究设计中，使用企业集团上市公司作为处理组，独立上市公司作为控制组；采用独立上市公司的绩效来构造处理组的反事实结果，即企业集团上市公司不加入集团情况下的绩效。

根据导致选择性偏差的不同成因，本书使用倾向得分匹配法克服上市公司的可观测特征导致的明显偏差；同时采取样本选择模型克服上市公司的不可观测特征导致的隐藏偏差。在控制了上述潜在的内生性问题后，通过 PSM（非参数方法）和样本选择模型（回归方法）的结合使用，获得企业集团平均处理效应的一致估计量。

（1）采用倾向得分匹配法（PSM）的估计模型。

倾向得分匹配法的隐含假设是，在控制了企业集团上市公司（处理组）和独立上市公司（控制组）之间在可观测因素方面存在的差异后，使用控制组绩效构造处理组的反事实结果；比较企业集团上市公司事实结果和反事实结果之间的平均绩效差异，即得到独立上市公司加入企业集团的平均处理效应估计量。

① Logit 模型及倾向得分估计。

倾向得分匹配法使用 Logit 模型估计上市公司选择加入企业集团的概率，即估计加入企业集团的倾向得分（Propensity Score）。Logit 模型的具体形式如式（3.3）所示。

$$\Pr\{D_i = 1 \mid X_i\}$$
$$= F(\alpha + \beta_i X_i + \varepsilon) \tag{3.3}$$

其中，P_r 表示上市公司选择加入企业集团（即 $D_i = 1$）的概率，X_i 表示影响上市公司加入企业集团的第 i 种影响因素，β_i 表示影响因素的回归系数，ε 表示误差项。

Logit 模型的被解释变量是企业集团虚拟变量，表示上市公司选择加入企业集团的决策，是一个 $0 \sim 1$ 型虚拟变量，1 表示上市公司选择加入企业集团，0 表示选择不加入企业集团。在已有的研究[①]的基础上，结合本书对我国企业集团政策及实施效果的相关分析，Logit 模型的解释变量 X_i 包括：

上市公司规模：根据我国企业集团政策和企业集团发展的集中趋势，特别是随着我国培育有竞争力的大企业集团以及相关支持政策的实施，公司规模是

---

① 解释变量的设置参考了 Keister（1998），Guest 和 Sutherland（2010），Ma，Yao 和 Xi（2006），Yiu，Bruton 和 Lu（2005）Seo，Lee 和 Wang（2010）对我国企业集团绩效效应的实证研究。

影响上市公司选择加入企业集团的重要变量；此外，公司规模也是影响上市公司绩效的重要因素，本书对上市公司总资产取对数作为公司规模的代理变量。

上市年限：我国企业集团政策的实施和企业集团的发展经历了股份制改革，以及建立资本为纽带的企业集团，并鼓励符合条件的企业集团上市融资。如图3－1所示，1997年我国企业集团单位数为2369家，2008年企业集团单位数为2971家，这说明我国大多数企业集团是在20世纪90年代组建形成的，上市年限越长的公司越有可能加入企业集团，因此上市年限也是影响上市公司选择加入企业集团的重要因素。本书上市年限通过分别计算上市公司上市年与2009年、2010年、2011年之间的年限之差得出。

成长能力：根据交易成本经济学理论并结合我国所处的工业化阶段，当前我国企业集团政策的实施使企业集团成员能够获得资金、人力资源、技术等市场交易成本较高的重要资源，考虑到成长能力较快的企业可能选择加入企业集团来实现自身的进一步发展；同时处于扭亏的目的，成长能力较差的企业也有可能加入企业集团。为控制成长能力对加入企业集团决策的影响，本书使用年营业总收入同比增长率作为上市公司成长能力的代理变量。

资本结构：根据财务理论，资本结构与公司绩效存在密切的联系。在我国当前的金融体制下，大企业特别是大企业集团更有可能获得银行贷款和上市融资的机会，因而资金是上市公司加入企业集团的重要考虑之一，这也决定了企业资本结构是影响上市公司加入企业集团的重要因素。本书使用上市公司各年资产负债率作为资本结构的代理变量。

股权集中度：根据公司治理理论，股权集中度是决定公司绩效的因素之一。为控制股权集中度对上市公司加入企业集团决策的影响，同时考虑到我国上市公司的股权集中度较高的现实，本书使用前三大股东持股比例之和计算上市公司股权集中度。

国有控股虚拟变量：根据我国企业集团的集中趋势，无论是总量指标还是增长率指标，国有控股企业集团在我国企业集团中都占主导地位。因此，企业的控股类型不但与绩效密切相关，也是影响上市公司加入企业集团的因素之一。本书引入国有控股虚拟变量来识别上市公司的控股类型，这一变量是一个0～1型虚拟变量，如果上市公司属国有控股取值为1，反之取值为0。

行业虚拟变量：我国企业集团发展现状的集中趋势之一表现在行业集中趋势，为控制行业对上市公司加入企业集团决策的影响，本书引入了行业虚拟变量，这一变量是一个 $0 \sim 1$ 型虚拟变量，把带有垄断及自然垄断特征的行业包括电力、煤气及水的生产与供应业，采掘业，有色金属采掘及石油业记为 1；将其他行业记为 0。

ROA（总资产净利率）：总资产净利率是上市公司绩效指标，有关部门可能在绩效较好的企业的基础上组建企业集团，或者鼓励绩效较好的企业加入企业集团，从而获得资金、技术等资源的支持，实现这些企业较快的发展。同时出于扭亏的考虑，绩效较差的企业也有可能加入企业集团，因此企业绩效也是影响上市公司加入企业集团决策的重要因素之一。

② 基于倾向得分的匹配。

用 Logit 模型估计出上市公司加入企业集团的倾向得分后，根据倾向得分，PSM 采取独立上市公司个体的绩效构造企业集团上市公司的反事实结果，并比较企业集团上市公司事实结果和反事实结果的平均差异，比较的具体形式为：

$$Y_i^T - \sum_{j \in C} W_{N_i^C, N^T}(i, j) Y_i^C \tag{3.4}$$

其中，C 和 T 分别代表独立上市公司与企业集团上市公司集合，企业集团上市公司集合 T 即处理组，独立上市公司集合 C 即控制组。用 $i \in T$ 代表企业集团上市公司，独立上市公司用 $j \in C$ 代表。Y_i^T 表示企业集团上市公司的绩效，Y_j^C 表示独立上市公司的绩效。$W_{N_i^C, N^T}(i, j)$ 是正的加权权重函数，N_i^C 是对应 C 的独立上市公司个体数，N^T 是对应 T 的企业集团上市公司个体数。倾向得分匹配法通过选择不同的权重函数，对独立上市公司个体赋予不同的权重构造企业集团上市公司的反事实结果。在实证分析中，较为有代表性的匹配法是近邻匹配法和核函数匹配法，两种方法的区别在于权重函数的不同，在实证研究中往往同时使用并比照两者的估计结果，本分析也同时采取这两种方法。

第一，最近邻匹配法（Nearest Neighbor Matching）。

最近邻匹配法（Heckman et al.，1998；Dehejia and Wahba，2002；Lee，2005）使用控制组中与处理组最为接近的个体构造反事实结果。对于企业集团上市公司 $i \in T$，根据与控制组个体倾向得分的类似程度，最近邻匹配法选择独立上市公司集合中与企业集团上市公司倾向得分最为类似的对应匹配 C(i)，C(i) 的具体形式为：

$$C(i) = \min_j |p_i - p_j| \tag{3.5}$$

其中，p_i 表示企业集团上市公司 i 加入企业集团的倾向得分，p_j 表示独立上市公司 j 加入企业集团的倾向得分，$\min_j |p_i - p_j|$ 表示 p_i 和 p_j 之间高度的类似程度，因此 $C(i)$ 是独立上市公司集合中具备与企业集团上市公司 i 最为类似的倾向得分的个体，因而是与企业集团上市公司 i 最为近似的匹配。最近邻匹配法计算出的平均处理效应估计量为：

$$T^N = \frac{1}{N^T} \sum_{i \in T} \left[Y_i^T - \sum_{j \in C(i)} w_{ij} Y_j^C \right] \qquad (3.6)$$

$$= \frac{1}{N^T} \left[\sum_{i \in T} Y_i^T - \sum_{i \in T} \sum_{j \in C(i)} w_{ij} Y_j^C \right] \qquad (3.7)$$

$$= \frac{1}{N^T} \sum_{i \in T} Y_i^T - \frac{1}{N^T} \sum_{j \in C} w_j Y_j^C \qquad (3.8)$$

其中，N^T 代表处理组个体数即企业集团上市公司单位数，Y_i^T 是企业集团上市公司个体 i 的绩效（事实结果），$W_{ij} Y_j^C$ 是对应的反事实结果，T^N 代表最近邻匹配法平均处理效应估计量，$w_j = \sum_i w_{ij}$，对于任何一个企业集团上市公司个体 $i \in T(i)$，最近邻匹配法将为其寻找倾向得分最为接近的独立上市公司作为匹配对象，如果此上市公司是控制组个体 $j \in C(i)$，将赋予此独立上市公司 j 的权重为 w_{ij}；反之，最近邻匹配法将赋予其权重为零。近邻匹配法估计的平均处理效应估计量的方差为：

$$\mathrm{Var}(T^N) = \frac{1}{(N^T)^2} \left[\sum_{i \in T} \mathrm{Var}(Y_i^T) + \sum_{j \in C} (W_j)^2 \mathrm{Var}(Y_j^C) \right]$$

$$= \frac{1}{(N^T)^2} \left[N^T \mathrm{Var}(Y_i^T) + \sum_{j \in C} (w_j)^2 \mathrm{Var}(Y_j^C) \right]$$

$$= \frac{1}{N^T} \mathrm{Var}(Y_i^T) + \frac{1}{(N^T)^2} \sum_{j \in C} (w_j)^2 \mathrm{Var}(Y_j^C) \qquad (3.9)$$

第二，核匹配法（Kernel Matching Method）。

核匹配法（Heckman, Ichimura, Smith and Todd, 1997, 1998）与最近邻匹配法的区别在于，对于企业集团上市公司 $i \in T$，核匹配法根据与处理组个体倾向得分的近似程度，对控制组的每一个个体赋予不同的权重，近似程度越高的控制组个体将被赋予更高的权重，反之则赋予较低的权重，从而得到一个综合匹配对象的倾向得分。核匹配法的平均处理效应估计量为：

$$T^K = \frac{1}{N^T} \sum_{i \in T} \left\{ Y_i^T - \frac{\sum_{j \in C} Y_j^C G\left(\frac{p_j - p_i}{h_n}\right)}{\sum_{k \in C} G\left(\frac{p_j - p_i}{h_n}\right)} \right\} \qquad (3.10)$$

其中，$G(.)$ 是核函数[①]，核估计量是应用最广泛的非参数密度估计量。核函数 $G(.)$ 实质上是一个权重函数（李雪松，2008）。在估计核匹配法平均处理效应 T^K 时，与企业集团上市公司倾向得分 p_i 差异越大的独立上市公司倾向得分 p_j 被赋予的权重越小。对于任何企业集团上市公司 $i \in T$，Y_i^T 表示其绩效（事实结果），$\dfrac{\sum_{j \in C} Y_j^C G\left(\frac{p_j - p_i}{h_n}\right)}{\sum_{k \in C} G\left(\frac{p_j - p_i}{h_n}\right)}$ 是核匹配法对应的综合的匹配对象的绩效计算结果，即企业集团成员反事实结果的估计量。

对每一个企业集团上市公司，核匹配法都要对所有控制组个体赋予权重并计算综合匹配对象的倾向得分，因此核匹配法的计算量较大，但其优势也是明显的。最近邻匹配法有可能无法找到与企业集团上市公司最接近的独立上市公司匹配对象，核匹配法使用所有控制组成员计算综合匹配对象，使每一个企业集团上市公司都能找到对应的独立上市公司匹配对象。由于我国企业集团上市公司的数量比独立企业上市公司多，出于样本数量的考虑，核匹配法具备相当的优势。

（2）以样本选择模型为基础的估计。

PSM 能够消除 C 和 T 可观测的个体特征导致的选择性偏差，为克服不可观测因素造成的选择性偏差，本书采用样本选择模型即 Heckman 两步估计法，从而得到较为可信的加入企业集团的平均处理效应。样本选择模型包括两个方程：选择方程和结果方程，分析采用的估计步骤为：

① 估计选择方程（Selection Equation）。

选择方程又称为参与方程（Participation Equation），用来说明某个上市公司是否选择加入企业集团，一般地，选择方程是标准的 Probit 模型，说明上市公司加入企业集团的决策，选择方程的具体形式为：

---

① 本书的核函数采取高斯核即标准正态核，核函数为 $\frac{1}{\sqrt{2\pi}} exp\left(-\frac{1}{2}\Psi^2\right)$。$h_n$ 是窗宽参数，窗宽参数 h 称为"窗宽"、"平滑参数"或者"带宽"，它是 n 的一个正函数 h(n)，h →0。

$$D_i = \beta_1 x_{1i} + \varepsilon_{1i} \qquad (3.11)$$

其中，D_i（企业集团虚拟变量）是 Probit 模型的被解释变量，表示上市公司是否加入企业集团的决策，D_i 是一个 0～1 型虚拟变量，1 表示上市公司选择加入企业集团，0 表示上市公司选择不加入企业集团。上市公司是否加入企业集团的选择受解释变量 x_{1i}（即影响上市公司选择加入企业集团的可观测变量）的影响，系数为 β_1。分析采用的解释变量 x_{1i}[①] 包括：

上市公司规模：对上市公司总资产取对数作为公司规模的代理变量。

上市年限：分别计算上市公司上市年与 2009 年、2010 年、2011 年之间的年限之差得出。

成长能力：使用年营业总收入同比增长率作为上市公司成长能力的代理变量。

资本结构：使用上市公司各年资产负债率作为资本结构的代理变量。

股权集中度：使用前三大股东持股比例之和计算上市公司股权集中度。

国有控股虚拟变量：识别上市公司的控股类型，如果上市公司属国有控股取值为 1，反之取值为 0。

ROA：上市公司绩效指标总资产净利率。

行业虚拟变量[②]：为控制行业固定效应，按照证监会行业分类，本分析将上市公司分为 21 个行业[③]。

地区虚拟变量：为控制地区固定效应，本分析根据上市公司所在地将上市公司地区划分为 31 个省（自治区/直辖市）[④]。

② 估计结果方程（Outcome Equation），又称为水平方程（Level Equation）。

$$Y_i = \alpha + \beta_2 x_{2i} + \gamma D_i + \varepsilon_{2i} \qquad (3.12)$$

---

① 与 PSM 中的 Logit 模型中的解释变量设置类似，此处不再重复设置原因，只解释变量含义。

② 由于样本数的限制，为保证匹配效果，PSM 中 Logit 模型中的行业虚拟变量设置与此处设置存在差异。

③ 按证监会的分类方法，共包括：传播与文化产业，电力、煤气及水的生产与供应业，房地产业，建筑业，交通运输、仓储业，批发和零售贸易，社会服务业，信息技术业，综合类，采掘业，农、林、牧、渔业和制造业，制造业下又细分为：电子业，纺织、服装、皮毛业，机械、设备、仪表业，金属、非金属业，木材、家具业，其他制造业，石油、化学、塑胶、塑料业，食品饮料业，医药、生物制药业和造纸印刷等行业。

④ 由于样本数的限制，为保证匹配效果 PSM 未设地区虚拟变量。

其中结果方程的被解释变量是 Y_i，表示上市公司的绩效 ROA。D_i 是企业集团虚拟变量，结果方程的解释变量 x_{2i} 是影响 Y_i 的上市公司可观测变量，包括上市公司规模、上市年限、成长能力、资本结构、股权集中度、国有控股虚拟变量、行业虚拟变量[①]、x_{2i} 的系数是 β_2。

通常假设选择方程和结果方程的误差（ε_{1i}，ε_{2i}）服从期望为 0，方差为 σ_1^2，σ_2^2，协方差为 σ_{12} 的联合正态分布即假设：

$$\begin{pmatrix} \varepsilon_{1i} \\ \varepsilon_{2i} \end{pmatrix} \sim N\left(\begin{pmatrix} 0 \\ 0 \end{pmatrix}, \sum \right) \tag{3.13}$$

$$\sum = \begin{pmatrix} \sigma_1^2 & \sigma_{12} \\ \sigma_{12} & \sigma_2^2 \end{pmatrix} \tag{3.14}$$

$$\begin{pmatrix} Y_i \\ D_i \end{pmatrix} \sim N\left(\begin{pmatrix} x_{1i}\beta_1 \\ x_{2i}\beta_2 \end{pmatrix}, \sum \right) \tag{3.15}$$

由式（3.13），式（3.14）和式（3.15），可以推导出：

$$E\{Y_i \mid D_i = 1\} = \beta_2 x_{2i} + E\{\varepsilon_{2i} \mid D_i = 1\} \tag{3.16}$$

$$= \beta_2 x_{2i} + \frac{\sigma_{12}}{\sigma_1^2} E\{\varepsilon_{2i} \mid \varepsilon_{1i} > -\beta_1 x_{1i}\} \tag{3.17}$$

根据（ε_{1i}，ε_{2i}）服从正态分布，可知 $E\{\varepsilon_{2i} \mid \varepsilon_{1i}\} = \left(\frac{\sigma_{12}}{\sigma_1^2} \right) \varepsilon_{1i}$，因此：

$$\beta_2 x_{2i} + \frac{\sigma_{12}}{\sigma_1^2} E\{\varepsilon_{2i} \mid \varepsilon_{1i} > -\beta_1 x_{1i}\} = \beta_2 x_{2i} + \frac{\sigma_{12}}{\sigma_1^2} E\{\varepsilon_{1i} \mid \varepsilon_{1i} > -\beta_1 x_{1i}\} \tag{3.18}$$

由于 $\sigma_1^2 = 1$，可以得到：

$$\beta_2 x_{2i} + \frac{\sigma_{12}}{\sigma_1^2} E\{\varepsilon_{1i} \mid \varepsilon_{1i} > -\beta_1 x_{1i}\} \tag{3.19}$$

$$= \beta_2 x_{2i} + \sigma_{12} \frac{\phi(x_{1i}\beta_1)}{\Phi(x_{1i}\beta_1)} \tag{3.20}$$

由式（3.20）可知，只有在 $\sigma_{12} = 0$ 时，即 ε_{1i} 和 ε_{2i} 独立的情况下，

---

① 上述变量含义与估计选择方程中的解释变量相同，在此不再重复。

$E\{\varepsilon_{1i} | \varepsilon_{1i} > -\beta_1 x_{1i}\} = E(\varepsilon_{1i}) = 0$，条件期望结果 $E\{Y_i | D_i = 1\}$ 等于 $\beta_2 x_{2i}$。在选择方程和结果方程的误差 ε_{1i} 和 ε_{2i} 相关的情况下，由于遗漏了非线性项 $\sigma_{12} \dfrac{\phi(x_{1i}\beta_1)}{\Phi(x_{1i}\beta_1)}$，直接对结果方程式（3.12）进行 OLS 估计会导致不一致的估计量，即不可观测因素导致的选择性偏差，$\dfrac{\phi(x_{1i}\beta_1)}{\Phi(x_{1i}\beta_1)}$ 即逆米尔斯比（λ）[1]，其系数是 σ_{12}。

由 $E\{Y_i | D_i = 1\} = \beta_2 x_{2i} + \dfrac{\sigma_{12}}{\sigma_1^2} E\{\varepsilon_{1i} | \varepsilon_{1i} > -\beta_1 x_{1i}\}$，可得出[2]：

$$\beta_2 x_{2i} + \frac{\sigma_{12}}{\sigma_1} E\left(\frac{\varepsilon_{1i}}{\sigma_1} \left| \frac{\varepsilon_{1i}}{\sigma_1} > -\frac{x_{1i}\beta_1}{\sigma_1}\right.\right) \tag{3.21}$$

$$= \beta_2 x_{2i} + \frac{\sigma_{12}}{\sigma_1^2} \lambda\left(-\frac{\beta_1 x_{1i}}{\sigma_1}\right) \tag{3.22}$$

Heckman（1979）两阶段估计法对不可观测因素导致的选择性偏差的处理方法包括两个阶段的回归，第一阶段回归是估计选择方程，用 D_i 对 x_{1i} 作 Probit 回归，即估计式（3.11）所示的选择方程 $D_i = \beta_1 x_{1i} + \varepsilon_{1i}$。根据式（3.22），可以得到估计量 $\hat{\beta}_1$，并计算出 $\lambda(-\hat{\beta}_1 x_{1i})$ 即 λ 的估计值；第二阶段回归是把 λ 的估计值 $\lambda(-\hat{\beta}_1 x_{1i})$ 加入式（3.12）所示的结果方程，并做最小二乘回归。因此式（3.12）所示的结果方程变化为：

$$Y_i = \alpha + \beta_2 x_{2i} + \gamma D_i + \sigma_{12} \lambda + \varepsilon_{2i} \tag{3.23}$$

根据式（3.23）可以得到估计量 $\hat{\beta}_2$ 及 $\dfrac{\sigma_{12}}{\sigma_1}$，因 σ_1 等于1，所以可以推算出 $\hat{\sigma}_{12}$。根据式（3.20），$\hat{\sigma}_{12}$ 是第二阶段回归方程中逆米尔斯比的系数。

由于 $\sigma_{12} = \mathrm{Cov}(\varepsilon_1, \varepsilon_2)$，如果逆米尔斯比估计系数 $\hat{\sigma}_{12}$ 显著，说明参与方程与结果方程中的随机扰动项相关，存在未观测变量导致的选择性偏差（存在影响上市公司绩效的没有观测到的变量，同时这些没有观测到的变量也影响了上市公司加入企业集团的选择）。因而可以判断对不可观测因

---

① Heckman（1979）定义了逆米尔斯比，此项又称为 Heckman 的 λ。
② 李雪松《高级经济计量学》第203页。

素导致的样本选择偏差进行校正是必要的；第二阶段回归将得到 D_i 的系数 γ 的估计量，此估计值即克服了选择性偏差情况下的加入企业集团的平均处理效应，因而是较为可信的，从而建立了企业集团与上市公司绩效之间的因果关系。

3.3.3　实证分析结果

（1）倾向得分匹配法（PSM）的估计结果。

① 上市公司加入企业集团的 Logit 估计结果。

表 3 - 12　　　　　　上市公司加入企业集团的 Logit 估计结果

企业集团虚拟变量	2009 年		2010 年		2011 年	
	系数	Z 绝对值	系数	Z 绝对值	系数	Z 绝对值
上市公司规模	0.6293 *** （0.1497）	4.20	—	—	—	—
上市年限	0.0841 *** （0.0147）	5.73	0.0937 *** （0.0127）	7.40	0.1028 *** （0.0117）	8.78
成长能力	—	—	- 0.0001 （0.0005）	- 0.16	0.0002 （0.0006）	0.39
资本结构	0.0114 *** （0.0034）	3.32	0.0183 *** （0.0032）	5.79	0.0205 *** （0.0030）	6.81
股权集中度	0.0028 （0.0046）	0.61	0.0121 *** （0.0040）	3.04	0.0134 *** （0.0037）	3.61
国有控股虚拟变量	0.9348 *** （0.1365）	6.85	1.2163 *** （0.1240）	9.81	1.2940 *** （0.1186）	10.91
行业虚拟变量	0.2560 （0.1490）	1.72	0.1488 （0.1583）	0.94	0.3138 ** （0.1222）	2.57
ROA	- 0.0034 （0.0106）	- 0.32	0.0175 （0.0117）	1.50	0.0259 （0.0110）	1.35
常数项	- 4.4481 *** （0.7296）	- 6.10	- 2.2246 *** （0.2656）	- 8.38	- 2.7328 *** （0.2514）	- 10.87

	2009 年	2010 年	2011 年
Pseudo R2	0.1566	0.2018	0.2391
Log likelihood	−771.3570	−967.8828	−1095.3116
观测值个数	1486	1830	2109
LR chi2	286.46（p=0.000）	489.35（p=0.000）	688.22（p=0.000）

说明：∗∗∗表示 Z 值在 1% 的显著水平上显著，∗∗表示 Z 值在 5% 的水平上显著，∗表示 Z 值在 10% 的水平上显著；2009 年的成长能力变量，以及 2010 年和 2011 年的总资产变量由于无法满足平衡性条件①，所以在计算倾向得分时予以删去。

表 3 – 12 显示的估计结果说明：

第一，上市公司规模的代理变量是总资产变量，此变量 2009 年系数为正，而且 Z 值在 5% 的显著水平上显著，说明在 2009 年规模越大的上市公司越有可能加入企业集团。

第二，上市年限变量 2009 年、2010 年和 2011 年三年的系数均为正，而且 Z 值均在 1% 的显著水平上显著。说明在这三年上市年限越长的上市公司越有可能加入企业集团。

第三，成长能力的代理变量是年营业总收入同比增长率，2010 年和 2011 年此变量的系数均不显著，说明在这两年成长能力并未对上市公司加入企业集团的决策产生明显的影响。

第四，上市公司资本结构的代理变量是资产负债率，此变量在 2009 年、2010 年和 2011 年三年的估计系数均为正，而且 Z 值均在 1% 的显著水平上显著，说明在这三年资产负债率越高的上市公司越可能加入企业集团。

第五，从股权集中度变量来看，2009 年、2010 年和 2011 年 3 年的系数均为正，除 2009 年的系数不显著以外，2010 年和 2011 年此变量的估计系数均在

① PSM 假设，在具有相同的倾向得分的前提下，企业集团上市公司（处理组）和独立上市公司（控制组）的可观测变量不存在差异，因而可以直接比较两者之间的绩效差异，即满足平衡性条件：$D \perp x \mid p(x)$，其中 D 为企业集团虚拟变量，x 是影响加入企业集团决策的可观测变量，$p(x)$ 是加入企业集团的倾向得分。具体算法是，首先用 Logit 模型计算加入企业集团的倾向得分，检验各个分区中的企业集团上市公司和独立上市公司的倾向得分是否相同，如果不相同则再细分各个分区并检验倾向得分；倾向得分相同的情况下，匹配算法继续检验平衡性条件是否满足，直到每一个分区内具有相同倾向得分的企业集团上市公司和独立上市公司都具备同样的可观测变量。

1%的显著水平上显著，说明在这三年股权集中度越高的上市公司越有可能加入企业集团。

第六，国有控股虚拟变量的参照组是非国有控股上市公司，此变量 2009 年、2010 年和 2011 年三年的系数均为正，而且 Z 值均在 1%的显著水平上显著。说明在这三年国有控股上市公司更有可能加入企业集团。

第七，行业虚拟变量指标的参照组是除电力、煤气及水的生产与供应业，采掘业，有色金属采掘及石油业等行业之外的其他行业，行业虚拟变量的回归系数在 2009 年、2010 年和 2011 年均为正，除 2011 年的估计系数在 5%的显著水平上显著外，2009 年的回归系数和 2010 年的回归系数均不显著。说明相对于其他行业，这些行业中的上市公司在 2011 年更有可能加入企业集团。

第八，行业虚拟变量指标的参照组是除电力、煤气及水的生产与供应业，采掘业，有色金属采掘及石油业等行业之外的其他行业，行业虚拟变量的回归系数在 2009 年、2010 年和 2011 年均为正，除 2011 年的估计系数在 5%的显著水平上显著外，2009 年的回归系数和 2011 年的回归系数均不显著。说明相对于其他行业，这些行业中的上市公司在 2011 年更有可能加入企业集团。

第九，ROA 变量系数在 2009 年、2010 年和 2011 年的系数均不显著，说明在这三年总资产净利率并未对上市公司加入企业集团的决策产生明显的影响。

②上市公司加入企业集团的倾向得分估计结果。

表 3－13 显示的估计结果说明，2009 年所有上市公司加入企业集团的最小倾向为 21.52%，最大为 99.86%，平均而言，所有上市公司有 69.73%的可能性加入企业集团；2010 年所有上市公司平均加入企业集团的可能性是 62.52%，可能性最小的是 18.18%，可能性最大的是 99.76%；在 2011 年所有上市公司中，加入企业集团的可能性最大的是 95.87%，平均而言加入企业集团的倾向是 57.37%，可能性最小的是 13.30%。2009 ~ 2011 年，上市公司倾向得分的最小值到最大值之间跨度非常大，此外，上市公司倾向得分的中位数，75 分位数，99 分位数都明显大于均值，这说明上市公司加入企业集团的倾向差异十分明显，上市公司加入企业集团的决策并非完全自发，因此有必要矫正由此导致的平均处理效应估计的选择性偏差问题。

表 3 – 13   上市公司加入企业集团的倾向得分估计结果

	2009 年	2010 年	2011 年
1% 百分位	0.2407	0.1923	0.1516
5% 百分位	0.2955	0.2319	0.1832
10% 百分位	0.3714	0.2583	0.2120
25% 百分位	0.5627	0.3941	0.2947
50% 百分位	0.7598	0.6909	0.6034
75% 百分位	0.8587	0.8439	0.8371
90% 百分位	0.9072	0.8997	0.9046
95% 百分位	0.9252	0.9155	0.9239
99% 百分位	0.9507	0.9366	0.9453
最小值	0.2152	0.1818	0.1330
最大值	0.9986	0.9976	0.9587
均值	0.6973	0.6252	0.5737
标准误	0.1948	0.2419	0.2697

③ 核匹配法平均处理效应估计结果。

表 3 – 14 显示的估计结果说明，2009 年、2010 年和 2011 年上市公司加入企业集团的核匹配法平均处理效应分别为 0.26、0.973 和 0.957，三年的平均处理效应均为正，除 2009 年外，2010 年和 2011 年的平均处理效应相当接近，这有可能是 2009 年全球金融危机对于上市公司绩效的冲击所致。此外，2010 年和 2011 年的平均处理效应均在 1% 的显著水平显著。这说明相比不加入企业集团情况下的绩效（反事实结果），上市公司加入企业集团后取得的绩效（事实结果）更好。独立上市公司加入企业集团后，取得了正面的处理收益。

表 3 – 14　　　　　　　　　核匹配法平均处理效应估计结果

		2009 年	2010 年	2011 年
分区数		6	6	6
平衡性条件		满足	满足	满足
企业集团（家数）		1032	1140	1208
非企业集团（家数）		454	690	901
平均处理效应标准误（自助法①）	平均处理效应	0.26	0.973 ***	0.957 ***
	t 值	0.743	2.704	2.804
	标准误	0.3496	0.360	0.341
	抽样次数	100	100	100
	95% 置信区间	[− 0.4340, 0.9534]	[0.2591, 1.6877]	[0.2799, 1.6347]
平均处理效应标准误（解析法）		否	否	否

说明：*** 表示 t 值在 1% 的显著水平上显著，** 表示 t 值在 5% 的显著水平上显著，* 表示 t 值在 10% 的显著水平上显著。平均处理效应标准误（解析法）"否"表示，核匹配法无法使用解析法计算平均处理效应的标准误，因而使用自助法经 100 次抽样后计算得出，同时计算出标准误的 95% 的置信区间。

④ 最近邻匹配法估计结果。

表 3 – 15 说明，2009 年、2010 年和 2011 年近邻匹配法的平均处理效应估计量均为正。自助法和解析法估计的 t 值表明，除 2009 年外，2010 年和 2011 年的平均处理效应均在 1% 的显著水平显著。2009 年的近邻匹配法平均处理效应估计量为 0.278，2010 年的相应估计量为 1.485，2011 年为 1.056。结合表 3 – 14 和表 3 – 15 的估计结果，核匹配法和最近邻匹配法平均处理效应的估计结果得出了类似的结论，上市公司加入企业集团后取得的绩效（事实结果）好于不加入企业集团情况下的绩效（反事实结果）。因此加入企业集团后独立上市公司取得了正面的处理收益。

---

① 倾向得分匹配法估计倾向得分和匹配时会使方差发生较大的变异，因此必须计算估计量的标准误（Heckman, Ichimura and Todd, 1988）。倾向得分匹配法估计量的标准误的计算十分复杂，一般使用自助法（bootstrapping）来完成。

表3-15 最近邻匹配法估计结果

		2009 年	2010 年	2011 年
分区数		6	6	6
平衡性条件		满足	满足	满足
企业集团（家数）		1032	1140	1208
独立企业（家数）		260 (194)	352 (238)	383 (518)
平均处理效应（自助法）	平均处理效应	0.278	1.485***	1.056***
	t 值	0.560	3.425	2.646
	标准误	0.497	0.433	0.399
	抽样次数	100	100	100
	95% 置信区间	[-0.7078, 1.2644]	[0.6246, 2.3446]	[0.2640, 1.8480]
平均处理效应（解析法）	平均处理效应	0.278	1.485***	1.056***
	t 值	0.478	3.099	2.428
	标准误	0.582	0.479	0.435

说明：*** 表示 t 值在 1% 的显著水平上显著，** 表示 t 值在 5% 的显著水平上显著，* 表示 t 值在 10% 的显著水平上显著；与核匹配法不同，最近邻匹配法是为每一个企业集团上市公司找到一个倾向得分相同的独立上市公司作为匹配对象，这一算法有可能找不到合适的独立上市公司匹配对象。从 2009 年的计算结果来看，相比较核匹配法下 454 家独立企业，近邻匹配法下只有 260 家适合的独立上市公司匹配对象，括号内为不适合的匹配对象 194 家；2010 年和 2011 年适合的独立上市公司匹配对象为 352 和 383 家。

（2）样本选择模型的估计结果。

① 样本选择模型选择方程回归结果（见表3-16）。

表 3-16		样本选择模型选择方程估计结果			
企业集团虚拟变量	2009 年		2010 年		2011 年	
	系数	Z 绝对值	系数	Z 绝对值	系数	Z 绝对值
上市公司规模	0.4483 *** (0.0906)	4.95	0.4704 *** (0.0866)	5.43	0.5175 *** (0.0859)	6.03
上市年限	0.0625 *** (0.0098)	6.34	0.0664 *** (0.0084)	7.87	0.0685 *** (0.0078)	8.84
成长能力	-0.0002 (0.0001)	-1.49	0.0001 (0.0003)	0.27	0.0003 (0.0004)	0.68
资本结构	0.0054 *** (0.0019)	2.71	0.0045 ** (0.0021)	2.10	0.0040 * (0.0022)	1.77
股权集中度	0.0028 (0.0027)	1.02	0.0055 ** (0.0024)	2.21	0.0062 *** (0.0023)	2.67
行业	是	是	是	是	是	是
地区	是	是	是	是	是	是
国有控股虚拟变量	0.6471 *** (0.0903)	7.17	0.7109 *** (0.0833)	8.54	0.7855 *** (0.0792)	9.92
ROA	-0.0033 (0.0065)	-0.51	0.0060 (0.0044)	1.37	0.0026 (0.0066)	0.39
常数项	-3.1184 *** (0.5971)	-5.22	-3.3352 *** (0.5453)	-6.12	-3.8199 *** (0.5284)	-7.23

说明：*** 表示 Z 值在 1% 的显著水平上显著，** 表示 Z 值在 5% 的水平上显著，* 表示 Z 值在 10% 的水平上显著；括号内是估计系数的标准误；在选择方程回归中包括行业和地区虚拟变量以控制地区和行业固定效应，由于 2009 年、2010 年和 2011 年的行业和地区虚拟变量的回归系数大部分不显著，因此未列出回归结果。

表 3-16 显示的估计结果说明：

第一，上市公司规模的代理变量是总资产变量，2009 年、2010 年和 2011 年总资产变量的回归系数均为正，同时在 1% 的显著水平上显著，说明在这三年总资产越大的上市公司更有可能加入企业集团，规模是影响上市公司加入企业集团决策的重要因素。

第二，上市年限变量的回归结果表明，2009~2011 年三年的上市年限回归系数均为正,同时在1%的显著水平上显著,说明上市年限越长的上市公司更有可能加入企业集团。

第三,成长能力的代理变量是年营业总收入同比增长率,此变量2009年,2010年和2011年的回归系数均不显著,说明在这三年成长能力并未对上市公司加入企业集团产生明显影响。

第四,资本结构的代理变量是资产负债率,此变量2009~2011年回归系数均为正,而且变量系数分别在1%,5%和10%的显著水平上显著,说明这三年资产负债率越高的上市公司越有可能加入企业集团,资本结构是影响上市公司加入企业集团的重要因素。

第五,股权集中度变量2009~2011年的回归系数均为正,而且变量系数2010年和2011年分别在5%和1%的显著水平上显著,说明2010年和2011年股权集中度越高的上市公司越有可能加入企业集团。

第六,国有控股虚拟变量的参照组是非国有控股上市公司,2009年、2010年和2011年国有控股虚拟变量的回归系数均为正,而且都是在1%的显著水平显著,说明国有控股上市公司更有可能组建或加入企业集团。

第七,ROA变量2009年,2010年和2011年的回归系数均不显著,说明在这三年上市公司绩效并未对其加入企业集团产生明显影响。

② 样本选择模型结果方程估计结果(加入逆米尔斯比 λ,见表3-17)

表3-17　　　　样本选择模型结果方程估计结果(加入逆米尔斯比 λ)

被解释变量:ROA	2009 年		2010 年		2011 年	
	系数	Z 绝对值	系数	Z 绝对值	系数	Z 绝对值
上市公司规模	1.2057 *** (0.4213)	2.86	-1.4582 ** (0.6228)	-2.34	1.1603 *** (0.3461)	3.35
上市年限	-0.0712 (0.0539)	-1.32	-0.2076 *** (0.0730)	-2.84	-0.0628 (0.0388)	-1.62
成长能力	0.0021 ** (0.0010)	2.08	0.0014 (0.0022)	0.63	0.0037 *** (0.0012)	2.99
资本结构	-0.0072 (0.0077)	-0.93	-0.0915 *** (0.0152)	-6.02	-0.1393 *** (0.0082)	-16.93

续表

被解释变量：ROA	2009 年		2010 年		2011 年	
	系数	Z 绝对值	系数	Z 绝对值	系数	Z 绝对值
股权集中度	0.0518 *** (0.0123)	4.20	0.0423 ** (0.0172)	2.45	0.0296 *** (0.0088)	3.34
行业	是	是	是	是	是	是
国有控股虚拟变量	-0.9173 * (0.5404)	-1.70	-4.6207 *** (0.7913)	-5.84	-2.6082 *** (0.4467)	-5.84
企业集团虚拟变量	-5.2141 *** (1.7945)	-2.91	13.9518 *** (2.4138)	5.78	6.7483 *** (1.3132)	5.14
逆米尔斯比 (λ)	3.0219 *** (1.0647)	2.84	-8.0928 *** (1.4217)	-5.69	-3.9033 *** (0.7722)	-5.05
常数项	-2.8554 (2.5391)	-1.12	16.4395 *** (3.5423)	4.64	3.3438 * (1.9572)	1.71
观察值个数	1486		1830		2109	
Wald chi2	409.50 （p = 0.000）		586.83 （p = 0.000）		1067.47 （p = 0.000）	

说明：*** 表示 Z 值在 1% 的显著水平上显著，** 表示 Z 值在 5% 的水平上显著，* 表示 Z 值在 10% 的水平上显著；括号内是估计系数的标准误；在结果方程回归中包括行业虚拟变量以控制行业固定效应，由于 2009 年、2010 年和 2011 年的行业虚拟变量的回归系数大部分不显著，因此未列出回归结果。

表 3 - 17 显示的样本选择模型结果方程估计结果说明：

第一，控制选择性偏差的逆米尔斯比 λ 的回归系数 2009 年、2010 年和 2011 年均在 1% 的显著水平显著，这说明样本选择模型包含的两个方程（选择方程和结果方程）的随机扰动项高度相关，影响上市公司加入企业集团决策的不可观测变量同时影响了上市公司的绩效，因此上市公司加入企业集团的决策并不是完全自发，说明有必要采取 Heckman 两阶段分析法矫正不可观测因素导致的选择性偏差。

第二，企业集团虚拟变量的参照组是独立上市公司，此变量回归系数除在

2009 年为负①外，2010 年和 2011 年的回归系数均为正，而且在 1% 的显著水平上显著。说明在控制了不可观测因素造成的选择性偏差之后，相比不加入企业集团情况下的绩效（反事实结果），上市公司加入企业集团后的绩效（事实结果）更好，加入企业集团的平均处理效应为正。

第三，资本结构的代理变量是上市公司资产负债率，此变量在 2009 年、2010 年和 2011 年的回归系数均为负，而且 2010 年和 2011 年的回归系数均在 1% 的显著水平上显著，说明资产负债率对上市公司的绩效具有明显的负面影响。

第四，国有控股虚拟变量的对照组是非国有控股上市公司，此变量 2009~2011 年的回归系数均为负，除 2009 年的回归系数在 10% 的显著水平上显著外，2010 年和 2011 年的回归系数均在 1% 的显著水平上显著，说明相对于国有控股上市公司，非国有控股上市公司的绩效更好。

第五，上市公司规模的代理变量是总资产，此变量除在 2010 年回归系数为负外，2009 年和 2011 年的回归系数均为正并且在 1% 的显著水平上显著，说明上市公司规模对公司绩效具有正面的影响。

第六，2009 年、2010 年和 2011 年股权集中度变量的回归系数均为正，且分别在 1%、5% 和 1% 的显著水平上显著，说明在这三年期间股权集中度越高的上市公司平均而言取得了更好的绩效。

第七，成长能力的代理变量是年营业总收入同比增长率，此变量在 2009~2011 年回归系数均为正，2009 年和 2011 年的回归系数分别在 5% 和 1% 的显著水平上显著，说明成长能力对上市绩效有正面影响。

第八，2009 年、2010 年和 2011 年上市年限变量的回归系数均为负，2010 年此变量在 1% 的显著水平上显著，表明上市年限对上市公司绩效有负面的影响。

3.3.4 本章小结与述评

从我国企业集团的发展沿革来看，企业集团这一企业组织形式是我国在经济体制改革的过程中引进并不断发展壮大的。在这一历史时期，市场制度和法

---

① 2009 年的回归结果可能受国际金融危机冲击后影响上市公司绩效所致。

规建设、股份制试点以及企业集团政策是我国经济体制改革的重要内容。这三方面的改革举措在很大程度上相互作用和影响，在市场制度和法规建设不健全的背景下，横向经济联合和后来的企业集团打破了经济体制条块分割下的"小而全""大而全"的现象，实现了企业集团的规模经济和集团资源的优化配置；在企业集团的组建过程中，为"促进政企分开，转换企业经营机制和积累社会资金"① 推行了股份制改革。政府在企业集团发展的不同阶段实施了政策鼓励和引导，我国企业集团成员逐渐建立起了以资本为主要联结纽带的母子公司体制。

我国企业集团政策表现出清晰的发展脉络，这表现在企业集团发展早期和中后期的主要政策内容和目标的逐渐变化。经济体制改革和国有企业改革是我国早期企业集团政策的主要内容和显著特征；随着我国经济体制改革进程的推进，经济发展、经济结构调整，国有经济战略布局调整等逐渐成为我国企业集团政策的重要内容，培育有国际竞争力的大企业集团是我国企业集团政策的重要目标。这方面的政策包括进一步实现国有经济布局的战略调整，提高产业集中度，实现企业集团规模经济效应；突出企业集团主业、发展集团技术创新能力，培育企业集团的品牌和自主知识产权，提高企业集团的持续发展和抗风险能力等。与此同时，我国企业集团政策的重要目标还包括鼓励中小企业发展，建立大企业集团和中小企业之间协调配合的产业组织结构等。

经过 20 多年的培育和发展，我国企业集团规模不断增长，盈利能力不断增强，成为我国的主导企业组织形式。从总量和结构方面看，我国企业集团表现出较明显的集中趋势，国有控股的企业集团、第二产业（主要是工业）企业集团以及东部地区企业集团在我国经济中占主导地位。与此同时，我国其他类型的企业集团，主要是私营企业集团发展迅速。目前我国其他类型的企业集团单位数（主要是私营企业集团）已经超过国有控股的企业集团单位数，这反映了我国企业集团母公司控股类型的多元化趋势，越来越多的私营企业主动选择加入或组建企业集团。

如表 3 - 18 所示，从年均增长率来看，国有控股企业集团总资产和研发费用的增长率快于集体控股和其他类型企业集团，其他类型企业集团的营业收入、出口销售收入和利润等绩效指标的增长率快于国有控股和集体控股企业集

---

① 国家经济贸易委员会、中共中央文献研究室：《十四大以来党和国家领导人论国有企业改革和发展》，中央文献出版社 1999 年版，第 1 页。

团。这说明国有控股企业集团在绝对指标占主导地位的同时，保持着较快的规模增长；其他类型企业集团经历了较快的发展，在营业收入和利润等绩效指标方面保持了较快的增长速度（快于国有控股企业集团）。

表3-18　按母公司控股类型划分企业集团年均增长率（1997~2008年）

	总资产	营业收入	出口销售收入	利润	研究开发费用
国有控股	21.25%	22.29%	17.30%	24.96%	32.30%
集体控股	17.69%	18.83%	20.05%	16.26%	23.98%
其他类型	20.47%	28.16%	28.80%	32.37%	31.72%

按照主营行业划分，我国第二产业企业集团处于主导地位。第二产业中的工业企业集团在我国工业中占主要地位，制造业和采矿业企业集团各指标增速较快，特别是采矿业企业集团总资产年均增长率高于30%，营业收入增长率接近50%，利润年均增长率接近60%。就年均增长率而言，第三产业企业集团总资产，营业收入和利润等指标的年均增长率都快于第二产业和第三产业企业集团。上述特征反映了我国当前处于工业化中期的阶段特征。

根据结构—行为—绩效分析方法，国家相关政策影响市场结构，从而决定了企业的行为和绩效。我国企业集团的发展沿革及现状分析表明，我国企业集团对提高成员公司绩效，进而推动经济结构调整和工业化进程起到了重要作用，越来越多的私营公司选择企业集团作为企业组织形式，并在绩效指标方面取得了较快的增长，上述事实说明了我国企业集团与公司绩效之间的关系。

此外，在我国企业集团政策和相关配套措施的支持和鼓励下，我国企业集团的发展现状呈现明显的结构特征，企业集团绩效的提高与集团核心公司控股类型以及所在行业、地区相关，国有控股的企业集团获得了较多的企业集团政策支持；不同行业和地区的企业集团对公司绩效的影响也不同。因此，我国企业集团对公司绩效的影响机制是多重的，包括企业集团内部资源配置带来的交易成本节约，企业集团经营效率和研发能力的提高以及政府的相关支持鼓励政策等。

本章采用准实验方法（PSM和样本选择模型）估计上市公司加入企业集团的平均处理效应，实证分析使用PSM克服可观测因素造成的选择性偏差；

使用样本选择模型克服不可观测因素造成的选择性偏差，克服了 Khanna（2000）指出的企业集团与公司绩效实证研究中潜在的内生性问题。实证分析得出的平均处理效应估计结果说明，上市公司加入企业集团的平均处理效应估计量为正，说明上市公司加入企业集团后取得的绩效（事实结果）好于不加入企业集团情况下的绩效（反事实结果）。因此，独立上市公司加入企业集团与其绩效提高之间存在因果关系。就上市公司加入企业的倾向性而言，上市公司加入企业集团的倾向得分存在较大差异，说明上市公司加入企业集团的选择并不是完全自发，具体表现为以下特征。

第一，资产负债率越高的上市公司越有可能加入企业集团，说明企业集团内部资本市场具备较强的资金供给能力。在我国当前的金融体制下，大企业特别是大企业集团在获取银行贷款和上市融资方面更具优势，因而企业集团内部资本市场是独立企业选择加入企业集团的重要考虑。独立企业面临的财务风险和加入企业集团后面临的财务风险存在明显不同，资产负债率高的上市公司在独立经营时，高度的资产负债率可能导致其巨大的财务风险，在市场环境变化时资不抵债进而破产倒闭的风险较大。独立企业加入企业集团后，企业集团内部资本市场提供的资金支持使独立企业高负债经营带来的破产风险大为减少。因此，资产负债率高的企业加入企业集团的偏好可能带来两种后果：高负债经营进行产业研发和技术创新的独立企业，加入企业集团后集团内部的资金调剂可有效缓解其资金困难并支持其经营发展，从而摆脱困境走入良性的发展轨道，这一点对于外部资金市场不完善的新兴市场意义重大，支持了交易成本经济学解释；但如果独立企业的高负债是源于无视经营风险的盲目扩张行为，企业集团的内部资金支持就有可能掩盖其财务风险，从而在整体上加大企业集团整体财务风险。

第二，国有控股类型上市公司更有可能加入企业集团，这说明不同控股类型上市公司加入企业集团的选择存在不同。20 世纪 90 年代以来，在我国促进国有企业改革、国有经济战略布局调整等相关政策推动下，国有资本逐渐向"关系国家安全和国民经济命脉的重要行业和重要领域集中"。我国上市公司呈现明显的行业结构特征，在国家相关政策的引导和推动下，国有控股上市公司更为有可能向带有垄断和自然垄断特征的行业集中，如电力、煤气和水的生产与供应业，采掘业，有色金属采掘以及石油等行业，国有控股大企业和大企业集团占较大比例；在竞争相对充分的行业如制造业，国有控股企业和企业集团所占比例较低①。国有控股上市公司选择加入企业集团后，更有可能进入国有控股企业较为集中的垄断和自然垄断行业经营，并带来绩效的提高。

第三，规模较大的上市公司加入企业集团的可能性更高，以及上市年限较长的公司更有可能加入企业集团的结论与我国企业集团的整体发展历程相关，我国企业集团大多是在20世纪90年代形成和组建的，我国企业集团的发展伴随我国股份制改革和证券市场的发展历程。为提高产业集中度以及形成合理的产业组织结构，我国企业集团政策鼓励发展大企业和大企业集团，很多企业集团是在原有较大型企业的基础上改制而来。与此同时，我国企业集团政策给予大型企业集团在银行贷款的优惠政策，并鼓励符合条件的企业集团上市融资。在上市融资和银行贷款等政策支持下，许多规模较大的企业和上市较早的企业更有可能组建和发展成为大型的企业集团。

以上实证分析结论可以看出，首先，正的加入企业集团的平均处理效应说明，独立上市公司加入企业集团的绩效好于不加入企业集团的绩效，我国企业集团与公司绩效提高之间存在因果关系。其次，实证研究结论说明，我国独立上市公司加入企业集团的选择并不是完全自发的，呈现明显的结构差异和政府偏好。我国企业集团政策对独立上市公司加入企业集团的选择具有较明显的影响，在我国当前的金融体制和产业组织政策引导下，资产负债率较高的独立上市公司和国有控股上市公司更有可能选择加入企业集团，这反映了企业集团内部资本市场的资金优势以及大型国有企业集团所处的行业特征。结合我国企业集团控股类型多元化趋势的现状，这说明在我国新兴加转轨的经济社会环境下，独立上市公司加入企业集团的动机呈现多重化。

---

① 截至2011年12月31日，电力、煤气和水的生产供应业A股上市公司共有67家，其中60家为国有控股类型。采掘业A股上市公司共有48家。其中，40家为国有控股类型。竞争较为充分的行业如食品饮料业A股上市公司共有75家。其中，41家为国有控股类型。电子行业A股上市公司共有112家，其中36家为国有控股类型。

第4章

企业集团推动我国制造强国战略的路径：创新驱动发展

党的十八大报告明确提出，要实施创新驱动发展战略。党的十八届三中全会通过的《全面深化改革若干重大问题的决定》明确提出："加快转变经济发展方式，加快建设创新型国家"。创新驱动发展是我国制造强国战略的必由之路，当务之急是把握当今世界制造业信息化和制造业服务化的两大工业化趋势，从技术创新生态系统建设入手，不断深化体制机制改革，努力培养提升中国制造业的核心能力。

4.1

创新驱动发展是我国制造强国战略的必由之路

我国面临推进创新驱动发展战略的重大历史机遇，党的十八届三中全会明确提出深化科研体制改革，"强化企业在技术创新中的主体地位，发挥大型企业创新骨干作用。"大型企业特别是大型企业集团必须首先实现自身发展方式的转变，使自主创新成为绩效增长的源泉，发挥对我国创新驱动发展战略的重要推动作用。

4.1.1 中国制造强国建设的历史机遇

实施创新驱动发展战略，建设创新型国家是党在新的历史时期的重大战略决策。按照人均 GDP 指标，我国已经进入上中等收入国家。这一阶段我国亟待实现发展驱动要素的转换，培育新时期经济发展的强大内生动力，进入创新驱动发展的良性轨道，跨越"中等收入陷阱"，迈入高收入国家，实现中华民族伟大复兴的"中国梦"。中国科学技术发展战略研究院《国家创新指数报告2014》指出，目前中国创新能力稳中有升，在世界40个主要国家中，中国创新能力与创新型国家的差距已进一步缩小。根据报告，2013年创新能力排在前5位的国家仍为美国、日本、瑞士、韩国和以色列，中国国家创新指数仍然排名第19位，但与排在第18位的比利时相比，差距已从相差2.9分缩小至1.0分，差距大幅度缩小。2013年，企业研发经费与工业增加值之比排名比上年提升2位，排名第15位。中国有效发明专利数量58.6万件，居世界第4位。高技术产业出口占制造业出口的比重达26.3%，居世界第2位。同时，中国知识产权保护力度指标排名第25位，比上年提升2位。这表明随着近年来中国创新资源投入持续增加，企业创新能力显著增强，创新环境日益改善，科技服务经济社会发展的能力也在不断提高。中国面临推进创新驱动发展战略的重大历史机遇，我国的研发支出总额已经居世界第二位；中国申请专利的总量居于全球第三位，仅次于美国和日本。同时，中国也是世界上互联网创新最有活力的国家之一。全球申请专利数量最多的五大公司，中国的华为公司和中兴公司占有两席。

4.1.2 创新驱动是突破中国制造"瓶颈"的根本途径

创新驱动是《中国制造2025》的基本方针，也是我国整个制造业发展的主题。我国的创新驱动是基于经济增长多年的积累和我国对建设创新型国家的战略部署，尤其是最近几年，我国在整个创新的投入上有非常大的提高，创新投入总额已居全球第二位，我国的专利、申请数量也在飞速上升。但我国制造业在创新方面还存在一些非常薄弱的环节，我国制造业的成果转化率非常低，据统计，我国技术、科技成果向现实生产力的转换率大概不到10%，发达国家的成果转化率至少是40%，反映出我国创新投入的产出效率偏低，与我们现在全球第二的科技投入规模不相称。中国制造业主要通过模仿、学习、引进等方式向国外获取技术和商业模式，并逐渐形成路径依赖，收益稳定，风险偏好低，创新动力不足，缺乏原始创新。同时，由于中国教育及科研创新体制的不足导致真正的创新人才匮乏，有突破性的重大创新匮乏，创新能力不足。我国的创新能力指数及全球竞争力指数在世界上仅处在第25~30名的位置。根据《世界创新竞争力发展报告（2001～2012）》的研究数据，2010 年我国的创新竞争力排名在全世界的第 15 位。

创新是制造业发展的重要引擎，是建设制造强国的关键核心。近年来，我国的研发投入（R&D）大幅增加，占 GDP 的比重逐年增长，2013 年首次突破了 2%，达到 2.01%。2014 年，R&D 占 GDP 的比重提升至 2.09%，说明我国正在向创新型国家转变。但相比发达国家，中国仍有不小的差距。多数工业发达国家的研发投入与 GDP 的比均大于 2.5%，2011 年，美国和德国的研发投入与 GDP 之比分别为 2.85% 及 2.88%。美国 2012 年的 R&D 投入已达 4535 亿美元（约合人民币 2.8 万亿元）。与制造强国相比，我国制造业创新能力还有不小的差距，技术对外依存度高达 50% 以上，95% 的高档数控系统，80% 的芯片，几乎 100% 的高档液压件、密封件和发动机都依靠出口。我国大中型工业企业研发经费占比不足 1%，而美国、日本、德国等发达国家则普遍在 2% 以上。我国企业的研发投入和销售收入之比，和世界著名企业相比差距很大，存在核心技术薄弱、共性技术缺位的问题，许多关键材料和关键零部件依赖进口。近年来我国加大了对数控机床研发的投入，但是 80% 的高端数控机床至今仍依赖进口。世界知识产权组织数据显示，2013 年美国、日本通过《专利合作条约》（PCT）申请国际专利数量分别是我国的 2.7 倍和 2 倍。

我国创新驱动存在的问题主要表现在四个方面：第一，知识资本投入仍然不足。近几年中国高新技术产业总产值占 GDP 比重一直在 18%～20% 徘徊，而高新技术产业研发费用增速则一直在历史低位波动。第二，创业创新活动还不普遍。2011 年大中型企业中具有研发活动的企业不到 30%，大部分企业仍处于技术跟踪和模仿制造，以及低端加工制造和低价竞争阶段。第三，高新技术出口比重下降。第四，人力资本增加开始遇到"瓶颈"。我国劳动力成本低的比较优势正在逐步弱化，借助利用外资、引进技术等途径实现技术进步的空间在逐步缩小。一是作为研发投入主力的企业投入强度偏低。我国规模以上工业企业的研发投入一般仅占主营业务收入的 0.71%，而主要发达国家的这一比例为 2.5%～4%。二是基础研究投入偏低。近年基础研究投入占全社会研发投入的比例一直徘徊在 5% 左右，而发达国家一般都在 15%～20%[1]。现阶

---

① 冯蕾、鲁元珍：《哪个地区最具创新力——从 R&D 投入看经济动力》，载《光明日报》2015 年 6 月 15 日第 18 版。

段，创新驱动是突破中国制造由大变强"瓶颈"的根本途径。新一轮工业革命兴起，全球制造业进入新一轮创新密集期。根据 2011 年统计，我国制造业增加值率为 21.5%，而工业发达国家都大于 35%。我国工业基础制造能力不强，关键技术受制于人，是目前阻碍我国工业经济有效快速提质增效的"瓶颈"。

4.1.3　创新驱动发展居于中国制造强国战略的核心位置

中国经济持续赶超型增长的动力亟待转换，经济增长需要从要素驱动型、数量扩张型的赶超式增长走向创新驱动型、质量提高型的赶超式增长。2013 年，我国全社会研发经费投入 11800 亿元，研发投入强度首次突破2%。但与世界强国相比，产业创新能力还有不小的差距。数据显示，我国技术对外依存度高达 50% 以上。95% 的高档数控系统，80% 的芯片，几乎全部高档液压件、密封件和发动机都依靠进口。因此，要加强关键核心技术攻关，加速科技成果产业化，提高关键环节和重点领域创新能力，走创新驱动的发展道路。中国制造要转型，一个亟须实现的转变，是从"中国制造"到"中国创造"，即坚持创新驱动，把创新摆在制造业发展全局的核心位置。新古典增长理论的索洛经济增长模型认为，劳动力、资本（包括资金、土地和其他自然资源）的要素投入以及技术进步是经济增长的三大源泉，当经济达到均衡状态时，人均产出增长速度只取决于技术进步。效率驱动型增长路径，是指经济增长主要依赖于全要素生产率（TFP）的提高，其贡献份额超过 50% 以上的增长路径。全要素生产率又称"索洛余值"，其增长率常常被视为科技进步的指标，通常认为有三个来源：即效率改善、技术进步与规模效应，通过科技进步、组织创新、专业化和生产创新等方式，使产出增长率超出要素投入增长率的部分，即 TFP 增长率。可以说，效率型增长的源泉在于知识投入，本质上是知识型投入，其中各行各业、形形色色人力资本的涌现，扮演着关键角色。通常，已实现效率驱动型增长路径的发达国家，其 TFP 贡献份额都在 60% 以上，而我国 TFP 贡献份额大约维持在 1/4 的水平，TFP 增长率年均约为 2.5%，表明我国还远未迈入效率型增长路径，但无疑是经济新常态下必须要奋斗的目标。当然，效率型增长路径的确很具魅力，但真正实现却是一个高难度挑战，因为这要求 TFP 年均增长率要在

3% ~4% 的水平上递增，实现向自主创新模式转型①。科技创新过程，才可以提升产业活动效率、劳动生产效率以及全要素生产率，进而提升经济增长的内在效率和质量、效益，真正推动中国经济转变发展模式。"十三五"时期及以后较长时期，劳动力、资金和环境成本将继续处于上升通道，要素驱动型的经济增长模式已难以为继，将经济增长的驱动力从要素投入转向技术进步势在必行。"十三五"时期及以后较长时期是实施创新驱动战略建设创新型国家的重大历史时期，要顺应以智能、绿色和可持续为特征的新产业变革趋势，着力打造中国经济升级版的新引擎。

创新驱动发展战略是制造业必由之路，必须把增强创新能力摆在制造业发展全局的核心位置，加强关键核心技术攻关，加速科技成果产业化，提高关键环节和重点领域的创新能力，走创新驱动的发展道路。如表 4 - 1 所示，《中国制造 2025》对于推动中国制造由大变强，使中国制造包含更多中国创造因素，更多依靠中国装备、依托中国品牌，促进经济保持中高速增长、向中高端水平迈进，具有重要意义。当前我国技术创新动力和能力持续增强，社会创新大环境正在形成，自主创新的累积效应，将有力地推动我国前瞻性战略性新兴产业发展和产业竞争力提高，加快催生新的产业竞争力和全要素生产率。把创新贯穿制造业发展始终，也就抓住了中国制造发展新引擎。

表 4 - 1　　　　　　　　　《中国制造 2025》创新驱动战略

智能制造	制造业的数字化、网络化、智能化
提升产品设计能力	实现产品的全数字化设计，结构、性能、功能的模拟与仿真优化
完善制造业技术创新体系	企业成为技术创新主体；加强产业共性技术研究开发；加强创新人才培养。

资料来源：《中国制造 2025》。

发达国家正在依靠创新增强经济发展内生动力，抢占制造业高端，抢占未来经济与科技发展的主动权。当前科学技术越来越成为推动经济社会发展的主要力量，制造业物化了最新的科技成果，是各国技术创新的"主战场"。如表 4 - 2 所示，从国家级的发展规划到成为全球制造大国，中国高铁只用了短短

---

① 刘霞辉：《四种经济增长路径比较》，载《经济日报》，2015 年 5 月 14 日第 13 版。

10 年时间。在此期间，我国高铁的工程建造技术、设备生产技术和管理技术，都达到全球先进水平，占据了一定的国际市场。中国高铁不仅在关键技术领域取得一系列重大创新成果，还建立了具有自主知识产权、世界一流水平的中国高铁技术体系，成为技术引进、消化、吸收再创新的成功典范，创造了自主创新的"中国模式"，这为其他制造业企业提供了榜样。制造企业应该把握价值链中上游的研发和下游的营销两个附加值较高的环节，才有利于不断提升企业自身的市场竞争力和地位。特别是在研发环节，要实现产业的自主创新和差异化发展。中国制造业整体以及作为制造业重要力量的国企，依然呈现"大而不强"的状态；虽然体量庞大，但效率不高，有的企业亏损严重，对核心性技术和专利的掌握程度较差，自主创新能力不强，在国际市场上的品牌效应还有待提高。目前，除了高铁、动车等产品之外，中国具备全球竞争力的制造业产品依然很有限。只有提高自主创新能力，中国制造才能走向"中国质量""中国标准""中国品牌"。

表 4 - 2 中国高铁和客机的创新经验

	创新绩效	成功经验
中国高铁	我国首次出口的高速动车组与 2014 年 11 月 30 日在南车株洲电力机车有限公司下线。我国已成为世界上高速机车技术最发达的国家之一，轨道交通汽车历经蒸汽机车、内燃机车、电力机车到动车组的进化，目前正向智能化[①]方向发展	不再走过去国企"以市场换技术"的老路，不再只简单地引进和吸收外国的成熟技术，而是在自身已具备一定的技术实力的基础上，集中政府和企业的力量，对已有的产业和知识资源进行了全面的整合，对外来技术进行了二度创新，实现了成功的自主创新，全面掌握了新的核心技术
国产 ARJ 客机	研发周期大大缩短、设计质量大大提高	研制采用三维数字化设计技术和并行工程方法，采用了全数字设计，包括整机设计、零部件测试和整机装配；利用虚拟现实技术进行各种条件下的模拟试飞，实现了机身和机翼一次对接成功和飞机一次上天成功

资料来源：根据公开资料整理。

《中国制造 2025》提出强化工业基础能力，这是我国实现创新驱动非常重

---

① 智能化包括具备感知功能、学习功能、决策功能、服务功能等。

要的基础工作。我国工业基础能力落后的现实制约整机和系统集成创新空间。如我国高铁已经具有国际竞争力，但是高铁还有很多基础零部件和系统装置如齿轮箱、轴承、牵引制动还高度依赖于国外进口，在很多技术和产品上面还受到国外供应商的制约。我国的高技术产品出口在加快，比重在大幅上升，但由于基础的零部件、工艺、元器件实际上高度依赖于国外，我国高技术产品国内增值部分实际呈下降趋势。基础能力概括起来，就是基础原材料、基础工艺、基础零部件元器件（齿轮、轴承、液压件、电机等）、产业技术基础（标准、计量、检验检测等）等"四基"。长期缺少"四基"产品和技术，无法形成有竞争力和特色的整机和系统设备，这是我们当前很多中端产品制造商所面临的困境。工业基础能力落后已经制约了我国制造业整体和系统的基层创新空间。只有强化工业基础能力，才能提升我国制造业的整体水平。《中国制造 2025》强调实施工业强基工程，把强化制造业的基础能力作为一项重大的战略举措、战略任务，围绕技术突破，就是要突破一批至关重要的基础零部件、元器件、关键材料和基础工艺，同时要加快这些取得突破的领域示范应用，在性能上完全达到制造业系统集成创新的要求。

4.2

企业集团对我国创新驱动发展战略的推动作用：基于创新生态系统观

培育科技要素实现市场化的"创新"机制，关键是要确立微观的市场主体和创新创业的动力机制，向市场要创新资源创新活力和动力。《中国制造 2025》提出，发挥行业骨干企业的主导作用和高等院校、科研院所的基础作用，建立一批产业创新联盟。开展"政产学研用"协同创新，攻克一批对产业竞争力整体提升具有全局性影响、带动性强的关键共性技术，加快成果转化。企业集团是我国主导企业组织形式，研发投入占我国研发总投入的大部分。作为我国的主导企业组织形式，应充分发挥企业集团对我国创新驱动发展战略的推动作用。

党的十八大报告指出要加快建设国家创新体系，着力构建以企业为主体、市场为导向、产学研相结合的技术创新体系。2012 年 9 月，中共中央、国务院专门下发的《关于深化科技体制改革加快国家创新体系建设的意见》则进一步具体要求，充分发挥企业在技术创新决策、研发投入、科研组织和成果转化中的主体作用，吸纳企业参与国家科技项目的决策，产业目标明确的国家重大科技项目由有条件的企业牵头组织实施。党的十八大提出创新驱动发展战略，2015 年出台了《中共中央国务院关于深化体制机制改革加快实施创新驱动发展战略的若干意见》，创新进入了新的发展阶段。

当前我国面临产能过剩、产业结构转型升级和"第三次工业革命"三方面的挑战。在创新驱动发展的背景下，企业竞争优势的提升越来越依赖其所处的创新生态系统。从系统的角度，企业不再是单个产业的成员，而是横跨多个产业的生态系统的一部分。在创新生态系统中，企业通过合作与竞争实现创新和发展。创新生态系统建设的关键是培育创新生态系统的核心企业，并由此衍生出大中小企业各居其位，优势互补，相辅相成的创新生态系统。创新生态系统观是从仿生学角度解释创新的一种理论，是基于网络创新和开放式创新理论的进一步发展。如表 4-3 所示，创新生态系统是由企业、政府、科研机构和中介组织等各类创新主体相互作用、共存共生、共同学习、共同演进形成的具有创新功能和网络结构的复杂开放系统。

表 4-3　　　　　　　　　　创新生态系统观

代表学者	1977 年，Hannan & Freeman 提出了"组织种群生态学"的观点，认为在一个特定边界内的、具有共同形式的所有组织构成种群，同一个种群中的组织对环境的依赖程度的不同影响着这些组织的活动方式及其结构
	1996 年，Moore 将企业生态系统界定为以组织和个体的相互作用为基础的经济联合体
	2006 年，Adner 从创新生态系统角度研究企业创新行为，他认为企业创新行为往往不是单个企业可以实现的，而是要通过与一系列伙伴的互补性协作，才能产生创新行为，从而生产出具有顾客价值的新产品
主要观点	创新系统是一个生命系统，创新活动不能仅仅理解为一个环节，或者一系列环节的链条，而应是一个具有多主体参与的具有网络化和开放性的复杂生态系统运行结果。创新生态系统由各种各样的主体所组成，这些主体也被称为生物物种或者成员，生物物种既包括企业个体及同质企业所形成的种群，也包括消费者、政府、研究机构、供应商、市场中介、金融机构和投资者等各类利益相关者，他们相互间存在各种复杂关系

续表

研究视角	为了描述这个复杂的多主体的创新生态系统，理论研究者对这些创新生态主体划分了不同的层次，按照其对创新活动的直接作用，一般可以划分为核心层、扩展层、相关层和外部环境层。在这种创新生态系统中，扮演搭建创新平台、引导创新方向、整合创新要素、协调各类创新主体行为、配置创新资源角色的主体，构成生态系统的核心层，对于技术创新生态系统而言，这个核心层一般是企业或者企业联盟，这些企业被称为创新生态系统的核心企业。一个国家的创新体系就是由无数个这样的创新生态系统构成的
对我国的启示	我国国家创新体系建设的关键是形成众多的由核心企业主导、多种主体参与的技术创新生态系统。由于核心企业在技术创新生态系统中具有引导创新方向、整合创新要素、协调各类创新主体行为、配置创新资源的功能，所以培育能够主导技术创新生态系统的核心企业，就具体成为国家创新体系建设关键中的关键。从国家创新战略角度看，我国需要建设众多的自主创新生态系统，从而推进我国创新型国家目标的实现。这种自主创新生态系统建设的关键，是培育相应的主导自主创新型生态系统的核心企业

资料来源：黄群慧：《中央企业在国家创新体系中的功能定位研究》，载《中国社会科学院研究生院学报》2013 年 5 月第 3 期整理。

　　创新创业生态系统是创新创业者、创新创业企业、政府、相关组织等多种参与主体及其所处的制度、市场、文化和政策等环境所构成的有机整体。在这个有机整体中，参与主体之间以及参与主体和环境之间交互作用，共同影响区域创新创业活动水平。国与国之间的创新竞争不仅是企业或产业的竞争，更是创新创业生态系统的竞争。创新创业生态系统具有区域环境依赖性和自我维持、自我强化的特性。不同区域的文化氛围和制度因素会影响创新创业者识别和利用机会，进而影响区域创新创业活动的进行。创新创业生态系统不是固定不变的，而是随着新的需要和环境变化而演化。系统的良性演化会不断产生新的机会，新参与主体在加入的同时也引入新的资源，从而引致更多创新创业活动。应根据当地资源、地理位置、文化等构建适当的创新创业生态系统。创新创业生态系统成功的关键要素是战略引领、系统协同、核心资源和文化支撑。当前我国正处于工业化中期阶段，经济增长动力亟待转换。根据交易成本经济学、后发国工业化理论和企业集团资源观对企业集团和公司绩效的理论解释，这一阶段企业集团对公司绩效的影响存在不确定性，国外发展经验说明，工业化中后期阶段企业集团的竞争优势应逐渐由技术能力决定，并正确发挥构建创新生态系统的重要作用，成为推动我国跨越中等收入陷阱、成为工业强国的重要微观主体。当务之急是引导企业集团的绩效源泉向技术创新转变，发挥新常态下企业集团构建创新生态系统，推动创新驱动新突破、培育经济增长新动力的引领作用，突破口就在于构建以企业集团为核心的创新生态系统，奠定我国创新驱动发展、制造业由大变强的微观基础。

4.3

我国企业集团创新现状分析

4.3.1 企业集团的创新概况

随着企业集团规模和盈利水平的大幅增长，企业集团的研究开发费用也经历了持续的快速增长过程，1997 年企业集团的研究开发费用为 155.43 亿元，占营业收入的百分比为 0.55%。2002 年企业集团研究开发费用为 3190.74 亿元，占企业集团营业收入中的百分比大于 1%，2008 年这一比率为 1.17%。根据中国企业"500 强"的统计结果，2011 年我国 500 家大企业的平均研发投入强度为 1.44%，达到历史最高点，我国前 500 家大企业研发经费占我国研发经费的比值半数以上，涌现出了一批高研发强度的大企业集团。但平均而言，我国企业集团比较国际大企业平均 5% 的研发强度（即研发投入占营业收入的百分比）还有相当的距离。目前我国企业集团自主创新能力不强，在研发投入、研发能力和水平等方面，与跨国公司相比存在很大的差距。2009 年，高技术产业和高技术密集型产业在工业总产值中的比重分别仅为 27.6% 和 11.0%。2011 年我国规模以上工业企业研发经费支出占主营业务收入的比重仅为 0.71%，与先进经济体大公司平均 5% 的研究开发支出相比，我国企业集团的研发支出还有很大差距，重要产业的对外技术依赖度比较高，不少核心技术还受制于人，创新型人才比较缺乏，科技创新还尚未成为中国大企业集团发展的支撑力量[①]。当前我国虽然是制造业大国，但对外技术依赖度较高，特别是关键技术和核心技术装备仍大量依靠外资企业和进口[②]。工业结构进一步调整的

---

① 张文魁编：《中国大企业集团年度发展报告 2010》，中国发展出版社 2010 年版，第 52 页。
② 中国社会科学院工业经济研究所：《中国产业发展和产业政策报告（2011）》，中信出版社 2011 年版，第 26 页。

关键是加快实现"装备化"向"技术化"转变①。作为我国主导产业组织形式，企业集团研发投入占我国研发总投入的大部分，企业集团自主创新能力对我国实施创新发展战略意义重大。中国大企业集团普遍面临自主创新能力不强，研发投入、研发能力和水平与跨国公司相比有很大差距的问题。我国重要产业的对外技术依赖度比较高，不少核心技术还受制于人，创新型人才比较缺乏，科技创新还尚未成为中国大企业集团发展的支撑力量②。我国虽然是制造业大国，但对外技术依赖度较高，特别是关键技术和核心技术装备仍大量依靠外资企业和进口③。我国工业结构的转型升级以及实现"技术化"调整都要求企业集团提高自主创新能力、提高自主开发能力，在相关技术前沿取得自主知识产权，摆脱特别是航空设备、精密仪器、医疗设备、工程机械等技术密集型行业的技术依赖。

4.3.2　我国企业集团创新现状的结构特征

（1）企业集团创新现状：基于行业角度。

企业集团是我国的主导企业组织形式，有力推动了我国的经济改革以及工业化和产业结构演变。当前我国已进入工业化中后期阶段，企业集团表现出突出的行业特征。第二产业特别是制造业企业集团无论在规模和绩效方面都在我国企业集团中占据主要地位，第三产业企业集团正处于快速发展当中。中国内地企业集团"500强"上榜行业显示，我国企业集团集中在金属产品、公用设施、工程与建筑以及原矿、原油生产等行业，这些行业正是我国现阶段所处的工业化中期重工业化阶段的主导行业。没有中国内地集团上榜的行业包括：电子、电气设备；食品、消费产品；家居、个人用品；制药；计算机软件；建筑和农业机械；半导体，电子元件；航空；食品生产；能源；油气设备与服务；饮料；烟草；铁路运输；管道运输；信息技术服务；网络服务和零售；批发：食品；批发：电子、办公设备；批发：保健；食品店和杂货店；雇佣、帮助；

---

① 中国社会科学院工业经济研究所：《中国产业发展和产业政策报告（2011）》，中信出版社2011年版，第33页。

② 张文魁：《中国大企业集团年度发展报告2011》，中国发展出版社2012年版。

③ 中国社会科学院工业经济研究所：《中国产业发展和产业政策报告（2011）》，中信出版社2011年版，第26页。

食品、饮食服务业；专业零售；财产与意外保险：互助；保健：医疗设施；保健：药品和其他服务；保健：保险和管理医保；娱乐。上述未上榜行业可以看出，中国仍然缺乏诸如批发、保健、网络服务、信息技术服务等规模较大实力较强的企业集团；其次在设备制造业方面，我国电子、电气设备、油气设备、建筑和农业机械等设备制造方面的企业集团还有待进一步发展；在诸如航空、制药、半导体，电子元件等技术密集型高端行业我国还缺乏具有国际较强竞争力的企业集团。

（2）企业集团创新现状：基于所有制角度。

我国企业集团的所有制结构特征较为明显。从年均增长率来看，国有控股企业集团总资产和研发费用的增长率快于集体控股和其他类型企业集团，这说明国有控股企业集团在绝对指标占主导地位的同时，保持着较快的规模增长。从研发费用来看，国有控股企业集团研究开发费用总额从 1997 年的 117.79 亿元增长为 2008 年的 2561.15 亿元，年均增长率为 32.30%，占全部企业集团研究开发费用的百分比从 1997 年的 75.78% 增长为 2008 年的 80.27%。集体控股企业集团和其他类型企业集团的研究开发费用年均增长率分别为 23.98% 和 31.72%。国有控股企业集团研究开发费用增长率快于集体控股和其他类型企业集团。如表 4-4 所示，2014 年研发强度超过 5% 的中国"500 强"公司中大部分为国有企业集团，其中哈尔滨电气集团公司、中国船舶重工集团公司等研发强度都超过了 5%，表明传统重化工企业已开始通过强化研发投入推动企业转型。

表 4-4　　　　　　　2014 年研发强度超过 5% 的中国"500 强"公司

公司名称	营业收入（亿元）	研发强度（%）
华为技术有限公司	2882.0	14.17
中国航天科工集团公司	1574.3	11.55
中兴通讯股份有限公司	814.7	11.06
京东方科技集团股份有限公司	368.2	6.52
哈尔滨电气集团公司	265.2	6.50
中国船舶重工集团公司	2016.8	5.33
海尔集团公司	2007.1	5.26

续表

公司名称	营业收入（亿元）	研发强度（%）
山东胜通集团股份有限公司	326.4	5.20
浪潮集团有限公司	510.3	5.10
利华益集团股份有限公司	420.2	5.05
同方股份有限公司	259.9	5.00

资料来源：冯立果、李素云：《中国企业"500 强"报告》，载财新网，2015 年 9 月。

随着我国企业集团的规模扩大，越来越多的中国内地公司跻身世界"500强"。在 1995 年的《财富》世界"500 强"排行榜上，中国只有 3 家企业上榜，2000 年中国上榜公司增加到了 10 家。如表 4 - 5 所示，2003 ~ 2012 年中国内地上榜公司[①]稳步上升，截至 2012 年共有 70 家内地公司上榜。除 6 家银行[②]外，其余 64 家上榜公司全部为企业集团。

表 4 - 5　　　　　　　世界"500 强"上榜的内地企业集团

年份	内地上榜公司	企业集团	年份	内地上榜公司	企业集团
2003	11	7	2008	26	22
2004	14	10	2009	35	29
2005	15	11	2010	43	38
2006	19	15	2011	59	54
2007	22	18	2012	70	64

资料来源：笔者根据财富中文网历年数据整理。

从中国跻身世界"500 强"公司的行业分布来看，如表 4 - 6 所示，中国内地企业集团上榜行业最集中的是金属产品、公用设施、工程与建筑以及原矿、原油生产等行业，这些行业正是我国现阶段所处的工业化中期重工业化阶

---

①　不包括香港和台湾地区。

②　在论述企业集团与大企业之间的规模时，于立（2002）指出，"从法人资格看，企业集团无论规模多小，至少是由多个具有法人资格的企业（公司）组成的"，"大企业无论规模有多大，仅有一个法人资格，大企业内的分支机构或分公司不具有法人资格。例如，'中国建行'虽然有众多的分公司，但加起来只是一个法人企业。"

段的主导行业①，第二产业特别是制造业企业集团无论在规模和绩效方面都在我国企业集团中占据主要地位，第三产业企业集团正处于快速发展当中。

表4-6   2012年内地企业集团世界"500强"行业

行　业	单位数	行　业	单位数	行　业	单位数
金属产品	9	电信	3	建材、玻璃	1
公用设施	7	网络、通讯设备	2	计算机与办公设备	1
工程与建筑	6	炼油	2	化学品	1
采矿、原油生产	6	航天与防务	2	多元化金融	1
贸易	5	工业机械	2	船务	1
车辆与零部件	5	综合商业	1	财产及意外保险	1
人寿与健康保险	3	邮寄、包裹与货运	1		
其他②	3	批发商：多元化	1		

资料来源：笔者根据财富中文网数据整理。

4.3.3　结论和启示

我国企业集团创新结构指标表现出明显的集中趋势：在控股类型方面，国有控股企业集团占主导地位；在主营业务方面，第二产业企业集团特别是工业企业集团居主导地位。这一行业结构特征在很大程度上影响了我国独立企业加入企业集团的选择，大企业集团特别是国有大企业集团主要集中于采掘业，公用事业等带有垄断和自然垄断特征的行业，技术密集型企业集团的缺乏使独立企业往往选择加入大企业集团获取垄断行业的高额利润，这不利于我国形成大型企业和中小型企业之间合理的互补型产业组织结构。根据企业集团资源观，在工业化的不同阶段企业集团对公司绩效的影响会发生动态变化。日本在20世纪60年代的高速经济增长时期结束后，实施了促进技术密集型产业发展的政策，成功实现了产业结构升级，培育了一批在国际市场上具有很强竞争力的企业集团，成为制造业强国。借鉴日本企业集团发展的经验，我国企业集团面

---

① 世界"500强"排行榜可以反映出新兴经济体和西方主要工业国之间经济发展阶段和实力比较。

② 指很难归入某一行业的公司。

临自身产业结构升级的挑战，关键是通过提高企业集团的自主创新能力和核心竞争力，把企业集团对公司绩效的影响引导到技术水平上来，培育具有较强竞争力的技术密集型企业集团和企业集团品牌，推动我国工业结构的转型升级以及实现"装备化"向"技术化"的调整，在相关技术前沿取得自主知识产权，实现航空设备、精密仪器、医疗设备、工程机械等技术密集型行业的技术突破。随着我国企业集团不断发展壮大，到2020年，世界"500强"企业中国与美国可能数量相当。但是中国企业要赶上世界先进企业的发展步伐，还有很长的路要走，当务之急是加快技术创新，提高我国企业集团的自主创新能力。

4.4

我国企业集团竞争力分析

目前中国大多数产业，包括各传统产业的"制高点"都不在中国，决定工业技术路线、控制产业核心技术、拥有最高附加值的产业链环节基本上都仍保持在美欧日工业强国中[①]，这突出表现在我国目前还缺乏技术密集型的企业集团，企业集团的国际竞争力还有待提高。

4.4.1　缺乏有国际竞争力的技术密集型企业集团

从主营行业来看，我国企业集团主要集中于第二产业的工业企业集团，其中国有控股的企业集团占主导地位。表4-7说明，我国前500家大企业集团前十大行业主要分布在黑色金属冶炼及压延加工业，煤炭开采和洗选业，石油和天然气开采业，石油加工、炼焦及核燃料加工业等行业，这些行业也标志着中国正处于工业化中期的重化工业阶段[②]。2012年世界"500强"中国内地上榜企业共分布在金属产品、公用设施、工程与建筑以及原矿、原油生产等22个行业，在诸如航空、制药、半导体，电子元件等技术密集型高端行业我国还缺乏具有国际较强竞争力的企业集团；在设备制造业方面，我国电子、电气设

---

① 金碚：《喷薄崛起蓄力再发（思考·十年）》，载《人民日报》2012年9月18日第10版。

② 工业结构重型化是工业化中期后半阶段的基本特点，2010年重工业产值在工业中比重达71.1%，工业结构的重型化趋势仍在加强，原载中国社会科学院工业经济研究所：《中国产业发展和产业政策报告（2011）》第53页。

备、油气设备，建筑和农业机械等设备制造方面的企业集团还有待进一步发展；尽管中国企业集团中第三产业企业集团处在迅速发展阶段，但与世界"500强"相比，中国仍然缺乏诸如批发、保健、网络服务、信息技术服务等规模较大实力较强的企业集团。

表4-7　　　　　　　我国前500家大企业集团前10大行业

（2010年营业收入1万亿元以上）

行　　业	企业数量（个）	营业收入（亿元）	百分比（%）
交通运输设备制造业	34	33645.49	10.30
批发业	48	31619.82	9.68
黑色金属冶炼及压延加工业	53	31602.49	9.68
电力、热力生产和供应业	13	29197.34	8.94
石油和天然气开采业	3	21777.18	6.67
石油加工、炼焦及核燃料加工业	9	21509.08	6.59
煤炭开采和洗选业	30	17158.87	5.25
房屋和土木工程建筑业	40	15208.64	4.66
保险业	5	10434.95	3.19

资料来源：《中国大企业集团年度发展报告2011》资料整理得出。

4.4.2　缺乏具有国际影响力的技术密集型品牌

拥有著名品牌的制造业企业大多长期注重技术研发投入，都有自己独特并不断更新的技术。在技术密集、知识密集型产业，研发投入占销售收入的比值即企业研发强度应达到10%以上；在传统产业，也要达到3%以上，低于2%就意味着企业将被淘汰。我国目前研发投入强度能达到这个标准的企业为数不多。华为和中兴是国际市场上两个知名度较高的中国品牌，其企业研发投入强度都在10%以上，企业拥有技术专利数量在国内排名前两位。名牌必须建立在领先的技术基础之上[①]。全球最有价值排行榜中的品牌分布情况，可以反映

---

① 郑新立：《创名牌是建设制造强国核心工程》，载《人民日报》2015年9月9日。

出我国企业集团的国际竞争力。表 4-8 说明，随着我国经济的快速增长，越来越多的中国品牌跻身最具价值全球品牌百强排行榜，在金砖国家中中国的上榜品牌是最多的。2012 年共有 13 家中国品牌跻身最具价值全球品牌百强排行榜，这 13 家中国品牌合计占全球品牌百强总价值（2.4 万亿美元）的 11%。按控股情况来看，13 家中国品牌除科技行业的百度、腾讯以及保险业的平安保险外其余 10 家品牌都归属国有控股类型；除金融行业的中国银行、中国工商银行、中国建设银行及中国农业银行外，其余品牌全部都是企业集团持有，包括保险行业的中国人寿、平安保险；电信行业的中国电信和中国移动；石油行业的中国石油和中国石化；白酒行业的茅台等 7 家企业集团品牌。除百度、腾讯品牌外，我国目前缺乏技术密集型行业和高科技行业的拥有国际竞争力的企业集团品牌。从整体上看，"十一五"末，中国大企业集团的核心竞争力和国际竞争力还不强，还缺乏具有较强影响力的国际知名品牌①。

表 4-8　　　　　　金砖国家全球最具价值品牌百强榜公司

	2006 年	2007 年	2008 年	2009 年	2010 年	2011 年	2012 年
中国	2	5	5	6	7	12	13
俄罗斯		1	2	2	2	2	
巴西			1	2	3	1	
印度				1	1	2	
墨西哥				1	1	1	
南非						1	
合计	2	5	6	9	13	19	20

资料来源：华通明略 BRANDZ 最具价值全球品牌百强排行榜。

4.5

以企业集团为核心构建我国创新生态系统

企业是创新的主体。建设创新型国家，实施自主创新的国家发展战略应体

---

① 参考王勇 2010 年 12 月在中央企业负责人会议上的讲话，转引自张文魁编：《中国大企业集团年度发展报告 2011》，中国发展出版社 2010 年版，第 51 页。

现在企业行为上。不同规模的企业在自主创新中所发挥的作用和所面临的问题是不一样的。目前市场竞争的一个显著特点就是面临的竞争压力已经从产品竞争、企业竞争发展到产业链竞争，不仅需要有影响力的大型企业通过转型升级提升自身的竞争能力，更需要行业龙头企业引领产业链企业共同发展。因此，大型企业主要面临提高所在行业产业链整体竞争力的问题，发挥龙头企业创新优势，提升产业链整体竞争能力。应鼓励和支持大型行业领军企业集团发挥创新优势、攻坚行业发展堡垒，加强对产业链企业发展的引领带动作用。

4.5.1 分析步骤及说明

我国企业集团大多是 20 世纪 90 年代形成的，很多上市公司上市前就已经是企业集团，其上市前的数据无法得到，因而缺乏完整的独立企业加入企业集团前后的数据。为克服我国企业集团的数据限制，本书采用案例分析方法，直接对组建或加入企业集团后绩效有明显提高的上市公司进行深入分析，从中提炼出绩效提高的影响因素和作用机制。首先，对截至 2013 年 12 月 31 日加入企业集团的所有 A 股上市公司进行追溯式分析。独立上市公司加入企业集团的时间判断依据为：追溯上市公司本身、第一大股东或实际控制人其中之一加入企业集团的时间，以较早的时间作为此上市公司加入企业集团的时间。其次，以加入年为分界点，分别计算独立上市公司加入企业集团前后三年的平均绩效差异（总资产净利率 ROA），选出平均绩效增长率大于 5% 的上市公司作为分析样本。经过以上两个步骤，共筛选出 19 家符合条件的上市公司。为总体描述 19 家上市公司组建或加入企业集团前后 3 年的变化，主要采取以下指标来说明：流动比率衡量变现能力；总资产周转率衡量资产管理水平；资产负债率反映资本结构；总资产净利率衡量盈利能力；总资产衡量公司规模；股权集中度衡量公司持股的集中程度；预收账款减去预付账款的余值表明公司在销售和采购环节是否处于相对强势的市场地位；应付账款减去应收账款的余值反映公司产品是否处于相对强势的地位。

4.5.2 案例分析结论

表 4 - 9 显示了各项指标的均值变化，平均而言 19 家加入企业集团的上

市公司的经营绩效大幅上升，同时规模明显扩大；平均股权集中度上升；资产负债率下降，表明上市公司长期偿债能力增强；平均总资产周转率上升，表明上市公司整体资产管理水平加强；流动比例上升，表明上市公司流动性及短期偿债能力有很大改善；加入企业集团的上市公司预收账款减去预付账款的均值和应收账款减去应付账款的均值均为正，说明上市公司在采购和销售环节处于相对强势的市场地位。上述分析说明，企业集团的绩效提高的决定因素表现在公司盈利水平、运营效率、流动性和偿债能力以及市场竞争地位等各方面。

表 4-9　　　　　　　　　加入企业集团前后上市公司指标变化汇总

名称	国有控股*	总资产净利率变化（%）	股权集中度变化（%）	总资产周转率变化（次）	资产负债率变化（%）	总资产变化（万元）	流动比率变化	预收减预付账款（万元）	应付减应收账款（万元）
华意压缩	是	5.89	-8.53	0.56	1.70	52255.78	0.12	114.02	22487.90
民生投资	否	5.03	-0.44	-0.10	0.36	1475.54	1.17	6880.90	5212.61
广州浪奇	是	7.25	-11.69	0.23	3.63	9497.61	-0.23	448.14	472.26
海马汽车	否	12.63	-2.12	1.94	-15.19	-11456.68	0.27	3400.35	1605.78
苏宁环球	否	23.18	2.19	0.31	-10.59	126186.67	0.97	81203.69	1005.79
罗牛山	否	6.36	-8.10	0.13	-1.21	8385.41	-0.20	1914.32	1443.89
平庄能源	是	20.21	13.68	0.09	-43.34	118614.18	0.72	14920.95	-13599.73
鑫茂科技	否	26.24	-7.48	0.15	7.03	5420.33	0.43	11226.78	5225.49
潍柴重机	是	28.87	0.13	0.25	-40.96	-22066.65	0.78	3951.28	3475.59
新和成	否	5.71	-3.07	-0.18	-36.28	295697.72	2.51	2289.15	2325.42
银鸽投资	是	11.56	-9.93	0.32	17.85	56451.89	-0.25	-3677.22	1011.24
广晟有色	是	13.83	6.40	-0.11	-23.06	65918.10	0.53	-2347.32	8333.60
大有能源	是	17.12	54.34	1.05	33.14	1005628.40	-5.89	52997.81	86459.09
时代出版	是	9.51	24.75	0.37	-21.32	261122.90	2.00	-5518.48	-16326.70
均胜电子	否	26.99	31.66	0.42	-39.74	14578.25	0.50	-1433.01	-616.24
西藏旅游	否	8.84	4.47	0.50	11.15	8794.20	0.67	-3790.35	-758.92
正和股份	否	9.23	39.24	-0.54	-118.98	168356.04	1.83	-2171.29	4141.04

续表

名称	国有控股*	总资产净利率变化（%）	股权集中度变化（%）	总资产周转率变化（次）	资产负债率变化（%）	总资产变化（万元）	流动比率变化	预收减预付账款（万元）	应付减应收账款（万元）
第一医药	是	13.29	2.66	0.07	-4.96	103733.88	1.24	-22304.22	-313.02
星湖科技	是	22.45	17.92	0.88	-73.64	-25515.14	0.18	-258.33	3504.15
均值		14.43	7.69	0.33	-18.65	118056.76	0.39	7255.11	6057.33

资料来源：上市公司各年年报数据整理。

说明：*国有控股是针对上市公司组建或加入的企业集团控股类型，"是"表示此企业集团第一大股东或其实际控制人属国有控股。

如表4-10所示，我国企业集团对公司绩效影响的决定因素是多重的。有10家公司绩效提高的原因是主营业务的彻底变更。除大有能源和时代出版两家公司外，其余8家上市公司都是由于连续亏损，资不抵债而通过协议转让、无偿划转或非公开发行的方式使控股股东变更为企业集团，随之主营业务彻底变更。变更后的上市公司主营业务包括煤炭、有色金属、房地产等行业，相比上述公司原从事的纺织业、化纤业及造纸业等行业，变更后的主营行业具有盈利性较强、国家产业政策支持等优势，迅速提高了上述公司的绩效。

表4-10　　　　　　　　企业集团绩效的决定因素

	主营业务变更	主营业务未变更，未多元化	主营业务未变更，多元化	控股股东资金支持	集团内部市场	获得其他融资	技术改造、自主创新	政府补贴、税收优惠	产业政策支持
海马汽车	√				√	√	√	√	
均胜电子	√								
平庄能源	√			√	√	*		√	√
广晟有色	√			√			√		√
大有能源	√								√
苏宁环球	√			√					
正和股份	√			√					
时代出版	√					√		√	√

续表

	主营业务变更	主营业务未变更，未多元化	主营业务未变更，多元化	控股股东资金支持	集团内部市场	获得其他融资	技术改造、自主创新	政府补贴、税收优惠	产业政策支持
潍柴重机	√				√		√		√
第一医药	√								
华意压缩		√		√			√	√	
民生投资		√							
广州浪奇		√				√	√		
新和成		√		√			√		
银鸽投资		√		√		√	√	√	√
鑫茂科技			√		√				
罗牛山			√						
星湖科技			√	√		√			
西藏旅游			√	√		√			

资料来源：上市公司各年年报数据整理。

说明：√表示属于此公司绩效的决定因素。

在样本公司中，有 5 家上市公司加入企业集团后没有变更主营业务，也未实施多元化经营，而是在原主营业务的基础上引进技术、加大研究开发投入，依靠自主创新增强了主营业务盈利能力。华意压缩、广州浪奇和银鸽投资在加入企业集团前曾出现巨额亏损，加入企业集团后上述公司资产运营能力有明显改善，主营业务毛利率大幅提高。新和成把"打造具有国际竞争力的大企业集团"作为发展的重要目标，这符合我国私人控股类型企业集团数量呈现快速增长的趋势，说明我国独立企业加入企业集团逐渐表现出自发选择的特征。有 6 家公司加入企业集团后取得了控股股东直接的资金支持，包括授信、提供资金拆解及周转等。新和成、西藏旅游及正和股份 3 家公司获得了控股股东间接的资金支持，包括各种借款担保、财产抵押和保证担保等。控股股东的资金支持对于上市公司的经营绩效有重要的支持作用，如平庄能源在获得控股股东特别是实际控制人国电集团资金支持后，资产负债率大幅下降，流动性迅速增强；从事房地产业的苏宁环球的控股股东苏宁集团仅统借统还一项就为苏宁环球提供约 23 亿元。

企业集团内部市场是公司绩效提高的重要原因，如海马汽车集团各子公司相互提供不同的服务，把销售及物流服务都内化到集团内部，是高度一体化的较为综合的内部产品市场。相比海马汽车，平庄能源的集团内部市场主要涉及控股股东及最终控制人之间的服务往来，平庄能源为控股股东平煤集团提供煤炭代销服务并收取相关费用，同时平庄能源向最终控制人国电集团下属电厂销售煤炭。在国内能源市场相对过剩、所处区域煤炭供给量增加双重冲击的不利环境下，平庄能源得以实现产量扩大和煤炭产销基本平衡。此外，上市公司内部资本市场也值得关注，如海马汽车设立财务公司为集团成员提供金融服务。海马汽车年报称"海马财务的成立，加强了集团内部资金集中管理，提高了内部资金的使用效率，并将成为公司未来业务增长点之一。"潍柴重机的内部资本市场是与公司控股股东共同组建的，实现了在更大的集团范围内集中财务资源，融通资金。

在样本公司中，有 5 家上市公司加入企业集团后成立了研究所、研究院或研发公司来进行技术改造和自主创新，为集团提供了技术改造和自主创新平台。企业集团为研发机构投入了较多的研究费用（其中，华意压缩和海马汽车历年投入的研发费用占当年各自主营业务收入的最高比例分别为 2.24% 和 3.76%，研发费用分别为 1.2 亿元和 2.3 亿元）。潍柴重机引进德国公司的大功率中速船用柴油机专有技术，加以自主创新实现了新产品量产，满足了市场对于相关产品的需求；新和成的历年研究开发费用最高为 1.45 亿元/年，占当年公司主营业务收入的 3.82%，在主导产品维生素类原药方面取得多项专利。6 家上市公司受到不同程度的政策扶持，对其绩效的提高有重要的影响，如银鸽投资和广晟有色主要是受益于地方政府扶持。广晟有色是广东省稀土资源的唯一合法采矿人，广东省国资委批准其控股股东建立有色金属产品储备是对于上市公司的资源支持。此外，广晟有色、时代出版、平庄能源、大有能源和潍柴重机均有国家战略层面的产业政策支持，相关行业规划都提到了要形成、支持和引导提高产业集中度，扶持大企业集团等相关鼓励政策。

4.5.3　政策意义

加入企业集团后，独立企业绩效改变的原因是多方面的，既有深化主营业务、开展技术创新和技术改造获得竞争力的提高，也有多元化特别是涉及房地产多元化带来的短期绩效提高等。在此过程中，各种政府补贴、税收优惠、产业政策支持以及集团内部市场和大股东资金支持等内外部支持因素促进了集团成员企业绩效的提高。此外，主营业务的彻底改变，即上市公司获得企业集团的资产置换，即"买壳"行为也是绩效提高的因素之一。加入企业集团后绩效提高原因的分化反映了当前我国企业集团盈利源泉的分化，科技创新还尚未成为中国大企业集团发展的支撑力量。发达国家经济发展的历史表明，大企业是经济发展的核心力量，需建立由企业主导的产、学、研协同创新机制，充分发挥大型创新企业的骨干带头作用，关键是企业要成为创新主体，通过竞争形成一批创新型行业的龙头大企业和大量创新型的中小企业。随着我国工业化和市场化的不断推进，工业化早期企业集团弥补市场不完善和制度缺失的功能会逐渐让位于技术创新能力，如华意压缩获得了母公司企业集团的资金、技术及销售等方面的促进，实现了生产经营的良性发展。独立企业加入企业集团的动机也会随之变化，这与企业集团资源观的结论相符。企业集团的优势在于其对于构建创新生态系统的核心作用，这就要求通过要素市场特别是金融市场的进一步深化改革以及财政税收等政策的共同作用，提高企业集团的自主创新能力、引导企业集团内涵式增长，减少企业集团纯规模的扩张行为，把企业集团成员绩效提高的原因引导到技术驱动的方向上来，实现集团母子公司之间资源的优化配置，减少交易成本，实现大中小企业各居其位，优势互补，相辅相成的创新生态系统。

第5章

企业集团推动我国制造强国战略的基本路径：绿色制造

中共中央、国务院《关于加快推进生态文明建设的意见》指出"我国生态文明建设水平仍滞后于经济社会发展，资源约束趋紧，环境污染严重，生态系统退化，发展与人口资源环境之间的矛盾日益突出，已成为经济社会可持续发展的重大瓶颈制约"。必须坚持绿色与发展的统一，促进绿色经济增长、资源环境保护、政府治理能力现代化水平全面提升，走具有中国特色的经济发展绿色化道路。必须重视企业的创新主体地位，着力培育"大而强"的行业龙头企业，发挥导向作用，带动配套企业发展，强化大型企业集团对制造业绿色发展的引导作用。

5.1

我国经济发展绿色化的背景和内涵

新中国成立以后，作为世界上人口最多的国家、增长最快的经济体，中国正经历着人类历史上规模最大的城镇化与工业化进程，我国经济超高速增长的资源和环境负担沉重、代价巨大。这成为国内发展的最大约束条件，当前，我国生态环境承载能力已达到或接近上限，推进生态文明建设的要求比以往任何时期都要迫切。

5.1.1 中国经济发展绿色化的背景和内涵

党的十八大、十八届三中、四中全会分别从建设、改革和法治的角度提出了生态文明的建设任务、改革任务和法律任务。中国需要在发展理念上创新，根据中国国情，创新绿色发展理念，逐步开拓出一条中国之路，即中国特色的绿色发展道路。

（1）中国经济发展绿色化的背景。

我国经济发展绿色化有着深刻的国内外背景，包括国内资源环境承载能力和多年粗放开发之间的矛盾日益凸显，加之第三次工业革命、国际金融危机后世界各国经济发展方式的转型等两方面的驱动因素。作为正经历着快速工业化和城市化进程的发展中国家，中国许多地区面临着生态赤字不断恶化、能源资源约束日趋强化和生态环境持续退化等方面的严峻挑战，向绿色经济转变是重要的战略选择。

改革开放以来，我国经济社会发展取得了举世瞩目的成就，在党中央、国务院的高度重视下，我国大气、水、土壤污染防治迈出新步伐，生态文明建设取得积极进展，但我国的生态环境形势仍然不容乐观。但由于经济发展方式粗放，能源消费结构不合理，单位国内生产总值能耗水平偏高，资源环境瓶颈制约不断加剧，[①] 国内经济发展受到日益强化的资源和环境制约。如图 5 - 1 所示，伴随着我国经济高速增长，我国能源消费保持较高的增速，这与我国所处的工业化进程密切相关。总体而言，我国能源消费增速和 GDP 增速趋势一致。1996~2000 年"九五"时期，我国能源消费增速有所下降，随着工业化中后期的重化工业化趋势，2001~2005 年"十五"时期我国能源消费增速上升较快，超过了当期 GDP 的增速。

2014 年中央经济工作会议明确指出我国"环境承载能力已经达到或接近上限"，《2014 中国环境状况公报》显示，全国开展空气质量新标准监测的 161 个地级及以上城市中，145 个城市空气质量超标，超标比例仍高达 90.1%；在 4896 个地下水监测点位中，水质较差级的监测点比例为 45.4%，极差级的监测点比例为 16.1%。我国环境治理投资总额从 2001 年的 1166.7 亿元增长到 2012 年的 8253.5 亿元，环境污染治理投资占 GDP 的比重从 2001 年的 1.06% 增加到 2012 年的 1.59%。据环境保护部公布数据，2013 年，全国 GDP 比上年增加 7.7%，环境污染治理投资增速略低于 GDP 增速，全国环境污染治理投资弹性系数[②]为 0.99，其中 20 个地区环境污染治理投资增速超过 GDP 增速。

---

① 国家发展改革委：《国家应对气候变化规划（2014~2020 年)》，2014 年 11 月。
② 环境污染治理投资弹性系数 = 环境污染治理投资增速/GDP 增速。

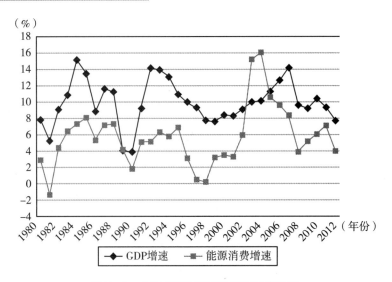

图5-1　中国GDP增速和能源消费增速

资料来源：各年《统计年鉴》计算得出。

伴随着中国的工业化进程，能源消耗和二氧化碳排放急剧增加，2006年我国已经成为仅次于美国的全球第二大能源消耗国和二氧化碳排放国，其中又以碳排放增长更快。如表5-1所示，以2005年不变价购买力平价计算的我国GDP碳强度为0.62，这一比值高于OECD国家，也高于世界平均值0.38。我国二氧化碳排放2030年左右达到峰值[①]，国务院发展研究中心课题组研究认为，中国主要污染物SO_2、COD、氨氮等主要污染物排放（叠加总量）在2016～2020年（即"十三五"时期）会达到峰值。从污染治理的角度来看，当前至2020年这一阶段是中国遏制污染物排放增加、实现总量减排的关键期，也是环境监管调整和污染治理的重要阶段。

表5-1　　　　　　　　　　　各国GDP碳强度*

国家和地区	世界	OECD国家	中国	美国	德国	英国	日本	韩国	印度
GDP碳强度	0.38	0.31	0.62	0.36	0.26	0.22	0.31	0.42	0.35

注：＊GDP碳强度：二氧化碳排放量/2005不变价购买力平价美元。

资料来源：世界能源展望2015。

────────────

① 王骁：《李克强宣布中国政府将提交应对气候变化国家自主贡献文件》，载《人民日报》，2015年6月30日第7版。

我国需要进一步向绿色经济转型——保护自然财富，投资于自然资本，提高生态系统的健康状况与承载能力；在消费端提倡合理消费，低碳、绿色消费；在生产端提高资源使用效率，降低经济的生态环境影响。"十三五"时期及今后较长时期是中国经济结构调整的重要阶段。我国亟待实现产业结构和整个经济发展结构的绿色转型，更多地关注于自然资本投资，保证生产和生活所依赖的自然生态系统能够得到有效保护和永续运转。

（2）第三次工业革命以来的绿色发展潮流。

第三次工业革命以来，世界范围内已出现由以化石能源为支撑的高碳能源体系逐步向以新能源和可再生能源为主体的新型低碳能源体系过渡的重大变革趋向，并将引发新的经济技术的重大变革。国际能源署（IEA）发布的《世界能源展望2014》报告对2040年的全球能源图景进行了展望，报告指出2040年全球一次能源需求将增长37%，世界经济将走上能源强度较低的发展路径。可再生能源在世界能源结构中的比例将由2012年的21%增长到2040年的33%，可再生能源将提供几乎一半的全球新增发电量。面对第三次工业革命带来的巨大变革，世界各国纷纷反思2008年全球金融危机前的经济增长模式，并开始转变经济发展方式，试图将恢复经济发展的宏观政策与保护环境、转变增长模式、减少碳排放的绿色增长战略结合起来，绿色经济已经成为世界潮流。2014年6月联合国环境规划署举办了首届联合国环境大会，强调成员方对全球环境保护和发展的重大意义和不可推卸的责任。经济合作和发展组织也出台相关报告支持绿色经济发展。美国、欧盟、日本、韩国等已经开始制定绿色经济、绿色增长的相关战略，并通过立法、制定国家发展规划等方式为绿色创新、绿色生产和绿色消费提供政策支持，要在全球绿色工业革命中抢占先机。目的是支持国家在"后危机"时代抢占先机，大幅度地提高资源生产率，大幅度地降低污染排放，碳排放实现与经济增长"脱钩"[1]。

解决发展与资源环境的制约问题，唯一的出路就是绿色发展。要加快推进传统制造业转型升级，提高产业发展效率，建立一个高效、清洁、低碳、循环的绿色制造体系。20世纪80年代以来，欧美国家普遍采用工业生态学和生态

---

[1]　即"脱钩理论"：在一定发展阶段，经济增长与污染物排放高度相关，在污染物排放达到峰值之后，经济增长会与污染物排放全面"脱钩"，此后经济增长趋势因素将只作为环境质量变化的参考而不是主要因素。"脱钩"是多种因素共同作用的结果，主要取决于经济发展水平、污染排放控制力度、能源资源效率提高、经济结构变化等。

现代化原理，采用预防和创新原则，通过绿色技术创新、绿色制度创新和经济结构调整（结构生态化），推动经济增长与环境退化脱钩，实现经济与环境双赢。目前 OECD 国家和地区环境指标与经济脱钩率超过 50%。绿色发展作为协调经济社会与资源环境、实现人与自然和谐相处的根本途径，已成为人类发展方式的明确选择。当前我国环境约束强化、资源能源供应面临挑战，雾霾等问题凸现了环境问题的严重性和紧迫性，2014 年，我国能源消耗 42.6 亿吨标准煤，约 70% 是工业消耗；万美元工业增加值用水量 569 立方米，远高于日本的 88 立方米、韩国的 55 立方米。中国亟待实施绿色革命，积极倡导绿色发展，构建科技含量高、资源消耗低、环境污染少的产业结构和生产方式，引领绿色文明潮流，成为道路的开拓者、创新者和引领者，走出一条符合生态文明时代特征的绿色发展之路。

5.1.2 中国经济发展绿色化的内涵

党的十八大做出了建设中国特色社会主义的"五位一体"总体布局，将生态文明建设纳入总体发展布局之一，十八届三中全会提出"必须建立系统完整的生态文明制度体系"。2015 年 3 月 24 日，中央政治局会议审议通过《关于加快推进生态文明建设的意见》（以下简称《意见》），这是我国就生态文明建设做出全面专题部署的第一个文件，是对中共十八大及中央全会顶层设计和总体部署的时间表和路线图的落实[1]。《意见》将"新四化"的概念提升为"协同推进新型工业化、城镇化、信息化、农业现代化和绿色化"，这是第一次把"绿色化"纳入我国现代化建设中。"绿色化"概念首次上升至国家战略层面，成为实现生态文明建设的具体路径[2]，《意见》明确提出"十三五"时期加快生态文明建设的总目标是"到 2020 年，资源节约型和环境友好型社会建设取得重大进展，主体功能区布局基本形成，经济发展质量和效益显著提高，生态文明主流价值观在全社会得到推行，生态文明建设水平与全面建成小康社会目标相适应"。为实现总目标，《意见》提出以绿色、循环、低碳发展为基本途径，深化改革和创新驱动为基本动力，培育创新文化为基本支撑，处

---

① 李俊义、刘欢：《中国迎来"生态觉醒"》，载新华网，2015 年 6 月 5 日。
② 于林月、张力：《"绿色化"升级我国经济硬实力》，载《光明日报》，2015 年 5 月 20 日第15 版。

理好环境保护与发展的关系，在发展中保护、在保护中发展。并强调建立系统完整的生态文明制度体系，用法律制度保护生态环境，将生态文明建设纳入法制化的轨道。从《意见》的总体部署来看，"十三五"时期中国经济发展绿色化是将生态文明理念融入我国的现代化建设，统筹经济发展和环境保护之间的关系，标志着我国经济绿色转型的伟大探索，是中国特色的绿色发展道路，对我国今后的发展道路具有重大的现实意义和深远的历史意义。经济绿色化是新时期建设中国特色社会主义战略布局的重要内容。绿色化包含生产方式绿色化、生活方式绿色化、价值观念绿色化和制度建设绿色化等几个方面，其中生产方式绿色化居于首要位置。当前我国环境承载力已经达到或接近上限，生态环境问题十分严重。绿色化是应对我国资源环境"瓶颈"的必然选择。同时，绿色化是转变经济发展方式的新动力，"必须顺应人民群众对良好生态环境的期待，推动形成绿色低碳循环发展新方式"，是针对我国经济发展方式中资源利用效率不高和环境污染较重的突出问题而专门提出的。同时，我国经济发展进入新常态，我国面临经济增长动力亟待转换。绿色化实际上是要引导和催化经济的转型升级，促使经济增长进入具有绿色竞争力的通道。

经济绿色化包括两个层面的含义，如表 5 - 2 所示，首先，经济绿色化要求经济活动不损害环境或有利于保护环境。"绿色"是对经济活动的外在限定，要求经济活动不以牺牲环境为代价或尽量减少环境代价。在这个意义上，绿色经济并非单指某些产业活动，而是对整个经济体系的要求，它实际上是指要经济经济体系的面貌纳入可持续发展的轨道，因此绿色经济又称为环保型经济或环境友好型经济。其次，经济绿色化是指绿色成为经济增长的动力，即从环境保护活动中获取经济效益。环境污染治理、环境基础设施建设、新能源开发、绿色技术研发等，都可以带来新的利润。按照经济绿色化是能同时产生环境效益和经济效益的人类活动的定义，可以看到，绿色经济的外延由两部分组成：一是对原有经济系统进行绿化或生态化改造，包括开发新的生产工艺、降低或替代有毒有害物质的使用、高效和循环利用原材料、降低污染物的产生量、对污染物进行净化治理等。这些活动都能减轻对环境的压力，并通过节约资源而获得经济效益。随着绿色技术的飞速发展，现代制造业已经在很大程度上实现了低排放甚至零排放。二是发展对环境影响小或有利于改善环境的产业。

表 5 – 2	中国经济绿色化的内涵
绿色化是应对我国资源环境瓶颈的必然选择	我国已经成为世界制造业大国，亟待通过把实体产业绿色化来实现保护生态环境的目标。
绿色化是转变经济发展方式的新动力	扩大了转变经济发展方式的内容，也使资源环境要求更加深入地融合到经济发展全过程之中。
稳增长、调结构的引航灯和催化剂	促使经济增长进入具有绿色竞争力的通道

资料来源：根据公开资料整理。

5.2

中国工业的绿色生产力革命：发展方式转变的必由之路

中国《绿色发展指数系列报告》显示，在全球 123 个测算国家中，中国的绿色发展指数排名第 86 位。排名结果表明，人类绿色发展水平与国家经济发展阶段高度相关，排名前列的国家主要为发达国家，瑞典、瑞士、斯洛伐克、德国、拉脱维亚、日本排名前六位。而新兴工业化国家和发展中国家的人类绿色发展水平相对较低，排名后 10 位的国家几乎全为非洲的发展中国家。中国列第 86 位，绿色发展任重而道远。

2014 年我国三次产业增加值占 GDP 增加值的百分比分别为：9.2%：42.6%：48.2%，如表 5 – 3 所示，从产业结构来看，我国第二产业增加值所占比重高于发达国家，尽管第三产业增加值所占比重超过第二产业，但此比重低于世界发达国家。我国的产业结构是我国工业化阶段的体现，从全国整体看，中国进入工业化后期的前半阶段，北京和上海已进入后工业化阶段。广东、江苏、浙江和天津等省市进入工业化后期的后半阶段，吉林、内蒙古、重庆、山东、福建、辽宁进入工业化后期的前半阶段。黑龙江、四川、陕西、安徽、河南、湖南、江西、宁夏、青海、河北、湖北处于工业化中期的后半阶段，贵州、云南、甘肃、山西、广西处于工业化中期的前半阶段。西藏、新疆、海南处工业化前期后半阶段[①]。从我国工业化进程和地区发展差异来看，

---

① 陈佳贵、黄群慧、吕铁、李晓华等：《工业化蓝皮书》，社会科学文献出版社 2012 年版。

我国工业发展增速虽然有所放缓，但仍是并将继续是我国经济发展的主导产业，担负着解决我国经济社会发展中重大问题的关键责任[1]。

表 5 – 3　　　　　　　　　　　　世界各国产业结构（2011 年）

国家和地区	农业增加值占 GDP 比重（%）	工业增加值占 GDP 比重（%）	服务业增加值占 GDP 比重（%）
高收入国家	1.3	24.4	74.3
中等收入国家	9.7	34.7	55.6
中等偏上收入国家	7.4	35.9	56.7
美国	1.2	20	78.8
日本	1.2	27.4	71.5
德国	0.9	28.2	71
韩国	2.6	39.3	58.2

资料来源：世界银行 WDI 数据库。

工业部门是我国最大的能源消耗和温室气体排放部门，对我国工业化进程的分析与预测表明，我国高耗能、高排放的重化工业部门将于 2020 年前后实现产量峰值，到 2025 年前后可以完成工业化，进入后工业化时代[2]，2013 年主营业务收入排名前 10 的行业中，重化工行业占据 6 大行业，包括化学原料和化学制品制造业，黑色金属冶炼和压延加工业，电力、热力生产和供应业，非金属矿物制品业，有色金属冶炼和压延加工业以及石油加工、炼焦和核燃料加工业等，上述重化工行业合计占工业两位数行业主营业务收入合计的比重为34%。如图 5 – 2 所示，我国工业两位数行业碳排放强度显示，以万吨标准煤计算的二氧化碳排放量最多的行业包括：电力加工、石油加工和煤炭开采等重化工行业。重化工行业带来资源浪费、污染严重的问题。2010 年，我国的GDP 约占全世界的 7.5%，但却消耗了世界能源的 19.6%。我国制造业增加值约占我国 GDP 的 32.6%，但是能源消费却占全国能耗的 58.0%。2010 年，我国钢铁、建材等行业单位产品能耗比国际先进水平高 10%～20%。考虑制造

---

① 中国信息通信研究院：《2015 年中国工业发展报告》，人民邮电出版社 2015 年版。

② 王伟光、郑国光、潘家华：《气候变化绿皮书·应对气候变化报告：科学认知与政治争锋》，社会科学文献出版社 2014 年版，第 4 页。

过程对环境的作用和导致的环境变化即环境影响问题，目前冶金、化工等工业废渣排放量每年以亿吨计，单位 GDP 的废水排放量比发达国家高 4 倍，制造业导致的资源环境问题已严重制约了经济社会的可持续发展。

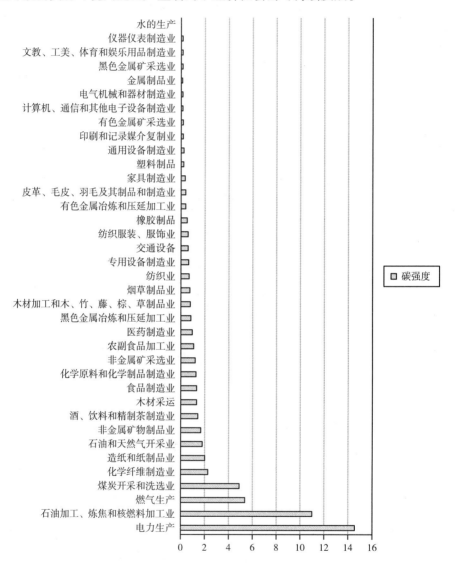

图 5 - 2　工业两位数行业碳排放强度（万吨二氧化碳/万吨标准煤）

资料来源：根据历年《统计年鉴》、《能源统计年鉴》计算得出。

此外，二氧化硫排放量居前几位的行业也集中在重化工行业，包括电力、热力的生产和供应业、非金属矿物制品业、黑色金属冶炼及压延加工业、化学原料及化学制品制造业、有色金属冶炼及压延加工业、石油加工炼焦及核燃料加工业等 6 个行业二氧化硫排放量合计占工业源二氧化硫排放量的 88.5%。氮氧化物排放量居前几位的行业也是重化工业组成，其氮氧化物排放量合计占工业源氮氧化物排放量的 91.5%。因此，实现我国产业结构调整升级，引导重化工业的绿色生产革命、发展创新驱动减的环境友好的高新技术产业构成我国"十三五"时期及今后较长时期工业发展绿色化的主要挑战。围绕上述行业的绿色升级，中国制造 2025 提出实施绿色制造工程。第一，推动传统制造业的绿色化的技术改造，包括节能、清洁生产、节水、循环利用等专项技术改造，从技改、工业转型申请资金等方面向绿色制造倾斜，重点支持如燃煤锅炉、电极、变压器、内燃机等终端用能最多、比较集中的设备，可以有效地拉低整个工业化的用能水平，提高它的能效。第二，开展重大节能环保、资源综合利用、再制造、低碳技术产业化示范。第三，实施重点区域、流域、行业清洁生产提升计划（京津冀、七大流域、重点流程性行业）。第四，发展新模式、新业态，如支持企业发展再制造、建立能源管理中心，开展合同能源管理，推动能节能量交易、排污权交易等新的方式来推动整个制造业的转型升级。

5.3

企业集团推动制造业绿色发展的路径

尤其是资源的利用效率是全球工业面临的突出挑战，能源效率和资源效率是保持竞争力的决定性因素。改善环境不是不发展制造业，也不是简单地关停并转，必须要疏堵结合，要实现制造业的转型，尤其对现有的一些落后的企业要通过市场化的淘汰以及技术的升级来实现绿色化的转型，企业集团是我国制造业的主导企业组织形式，要充分发挥企业集团对制造业绿色发展的推动作用。

5.3.1　生产方式"绿色化"

从制造业的技术发展来看，当前新一轮的工业革命正在兴起，全球制造业正在进入新一轮的创新密集期。当前我国面临的环境问题，资源、能源"瓶颈"的约束越来越强，亟待提高工业的生产效率，实现制造业和生态环境的协调发展。生产方式"绿色化"，就是要改变以环境污染、资源浪费和生态退化为代价的传统生产模式，通过产业结构转型升级，构建起科技含量高、资源消耗低、环境污染少的绿色现代产业体系。实现从生产源头到产出的全过程"绿色化"绿色可持续发展最明显的好处是，可以提高经济增长的质量和效益，表现为结构日趋合理与优化、资源消耗越来越少、生态环境的破坏越来越小、知识含量和非物质化程度越来越高、总体效益越来越好。这无疑会对整个经济社会产生重大影响，不仅可以形成递增的资本收益，同时能使传统的要素也随之产生递增效益，从而带动整个制造业发展进入良性循环。经济发展新常态是经济结构调整、产业结构升级，实现生产方式绿色化的重大机遇。我国工业结构由重加工化向高加工度化和技术集约化调整的空间仍然很大。从工业内部结构来看，支持低能耗、低污染排放的轻工业或高新技术行业相对于能源和排放密集型重化工行业的更快发展是提高生产技术效率的有效途径。发展绿色制造，要强化标准的约束和环境的监管，而且要实现环境影响成本的内部化。即实现过去企业环境治理成本外部化向企业内部成本化的转换，促使企业千方百计地采取绿色生产技术，降低自己的成本，减少对环境的影响，这样也才会形成更加市场化的绿色发展的机制和方式。

因此，推进生产方式绿色化是我国经济发展绿色化的首要支撑，推进生产方式的绿色化，实质是实现中国三次产业的绿色生产力革命，为将来我国逐步实现工业增长与碳排放之间"脱钩"发展奠定基础。生产方式绿色化要与我国的制造业产业结构相适应，第一，应加大更新改造和兼并重组高耗能重化工业的力度，发展和引进节能减排技术，推广节能环保能力的建设等。第二，大力调整能源消费的种类结构，通过发展洁净煤技术和清洁能源和可再生能源的开发，实现以煤炭为主体的能源结构向清洁能源结构方面转变。第三，坚持轻工业和重工业并重发展的发展战略，合理调整工业内部结构，通过加快发展能源和排放强度低的轻工业和高新技术行业，来提升工业全行业的增长速度。如以计算机、电子与通信设备制造业为代表的信息技术产业就能够发挥发展方式转换器和产业升级助推器的作用，此行业不仅成长最快，全要素生产率最高，而且能源和排放强度最低。第四，大力发展现代服务业特别是生产性服务业来进一步优化产业结构。

推进生产方式绿色化，首先，强化科技创新的引领作用，让创新驱动在经济绿色转型升级中成为持久的推动力。一方面抑制工业行业中高碳强度的行业过快增长，推动传统制造业优化升级，运用高新技术和先进适用技术改造提升传统制造业，降低重化工业的能源消耗强度，提高传统工业发展的生态化、绿色化水平；另一方面大力发展能耗低、排放低、污染少、高技术、高附加值战略性新兴产业和服务业，按照规划，2020 年战略性新兴产业增加值占国内生产总值比重达到 15% 左右[1]。其次，推动产业结构调整，发展能源消耗和污染物排放远远低于传统工业的第三产业，提高服务业增加值占国内生产总值的比重，按照规划，2020 年服务业增加值占国内生产总值的比重达到 52%[2] 以上。发展特别是金融、会展、物流等生产性服务业和电子商务等新业态，既可推动大众创业、万众创新，增加就业，又可以形成新的经济增长点。在全球发展绿色低碳的大背景下，推进能源革命是一个重要机遇。发展先进的能源技术、低碳产业能够提供新的就业机会，并成为新的经济增长点[3]，必须高度关注已经兴起的新能源革命，大力实施生态经济引领战略，推动中国经济转型发展，使生态文明建设落地[4]。

如表 5-4 所示，我国智能绿色制造体系建设的重点是绿色过程。工业化必须是全过程的绿色化，亟待实现从原料—生产过程—产品加废弃物的线性生产方式转变为原料—生产过程—产品加原料的循环生产方式，而且源头、生产过程和产出全面绿色化；中国工业的高增长伴随着高能耗和高污染排放的代价，能源成本的大幅提高和环境质量的集聚恶化必将对中国经济的可持续发展带来深远的影响。绿色制造使产品在从设计、制造、使用到报废的整个产品生命周期中，环境污染最小化、资源利用率最大化，未来在资源物质转化的绿色反应分离过程、基于资源组成结构与特征关系和绿色过程多目标优化的计算模拟、量化放大等方面将取得突破，引发矿产、油气、生物质等资源高效清洁转化和综合利用方面的重大变革[5]。

---

① 国家应对气候变化规划（2014~2020 年）。
② 国家应对气候变化规划（2014~2020 年）。
③ 何建坤：《城市规划建设中应贯彻低碳理念》，载《光明日报》2015 年 6 月 25 日第 2 版。
④ 张孝德：《"十三五"经济转型升级新思维：新能源革命引领战略》，载《国家行政学院学报》，2015 年第 2 期。
⑤ 中国科学院：《科技发展新态势与面向 2020 年的战略选择》，科学出版社 2013 年版，第 12 页。

表5-4   中国至2050年先进材料与智能绿色制造体系建设特征与目标

类别	特征	2020年前后	2030年前后	2050年前后
绿色过程	节能与碳减排	制造过程节能30%，碳排放减少20%	制造过程节能50%，碳排放减少50%	建立低碳经济型制造业体系
	资源高效清洁利用	原料损失率减少30%，二次资源循环利用率达到50%	原料损失率减少50%，废弃物循环利用率达到70%	原料损失率减少90%，废弃物循环利用率达到90%
	环境影响	制造过程的环境污染得到基本控制	有害废弃物近零排放，基本控制化学环境风险	基本建成循环性社会，消除化学环境风险
	产品绿色设计	建立主要产品全过程绿色设计标准，实现机电、汽车等产品的可拆卸和易回收	绿色设计与产品的应用	普及产品的全过程绿色设计与循环利用

资料来源：中国科学院：《科技革命与中国的现代化：关于中国面向2050科技发展战略的思考》，科学出版社2009年版，第54页。

5.3.2   企业集团是生产方式"绿色化"的重要支撑

如表5-5所示，企业集团不但要通过传统产业升级推动我国制造业绿色化发展，同时更为重要的是要抓住绿色增长机遇实现跨越式发展。从工业内部结构来看，支持低能耗、低排放、节能减排技术的高新技术行业的更快发展也是有效途径之一。在绿色化发展方面，我国庞大的制造业存量使我国制造业的绿色改造和升级具有巨大的空间和潜力。未来绿色制造、绿色化的改造是我们未来制造业转移升级的投资的重点和热点之一。需要指出的是，绿色是设计和制造出来的，而不是后端治理出来的。所以不要把制造业绿色化发展看成是污染治理，而更多的要主动地去在设计环节和制造环节去寻找技术、方法和路径。

表5－5 企业集团推动制造业绿色化发展路径

类　　别	发展路径
传统产业企业集团	电力、煤炭、钢铁、水泥、有色金属、焦炭、造纸、制革、印染等行业企业集团加大淘汰落后产能力度
	大力推进传统企业集团推进技术创新、管理创新、体制创新以及信息化改造，促进工业化和信息化"两化融合"。打通传统产业与绿色技术之间的通道，逐步将绿色技术、绿色工艺渗透到传统产业的各个环节，使传统工业焕发出新的活力，为工业增长和吸纳就业做出更大贡献
培育战略性新兴产业企业集团	发展以突破资源与能源约束为目标的相关环保和新能源产业企业集团；着力打造包括航空航天、海洋装备、高速轨道交通、智能机床和基础装备、新能源汽车等行业的培育"大而强"的行业龙头企业集团，发挥导向作用，带动配套企业发展；以战略性新兴产业企业集团为依托，建设一批具有世界先进水平的绿色技术公共创新平台

资料来源：根据公开资料整理。

　　从流程性制造业来说，钢铁、有色石化、化工、建材、造纸等流程性行业应大力发展绿色制造，实现资源高效清洁利用绿色过程，即在资源（矿产、油气、生物质）加工转化为产品的过程中，实现原料利用率高、能耗低、废弃物产生量小的资源可持续利用模式。目前我国资源加工技术的原材料利用效率和二次资源循环利用率仅为30％，国外为60％；金属二次资源循环利用率小于30％，国外为76％。钢铁、化工等流程行业要全面推行生态化、绿色化流程制造工艺，要集成产品生产、能源转换、废弃物再利用等多种功能。首先，未来绿色制造要构建物质能量充分循环利用的生态工业系统。要推广"兼有产品制造功能，能源转换功能和废弃物消纳及资源化功能"的工艺流程。以水泥产业为例，未来要更多地把可循环利用的原料餐厨垃圾等作为水泥的燃烧物质来与其他的废弃物消纳环节衔接起来，实现循环经济、构建产业之间的循环链接，实施源头减量。其次，未来绿色制造要构建循环经济产业链，实现企业、产业间的循环链接，提高产业关联度和循环化程度，实施清洁生产，实现源头减量。以钢铁、有色石化、化工等流程制造业为重点，通过实施新一代可循环钢铁流程，以及区域循环经济产业链示范、百万吨级炼制油加工示范、化肥生产与新型农业循环发展模式示范等新的技术工艺路线的示范推动重点流程性行业的绿色发展和改造升级。装备制造等离散型产业则要实施减量化、再利用、再回收的 3R 原则，特别是要从源头（材料与能源）抓起，全面推广精密化、轻量化、绿色化等先进制造技术。从离散型制造业来说，绿色制造更多的是研发和推广生态化、可拆卸性的设计，广泛采用绿色的工艺和轻量化的材料，采取精确成型、超精密加工等新的技术、路径和技术方法，来减少加工过程中的资源消耗，包括大力发展节能环保的技术装备等技术和路径来推动离散型行业装备制造业的绿色发展。

5.3.3　企业集团推动绿色制造落地

我国现在制造业发展面临着可持续的瓶颈和制约，我国人均资源占有量与世界平均水平相比不占优势。同时与欧美发达国家、日本、德国相比，我国资源的产出率要低很多。从我们资源的对外依存度来看，原油、铁矿石、铜等资源都高度依赖国外，而且依赖度还在不断地提高。所以绿色制造是我国制造业未来实现可持续发展的必由之路。如表 5 - 6 所示，绿色制造总的来说包括五个方面。正如杰里米·里夫金从能源的角度提出新工业革命就是新能源加互联网，我国未来制造业要更多地利用清洁能源和可再生能源。设计实际上决定了产品整个性能、质量以及成本的 70%，很多制造业的专家都指出设计实际上是最核心的、最关键的因素，也是最起先的一步。我国发展在设计时，就要把生态的思想、环境的思想融入设计中去。未来要把生产流程中产生的产品通过新的技术路线综合利用起来。把废旧产品尤其是机电设备这样一些报废的产品，旧的产品拿回到工厂里，通过再制造的技术，把它转换成跟新产品性能一样的再制造产品。产品绿色设计是指产品在生产、使用和回收整个生命周期内都要符合环境影响最小化的要求，对人类生存无害或危害极小，是一种着重考虑产品环境属性的设计。国外已经开展绿色设计研究多年，国内刚刚起步，需加快研发步伐[①]。绿色工业，就是指能耗低、排放低、污染少、高技术、高附加值的工业，能够实现工业产出增长，碳排放脱钩，即碳排放大大低于工业增长。目前联合国环境署倡导的绿色投资，主要是要求各国把资金投入既能增加就业、拉动消费又减少排放的经济活动中去，包括清洁技术、可再生能源、生态系统或环境基础设施、基于生物多样性的商业（如有机农业）、废物及化学

---

① 中国科学院：《科技革命与中国的现代化：关于中国面向 2050 科技发展战略的思考》，科学出版社 2009 年版，第 54 页。

品管理、绿色城市、绿色建筑和绿色交通等。从未来发展趋势来看，中国将大有作为。通过强化绿色制造，增加绿色投资，到 2020 年前后中国将从局部的生态盈余转向全面的生态盈余，并将根本性扭转中国长期以来的生态环境恶化趋势。中国发展将全面纳入科学发展、绿色发展轨道。

表 5 – 6　　　　　　　　　　　　绿色制造的主要内容

能源结构的转型	推动制造业的能源结构从过去主要依托于化石能源向更多地依靠可再生能源、清洁能源转变
大力发展生态设计	绿色制造首先要发展生态设计，必须在设计的时候就考虑到各个环节的绿色发展，比如在材料的选择方面减少使用有毒有害材料，多用可降解的绿色材料，在工艺设计方面，把工艺设计的排放更少，多用更可循环、可回收的工艺
清洁生产	在生产过程当中贯彻污染最小化、排放最少化
大力发展循环利用	推动整个废弃物的综合利用
发展再制造	大幅度的减少废旧资源的废弃，提高资源的整体的利用效率

资料来源：根据公开资料整理。

第6章

企业集团推动我国制造强国战略的基本路径：智能制造

中国潜在的制高点是互联网和传统工业行业的融合，智能制造是较好的切入点和当前的主攻方向。近年来，以高铁、通信、变电技术等为代表的中国企业逐渐赢得国际认可，"中国制造"正逐渐向"中国智造"转变。智能制造是我国完成从制造业大国向强国转变的主攻方向。当前亟待依托企业集团以智能制造为主攻方向，加快推进两化深度融合。以实现重大产品和成套装备的智能化为突破口，以推广普及智能工厂为切入点，以抢占智能制造生态系统主导权为核心目标，加快提升制造业产品、装备及生产、管理、服务的智能化水平。

6.1

智能制造是我国完成从制造业大国向强国转变的主攻方向

第三次工业革命会对我们制造业发展产生颠覆性的影响，信息技术的发展经历了从电子化到信息化，再到未来的智能化的过程，未来的重大突破将是渗透性和融合性的，持续地、深刻地改变和影响着制造方式。智能制造正是利用新一代信息技术对传统制造业生产方式和组织模式的创新，是我国完成从制造业大国向强国转变的主攻方向。

如表6-1所示，智能化的生产、互联网和大数据构成了智能制造的三大技术来源。智能制造是制造技术与数字技术、智能技术及新一代信息技术交叉融合，面向产品全生命周期的具有信息感知、优化决策、执行控制功能，旨在高效、优质、清洁、安全的制造产品、服务用户的制造模式。它将使制造业的产品形态、设计和制造过程、管理方法和组织结构、制造模式、商务模式发生重大变革，将制造业带入一个崭新的发展阶段。德国"工业4.0"就是以智能制造为主导的新工业革命[①]。"工业4.0"这个概念是在德国学术界和产业界共同推动下提出的，具体含义是指以智能制造为主导的第四次工业革命或革命性的生产方法，通过充分利用信息通信技术和网络物理系统等手段，实现由集中式控制向分散式增强型控制的基本模式转变，目标是建立高度灵活的个性化和数字化的产品与服务的生产模式，推动制造业向智能化转型。据德国"工业4.0"计划，未来工业生产形式的主要内容包括：在生产要素高度灵活配置条件下，大规模生产高度个性化产品，顾客与业务伙伴对业务过程和价值创造过程广泛参与，生产和高质量服务的集成等。

表6-1　　　　　　　　　　　智能制造的三大技术来源

技术来源	表　　现	启　　示
智能化的生产	随着传感器、工业控制系统、软件等的广泛突破，使智能在我国产品生命周期的各个环节得到更大范围、更深层次的应用	很多智能化的环节，比如说大数据、智能决策的环节将由智能产品、智能装备来实施，人类将进入第二个机器时代
互联网	随着移动宽带网络的普及和成本的快速下降，现在互联已经成为万物的基本属性之一	随着互联的需求不断地增加，互联网带来的对制造业各个环节的变化会变得越来越明显
大数据	存储能力和计算能力指数化上升而成本加速下降	数据量的大规模集聚，使数据的价值的重要性在不断地上升

资料来源：王鹏：《信息技术是战略基础和先导性技术》，载《科技日报》，2013年1月27日第2版。

智能制造的实质是实现从资源驱动的制造向信息驱动的制造模式。如表6-2所示，智能制造有三个要素，即机器世界、数字世界和人类世界。智能制造是要把人类世界、数字世界和机器世界这三个世界进行有机的集成、融合，实现实时的连接、交互和共享，使人类在制造业中更好地发挥指挥、决策

[①]　王喜文：《中国制造业转型升级的未来方向》，载《国家治理》，2015年第7期。

作用，这就是工业化与信息化融合的价值所在。发达国家"再工业化"战略将工业化与信息化的融合提到了前所未有的高度。德国"工业4.0"的核心是以智能制造为主导的新一轮工业革命，旨在通过深度应用信息技术和网络物理系统等技术手段，将制造业向智能化转型。围绕这一目标，德国在制造业领域，将各种资源、信息、物品和人融合在一起，相互联网的众多信息物理系统（Cyber-Physical System）组成了"工业4.0"。信息物理系统包括智能设备、数据存储系统和生产制造业务流程管理，从生产原材料采购到产品出厂，整个生产制造和物流管理过程，都基于信息技术实现数字化、可视化的智能制造。"工业4.0"时代的智能化，是在"工业3.0"时代的自动化技术和架构的基础上，实现从集中式中央控制向分散式增强控制生产模式的转变，利用传感器和互联网让生产设备互联，从而形成一个可以柔性生产的、满足个性化需求的大批量生产模式。"工业4.0"通过信息物理系统将不同设备通过数据交互连接到一起，让工厂内部、外部构成一个整体。而这种"一体化"实质上是为了实现生产制造的"分散化"。"分散化"后的生产将变得比流水线的自动化方式更加灵活①。德国提出"工业4.0"，美国提出先进制造伙伴计划，本质是以信息业带动制造业，对高端制造业进行再调整和再布局，从而打造国家制造业的竞争新优势。因此，发达国家"再工业化"战略的核心在于信息化和工业化的融合即智能制造。智能制造作为一种高度网络连接、知识驱动的制造模式，其优化了企业全部业务和作业流程，可实现可持续的生产力增长，以及较高的经济效益目标。智能制造结合信息技术、工程技术和人类智慧，从根本上改变产品研发、制造、运输和销售过程。这是由于随着物联网、服务网以及数据网将取代传统封闭性的制造系统，成为未来工业的基础，今后生产制造过程将产生海量的数据，同时不可测因素越来越多，如何把这些不可测、多样化的信息及时用大数据分析，变成一个更加有系统、有前瞻性、有效率的手段，更好的管理，是智能制造的核心课题。西门子《工业4.0》战略：未来制造将基于大数据、互联网和人与各种信息技术的综合集成，通过柔性制造实现快速、高效、低成本的定制化生产。"工业4.0"的核心就是实现对多样化的、可变的、看上去不可预测的对生产制造的需求的有效管理。

---

① 王喜文：《中国制造业转型升级的未来方向》，载《国家治理》，2015年第7期。

表 6－2　　　　　　　　　　　智能制造的三大要素

名　称	内　容
机器世界	包括生产线上大量的工业机器人、数控加工中心、自动化仓储等生产系统中的物理设备
数字世界	制造业走向智能化后制造业全生产周期过程中的产品数字化模型、工业控制系统、工业软件和工业大数据等
人类世界	人可以随时随地、高效、快捷的与机器世界、数字世界进行连接和交互，实现更加智能的设计、运营、维护，以及更高质量的服务和安全性

资料来源：根据公开资料整理。

　　如前所述，"工业 4.0"的特征是将信息物理系统用于生产、营销、研发、服务等各个方面，全面深入地推进智能化。信息物理系统是由信息系统和物理系统深度融合而成的，可智能化地应对系统内外部状态与环境的变化。在"工业 4.0"时代，典型的常规生产将无人值守，设备自主协调运转，生产定制化的产品。这样，工人就能从一线的生产劳动中解脱出来，转而从事维护、创新、优化、服务等技术含量高的工作并创造更高的价值[1]。随着移动互联网和云计算、大数据等新一代信息技术的发展，工厂车间内越来越多功能强大的智能设备以无线方式实现了与互联网或设备之间的互联。由此衍生出物联网、服务互联网，推动着物理世界和信息世界以信息物理系统的方式相融合。也可以说，信息物理系统将使制造业领域实现资源、信息、物品、设备和人的互通互联，形成智能制造大环境。通过互通互联，云计算、大数据这些新一代信息技术与以前的信息化、自动化技术结合在一起，工厂内的生产设备和设备之间，工人与设备之间实现纵向集成，把整个工厂内部联结起来，形成信息物理系统，可以相互协同、遥相呼应，生产方式从资源驱动变成了信息驱动。信息驱动下产品制造的过程，体现出了智能制造的价值所在，即，能够科学地编排生产工序，提升生产率，实现个性化定制生产，还可以调整资源使用，采用最节约能耗的方式[2]。

　　智能制造是制造业发展的必然趋势，是传统产业转型升级的必然方向。

────────

　　[1]　郭朝晖：《敲开工业 4.0 之门——〈工业 4.0：即将来袭的第四次工业革命〉导读》，载《光明日报》2015 年 9 月 15 日第 10 版。

　　[2]　王喜文：《中国制造业转型升级的未来方向》，载《国家治理》，2015 年第 7 期。

"十三五"时期及今后的较长时期，相对比较成熟的是第三次信息化浪潮将继续深入，将推动新兴优势产业和新经济增长点的形成。这一时期，世界总体上将处于第三次信息化浪潮的产业扩散效应之中，有可能带动世界经济最终走出低迷，并进入复苏上升期。我国在物联网、云计算等领域拥有一定的技术准备和市场优势，可以说意味着是一个重要的发展机遇。中国已成为名副其实的"制造大国"，从"制造大国"迈向"制造强国"是我国制造业转型升级的关键时期，智能制造成为转型升级的强劲动力。信息技术和制造业的深度融合是未来产业竞争的制高点。制造业数字化网络化智能化是工业化和信息化深度融合的必然结果，已成为各国占领制造技术制高点的重点领域，对于我国优化产业结构和转变经济发展方式将产生重要作用，成为我国制造业由"大"到"大而强"的强大驱动力量。要抢占这一制高点，就必须把智能制造作为主攻方向，组织实施好智能制造工程。未来要从"中国制造"走向"中国智造"的核心在于加快推进制造业工业化、信息化的深度融合，促进制造业智能化。当前，亟待高度重视大数据产业开发，前瞻布局核心智能制造技术，进一步整合研发资源，构建产学研合作体系，力争在核心技术、关键技术突破，大力培育生产性服务业，加工技术如工艺、装备及系统管理技术如信息集成、服务集成，进而提升制造业价值链。

6.2

我国信息化和工业化融合现状及机遇

智能制造是制造技术和信息技术的结合，涉及众多行业和产业。自2007年党的十七大报告正式提出"两化融合"概念、走新型工业化道路以来，我国的信息化水平不断提升，《中国制造2025》的颁布更为我国信息化水平的跃进提供了良好契机。《2014年中国信息化发展水平评估报告》显示，2014年我国信息发展指数保持快速增长态势，同比增长了9.65%，高于同期GDP增速。"互联网+"是我国信息化和工业化"两化融合"加速发展的重要机遇，打造中国制造业升级版，要顺应"互联网+"的发展趋势。据统计，应用工业互联网后企业的效率会提高大约20%，成本可以下降20%，节能减排可以下降10%左右。未来20年，中国工业互联网发展至少可带来3万亿美元左右GDP增量。智能制造不仅是两化深度融合的突破口，也是工业互联网的切入点之一，随着智能制造逐渐成为推进两化融合的核心，制造企业与互联网企业的相互渗透趋势日益明显，利用各自的市场竞争优势寻求合作机会，共同应对由智能化与互联网化发展带来的挑战和机遇。新一轮科技革命以来，航空航天、飞机制造、汽车制造、电子制造等行业纷纷涉足智能制造。互联网与制造业的融合创新是本轮制造业变革的鲜明特征，突出表现在推动生产型制造向服务型制造的转变，也就是推动制造业的商业模式创新。同时，越来越多的互联网企业进入制造业领域，运用互联网对传统产业价值链的关键环节进行颠覆式改造，实现制造业价值链的重构，如谷歌机器人、百度无人驾驶汽车等。

我国长期处于制造业产业链的低端，在信息化应用上，我国近年来发展较快的技术应用往往集中在消费端。工业层面的应用，如先进工业设备和技术等相对西方国家差距较大。当前，我国制造业发展面临着"全球竞争、绿色低碳、转型升级"的严峻挑战，制造业信息化的总体水平与现实需求之间依然存在很大差距。如表6-3所示，我国制造业信息化发展存在主要问题是重技术、轻标准，出现了信息时代的"信息孤岛"；重研发、轻需求，导致信息化与工业化融合不足；重产品、轻服务，缺乏对产业价值链的支撑；重跟踪、轻创新，支撑产业发展能力不足[1]。2013年，中国制造业信息化投资达619.5亿元，略有增长，同比增长率为0.8%。2014年，中国制造业信息化投资规模达到633.1亿元，同比增长2.2%。但是中国制造业中不同行业、不同规模的企业，信息化建设状况差距很大。石化、钢铁、汽车等行业集中度高企业的信息化建设较好，一些企业已基本具备了与国际同行接近的信息化水平；而纺织、轻工等行业，信息化建设水平较低。

表6-3　　　　　我国制造业信息化发展存在的主要问题

| 重技术，轻标准，信息化与工业化深度融合不足 | 制造企业过多关注技术和软件功能的先进性，信息技术工具化表现突出。不注重挖掘软件应用对企业业务流程优化、业务模式创新变革的作用。缺乏在软件技术基础之上，对标准规范、业务流程、管理模式、知识经验等数字化能力要素进行全面集成和充分融合。支持企业业务和提升企业能力的软装备水平有待进一步提高，存在企业业务流程和信息系统"两张皮"现象 |

① 《中国制造业信息化存在问题》，载中国产业观察网2015年1月7日。

重产品，轻服务，缺乏对产业价值链高端的支撑	制造业信息化系统多分布在设计制造和管理的环节上，而对产业价值链高端的服务环节支撑明显不足。IT厂商重视信息化产品研发与销售，但多数厂商缺乏细分行业的信息化整体解决方案，不重视为制造企业提供信息化工程的总体设计、客户化开发、软件系统配置和运行维护管理等整体服务。公共服务平台尚未形成规模，服务能力弱，可持续发展能力不足。对企业转型升级发展的整体性支撑不足，信息化综合效能未得到充分发挥
重跟踪，轻创新，自主产品对产业支撑能力薄弱	制造业信息化技术产品无法摆脱模仿跟踪的局面，自主创新能力薄弱，跨越发展意识匮乏，尚无法满足制造企业多层次和多类型的需求。缺乏自主知识产权的高端核心技术，源于制造企业的自主产品开发尚未形成规模。对云制造、制造物联等前沿信息化技术研发投入不足

资料来源：《中国制造业信息化存在问题》，载中国产业观察网2015年1月7日。

　　制造业面临信息技术与制造业深度融合的新一轮工业革命的重大机遇，新一轮工业革命以制造业数字化网络化智能化为核心，建立在物联网和务（服务）联网基础上，同时叠加新能源、新材料等方面的突破而引发的新一轮产业变革，将给世界范围内的制造业带来深刻变革。智能制造工程将紧密围绕重点制造领域关键环节，开展新一代信息技术与制造装备融合的集成创新和工程应用，开发智能产品和自主可控的智能装置并实现产业化。当前亟待依托优势企业，建设重点领域智能工厂或数字化车间。同时建立智能制造标准体系和信息安全保障系统，搭建智能制造网络系统平台。随着信息技术的发展以及信息化普及水平的提高，数字技术、网络技术和智能技术日益渗透融入产品研发、设计、制造的全过程，推动产品生产过程的重大变革。智能制造成为两化深度融合主攻方向，要紧紧抓住新一轮科技革命和产业变革与我国加快转变经济发展方式历史性交汇的难得机遇，将大大加快我国工业化和建设制造强国的进程。重点是紧跟当前的工业革命的步伐，以数字化、智能化、网络化为主线，加速信息技术与重大技术装备先进制造技术的深度融合，实现我国制造业的数字化和生产过程的智能化，提升技术装备的性能，增强国际竞争力。

6.3

智能制造是推动我国制造强国战略的重点

《中国制造 2025》以智能制造为突破口和主攻方向，并把智能制造工程作为规划明确实施的五大工程之一，通过智能制造、提升产品设计能力、完善制造业技术创新体系、推进工业强基工程、提升产品质量等方面入手，探索如何运用智能化、网络化、数字化的技术，再结合物联网和务联网，并在此基础上，实现制造业结构优化和中国工业的升级版。《中国制造 2025》提出，中国制造转型升级要以加快新一代信息技术与制造业深度融合为主线。两化深度融合的切入点是推进信息技术与制造业的融合发展，即实现工业技术和信息技术融合发展的智能制造。《中国制造 2025》实质就是以智能制造为重点，推进信息化与工业化深度融合，把信息技术嵌入产品制造中去，提升产品附加值；用信息技术改进流程工艺，使生产线智能化、数字化；利用大数据和仿真模拟实现全数字化设计，提高研发设计效率质量；进而把智能化由制造业扩展到能源、交通、物流、商贸、基础设施等领域，提升经济社会的信息化水平。智能制造是推动我国制造强国战略的重点，要着力发展智能装备和智能产品，推进生产过程智能化，培育新型生产方式，全面提升企业研发、生产、管理和服务的智能化水平。制造智能化是通过集成传统制造技术、计算机技术和人工智能等技术发展起来的一种新型制造技术与制造（管理）系统。目前，世界制造智能化技术快速发展，我国也开展了相关研究，其中一些技术已在企业运行或试验运行[①]。《中国制造 2025》提出实施智能制造工程的目标是，到 2020 年，制造业重点领域智能化水平显著提升，试点示范项目运营成本降低 30%，产品生产周期缩短 30%，不良品率降低 30%；到 2025 年，制造业重点领域全面实现智能化，试点示范项目运营成本降低 50%，产品生产周期缩短 50%，不良品率降低 50%。向"智造"迈进是中国制造由大变强发展的重要方向。智能实际上是制造技术与数字技术，智能技术与现代信息技术交叉融合，面向产品全生产周期，具有信息感知、优化决策、执行控制功能，旨在高效、优质、清洁、安全地制造产品，

---

① 中国科学院：《科技革命与中国的现代化：关于中国面向 2050 科技发展战略的思考》，科学出版社 2009 年版，第 55 页。

服务用户的制造模式,即从信息获取、传送、智慧决策到执行这几个环节来体现智能制造。

智能制造贯穿制造业创新的全过程,制造业创新的内涵包括三个层次:一是产品创新;二是制造技术创新;三是产业模式创新。在这三个层次上,智能制造——数字化网络化智能化都是制造业创新的重要途径:第一,制造业数字化网络化智能化是实现机械产品创新的共性使能技术,使机械产品向"数控一代"和"智能一代"发展,从根本上提高产品功能、性能和市场竞争力。第二,制造业数字化网络化智能化也是制造技术创新的共性使能技术,使制造业向数字化网络化智能化集成制造发展,全面提升产品设计、制造和管理水平。第三,制造业数字化网络化智能化还是产业模式创新的共性使能技术,将大大促进规模定制生产方式的发展,延伸发展生产型服务业,深刻地改革制造业的生产模式和产业形态。如表6-4所示,我国智能制造试点工程包括生产过程、产品、新业态、新模式、管理和服务的智能化,明确提出要坚持立足国情、统筹规划、分类施策、分步实施的方针,以企业为主体、市场为导向、应用为切入点,持续推进试点示范。通过试点示范,关键智能部件、装备和系统自主化能力大幅提升,产品、生产过程、管理、服务等智能化水平显著提高,智能制造标准化体系初步建立,智能制造体系和公共服务平台初步成形。试点示范项目实现运营成本降低20%,产品研制周期缩短20%,生产效率提高20%,产品不良品率降低10%,能源利用率提高4%。

表6-4 我国智能制造试点

生产过程的智能化	以智能工厂为代表的流程制造、以数字化车间为代表的离散制造分别选取5个以上的试点示范项目。其中,在流程制造领域,重点推进石化、化工、冶金、建材、纺织、食品等行业,示范推广智能工厂或数字矿山运用;在离散制造领域,重点推进机械、汽车、航空、船舶、轻工、家用电器及电子信息等行业
产品的智能化	以信息技术深度嵌入为代表的智能装备和产品试点示范。把芯片、传感器、仪表、软件系统等智能化产品嵌入到智能装备中去,使得产品具备动态存储、感知和通信能力,实现产品的可追溯、可识别、可定位。在包括高端芯片、新型传感器、机器人等在内的行业中,选取10个以上智能装备和产品的集成应用项目

续表

新业态新模式智能化（工业互联网）	在以个性化定制、网络协同开发、电子商务为代表的智能制造新业态新模式推行试点示范，如在家用电器、汽车等与消费相关的行业，开展个性化定制试点；在钢铁、食品、稀土等行业开展电子商务及产品信息追溯试点示范
管理的智能化	在物流信息化、能源管理智慧化上推进智能化管理试点，从而将信息技术与现代管理理念融入企业管理
服务的智能化	以在线监测、远程诊断、云服务为代表的智能服务试点示范。为企业如何高效、准确、及时挖掘客户的潜在需求并实时响应，也体现为产品交付后对产品实现线上线下（O2O）服务，实现产品的全生命周期管理。一方面传统的制造企业不断拓展服务业务，另一方面是互联网企业从消费互联网进入到产业互联网

资料来源：《2015 年智能制造试点示范专项行动实施方案》。

从智能产品来看，智能产品会带来产品技术体系的重大变化，未来的智能产品将会融入智能化的技术和服务，引致产品技术体系和产业生态体系发生变化。如汽车产业过去以机械制造企业为主，未来的汽车将更多地以电子信息企业、软件企业为主，如国外如谷歌、特斯拉、苹果等企业，国内如腾讯、百度等互联网企业在进入我国的汽车产业等制造业。从本质上看，智能汽车、电动汽车和无人驾驶汽车都属于互联网汽车的概念范畴。近几年来，互联网企业进军这些汽车领域成了汽车行业的"新常态"。国外有苹果、谷歌，国内如阿里巴巴、百度，这些企业都投入了大量的资金研发互联网汽车。目前，国外互联网汽车的研究已取得初步成就。据了解，谷歌全自动驾驶汽车已进入测试阶段，累计驾驶里程达 48 万公里，谷歌无人驾驶汽车计划在 5 年之内商用。苹果也已推出 CarPlay 车载系统，并获得了奔驰、法拉利、宝马等传统汽车品牌的支持。我国在互联网汽车领域也取得了一定的成就。很多汽车厂商和互联网公司都推出了车载操作系统，打通了汽车与智能手机之间、系统各个 APP 之间的通道。据了解，2014 年 7 月，阿里巴巴集团和上汽集团就已达成了关于互联网汽车的合作协议。2015 年 3 月，阿里巴巴又与上汽集团共同设立 10 亿元"互联网汽车基金"，组建合资公司。随着信息技术、传感技术、控制技术、人工智能技术等的不断发展与应用，使机械产品工作状态与环境等相关信息的实时检测、实时处理、实时补偿、实时控制成为可能，数控化机械产品的自适应、自学习、自我决策等能力必将不断提高，使"数控一代"机械产品进一步进化为"智能一代"机械产品。从智能管理与服务来看，需特别强调的是大数据。随着智能化的设备，互联化的设备越来越多，产生数据、传输数据、处理数据的需求会指数化的增长。因此大数据将驱动商业智能，数据会成为一种非常关键的生产资料，数据已经成为决策的重要的基础和支撑。

因此，智能制造是把物联网、云计算、大数据等新一代信息技术，贯穿于设计、生产、管理、服务等制造活动各个环节，具有信息深度自感知、智慧优化自决策、精准控制自执行等功能的先进制造过程、系统和模式的总称。以智能工厂为载体，以全流程的智能化为切入点，以端对端的数据流为基础，以网络互联为支撑是智能制造的主要特征。智能制造在制造业领域构建信息物理系统，将彻底改变制造业生产组织方式和人际关系，并带来制造方式和商业模式的转变，甚至可以说是生产方式的变革或革命。人—机共融的智能制造模式，将突破面向工厂自动化的高可靠、高实时的无线网络技术，实现物理实体空间与网络虚拟空间的交互与平行执行，促成以人工智能、数字化制造、人—机合作即插即用的机器人、泛在感知无线网络、可视化制造、建模与仿真为代表的先进制造技术的广泛融合应用，引发制造模式与能力的变革[①]。数字化技术不仅将催生出加工原理的一些重大创新（如 3D 打印工艺），同时加工过程的仿真优化、数字化控制、状态信息实时检测与自适应控制等数字化网络化智能化技术的全面应用将极大提高各种制造工艺的精度和效率，大幅度提升整个制造业的工艺水平。

当前我国制造业发展面临严峻的国内外形势，劳动力等资源要素成本增加、产能过剩及全球经济的疲软制约了企业的发展。低端制造加速从中国向其他低成本国家转移，高端制造向发达国家回流形成的"双向挤压"蚕食着中国"世界工厂"的地位，转型升级是中国制造业的当务之急，智能制造则成为未来发展的主基调。制造业数字化、智能化是工业化和信息化深度融合的必然结果，已成为各国占领制造技术制高点的重点领域，成为我国制造业由"大"到"大而强"的强大驱动力量。智能制造贯穿在产品创新、制造技术创新和产业模式创新的各个方面，成为《中国制造 2025》创新驱动、转型升级的制高点、突破口和主攻方向。《中国制造 2025》主线是信息化与工业化深度

---

① 中国科学院：《科技革命与中国的现代化：关于中国面向 2050 科技发展战略的思考》，科学出版社 2009 年版，第 6 页。

融合，有望成为我国新一轮制造发展制高点，驱动"中国制造"升级为"中国智造"。根据《中国制造 2025》，中国未来 10 年将以信息化与工业化深度融合为主线，重点推动新一代信息技术、高档数控机床和机器人、航空航天装备、海洋工程装备及高技术船舶、先进轨道交通装备、节能与新能源汽车、电力装备、新材料、生物医药及高性能医疗器械、农业机械装备等领域的数字化、智能化发展，实现中国制造业的绿色转型升级。

6.4

企业集团是推动智能制造的重要依托

智能制造在企业研发设计、生产线的应用比重较大。近五年来，中国工业企业在研发设计方面应用数字化工具普及率已经达到 54%，在规模以上的工业企业中，生产线上数控装备比重达到 30%，上述两个领域智能化应用年均增长 4 个百分点。企业集团是新一轮工业革命时代推动智能制造的重要主体，在发展智能制造时，一定要着力培育一批具有系统设计和综合集成能力的系统解决方案供应商，培育一批国内优秀企业推动我国智能制造发展。

6.4.1　传统制造业智能升级

根据德勤与中国机械工业联合会 2013 年调研 200 家制造企业所发布的首份中国智造现状及前景报告显示，中国智能制造处于初级发展阶段，仅16% 的企业进入智能制造应用阶段；从智能制造的经济效益来看，52% 的企业其智能制造收入贡献率低于 10%，60% 的企业其智能制造利润贡献低于10%。目前中国企业智能化水平参差不齐，仅有 10% 左右的大企业智能制造水平较高，尚有 90% 的企业智能化程度未成熟。《中国制造 2025》提出将制造业的转型升级要以信息化与工业化深度融合为主线，重点发展新一代信息技术、高档数控机床和机器人、航空航天装备、海洋工程装备及高技术船舶、先进轨道交通装备、节能与新能源汽车、电力装备、新材料、生物医药及高性能医疗器械、农业机械装备等十大领域。与传统制造业大规模标准化重复生产实现成本和质量的可控所不同的是，智能制造的目标是实现柔性化、定制化的生产，确保生产效率和绿色低碳的环境效果。以企业集团为依托推动传统制造业智能升级，从而使智能制造的柔性化定制和传统制造业的大规模生产结合起来。

如表6-5所示，中联重科是一家集工程机械、环境产业、农业机械和金融服务多位一体的全球领先高端装备制造企业。公司的工程机械板块和环境产业板块均位居国内第一，农业机械板块位居国内第三。中联重科代表装备制造行业展现了"两化融合"的最新成果，"中联式融合"成为企业推进高端智能化战略的新样板①。目前，中联重科的信息化和工业化融合水平已经领先于99.04%的国内装备制造企业、97%的机械加工制造企业，并处于全球前列。中联重科集团在自己的产品里增加了智能控制模块，设备的定位、开工情况、运行状态等都通过互联网传到企业总部，从而帮助建立了集团的工业大数据。中联重科实现了自身技术融合、产品融合、业务融合与资源融合。在质量提升与顾客满意方面，通过ERP、售后服务移动应用平台、物联网智能云服务平台等营销售后系统的支撑，公司客户服务和客户满意度得到显著提升。

表6-5　　　　　　　　　　　中联重科智能制造模式

加速"互联"，做活前端	在前端，中联重科通过统一的营销与服务网络连接内外部资源，以线上线下相结合，为客户提供"零距离"的营销和服务
	在提升客户黏度上，中联重科开放了中联重科微信服务号，为客户提供了微官网、微信会员、粉丝活动、配件商城、在线报修等在线功能，实现了线上、线下的一体化服务，精准营销
	在提升售后服务水平上，中联重科建设了移动营销售后服务平台，通过呼叫中心、移动服务、精准派工、过程监控、离线数据查询和反馈等功能，将13万台设备与中联重科服务调度中心及快速反应团队无缝连接，为客户提供24小时不间断的360°贴身智能服务
	在提升产品智能服务上，通过物联网技术、北斗导航技术、云计算、大数据分析构建了基于物联网的智能云服务平台，实现了远程在线工况检测、运行信息自动采集与存储、故障预警、作业状况分析等功能，2014年4月，马凯莅临中联重科调研，对公司物联网应用给予了充分肯定

---

① 龙军：《中联重科：智能制造的新样板》，载《光明日报》，2015年5月27日第1版。

	中联重科通过构建并连接研发、生产、供应链管理三大平台打造智能制造终端
增长"智慧"，做强终端	在产品设计方面，中联重科建立了 PLM 企业云智库，能够协同来自亚洲、欧洲、美洲的近 3000 位工程师共同参与产品开发，提高了产品模块化设计能力，使得产品设计能更快捷满足用户的个性化需求。中联重科构建了产品的虚拟化样机，完全实现了样机的三维建模、运动学和动力学仿真分析、作业情况模拟等虚拟化设计工作，让研发过程变得更加高效、可靠
	在生产制造方面，中联重科自主开发了 MES 生产制造执行系统，通过与条码应用、Andon 系统、看板的集成，把人员、设备、物料等制造要素整合到生产管理平台之上，有效提升了生产制造的自动化程度和精益化程度，缩短了产品的交付周期，也为产品定制化打通了渠道。同时，公司相继投入了 20 余条数控生产线，高端数控生产设备总数超过 1000 台，主要数控机床实现联网，基本实现了实时工况在线监测，数字切割、数控成型、自动焊接、环保涂装、精密检测。在供应链方面，中联重科建设了以 ERP 为核心的供应链协同平台，实现了采购常规业务的整合联动，供应商准入、绩效考核、运行分析、风险控制等纳入系统管理，实现了质量管理对供应链的辐射，从源头控制公司产品零部件的质量
强化"可控"，做实后台保障	中联重科通过强化企业内部管控和对大数据的挖掘分析打造智能制造后端，为整体运营和客户关怀提供保障
	中联重科信息化内控业务运营平台由协同办公系统、财务 ERP 系统、信用风险管理系统、全面预算管理系统、人力资源系统等构成。该平台建立了良好的企业级信息传递渠道，规范了企业岗位分工、授权审批和业务流程，实现了企业风控业务的可视化、标准化和自动化，保证了企业经管的合法合规，提高了企业经营效率和效果
	中联重科正努力从单纯的围绕产品的产销，向基于大数据的服务转变。通过对物联网海量数据的业务处理，完成设备地理分布、设备历史轨迹、设备作业查询、设备故障分析等应用研究，为客户提供增值服务；通过对客户大数据的分析利用，完成客户价值统计、客户消费量统计、客户分类及客户预测，及时了解新老客户潜在需求和动向，实施全方位客户关系管理

资料来源：公开资料整理。

　　围绕"互联网＋"与"工业 4.0"的内涵与外延，中联重科通过移动互联网、云计算、大数据、物联网等与工程机械制造行业的结合，推进智能制造，促进企业转型升级。依据"互联、智慧、可控、安全"两化融合 8 字方针，中联重科以互联网营销服务转型为重点，做"活"前端；以智慧工厂转型为目标，做"强"中端；以信息化管理转型为支撑，做"实"后端，前、中、后一体化推进，加速从传统生产制造业向高端智能制造服务业的转型升级，实现信息化和工业化的两化融合。中联重科 O2O 移动营销与用户服务能力也已初见成效。企业通过开发微信公众号、移动官网，实现业务系统集成，并对客户数据、流量数据、商机数据等三大核心数据进行分析，旨在通过大数据，给用户提供更优质的服务。除了直接获取商机、处理客户咨询外，中联重科信息化平台还提供了物联网增值服务，让客户随时随地都可以了解到自己设备的位置和各种工况信息，实现了企业与客户的共赢。用户转化率达到 63%，服务响应及时性由 15 分钟缩短至 5 分钟，内容传播受众率达到 40%。2009~2014年，中联重科每年在智能制造上的投入都超过 1 亿元[①]。

中联重科是我国传统产业智能化转型的典范，其成功经验说明推广两化融合是智能制造的重点。"互联网＋"使制造企业可以直接面对消费者，硬件的标准化和软件的个性化成为一个趋势，从而使规模化生产和个性化定制和谐统一。目前，我国工程机械、智能家居、车联网等都在通过产品的智能化来实现个性化的体验和服务。当前，我国智能制造分析技术能够深入分析客户、产品、设备和生产过程，从而重新定义企业的研发、生产、供应链、营销、客户服务和物流体系，为大规模定制的柔性生产提供智慧的"大脑"。从而重新定义和设计自己的产品研发、生产工艺和供应链体系，实现规模效益下的制造业个性化交付。同时通过工业互联网和物联网技术，提升制造业自身的生产效率和资产利用率，降低能耗和污染。近年来，我国涌现出了一批实施两化融合的优秀企业。2013 年以来，工业和信息化部制定了企业两化融合管理体系的国家标准，2014 年首批选择了 500 家企业开展贯标试点，其中徐工集团贯彻两化融合管理体系标准取得实效。通过深入贯彻两化融合管理体系标准的实践，徐工集团在工程机械产品研发、生产制造、营销网络、客户服务、运营管理等方面进行了管理的创新和变革，提升了企业竞争力。近年来，徐工集团实现产品设计周期缩短 20%，产品数据准确率提高 30%，生产计划协同时间由原来的 2 天缩短为 40 分钟，市场快速响应能力提升 30%。中联重科和徐工集团的成功经验说明，企业集团是推动智能制造的重要力量。《中国制造 2025》明确

---

① 龙军：《中联重科：智能制造的新样板》，载《光明日报》，2015 年 5 月 27 日第 1 版。

了 10 大领域的重点行业，在这些领域中，要以企业集团为依托，在每个行业选取已经具备数字化制造基础的代表性的重点企业集团作为试点，发挥企业集团试点先行先试的作用，大力推进智能制造，建立智能制造示范平台，探索不同行业智能化改造升级的路径和模式。

6.4.2　引领智能制造先进技术

工信部调查显示，在规模以上工业企业中，生产线上数控装备比重近五年年均增长四个百分点，目前已达 30%。当前劳动力成本快速上升以及工业机器人成本下降，将会推动我们工业自动化进入快速发展期，数字化、自动化、智能化的改造将成为新一轮的投资热点。未来需在高端的传感器、重要的操作系统、数字化的基础上进一步提高智能化的水平以满足智能制造的要求。当前的重点是推动信息化和工业化的融合，实现信息技术在制造业领域深化应用，积极发展基于互联网的新型智能制造模式。企业集团是我国的主导企业组织形式，应在我国制造业智能化发展的浪潮中起到应有的引领作用。第一，企业集团应着力寻找全球制造业变革中的新增长点，抢先布局智能机器人、高端智能装备等新兴产业，在产业形态、大型项目、经济空间上寻求新的突破，培育数字化研发设计、电子信息技术嵌入产品、制造设备数控化、制造过程智能控制、制造业服务链数字化网络化等智能制造关键点。第二，注重先进制造技术和先进制造模式的应用与创新，瞄准能够引领新一轮工业革命的先进制造技术和生产方式，围绕智能装备制造、机器人等重点领域，努力研发网络协同制造关键技术、仿生机械技术等先进制造技术，推进智能转型。第三，创新商业模式。智能制造，除在硬的技术方面以外，在软的商业模式创新方面也有很多空间。企业集团应在模式方面积极创新，发展"互联网＋"先进制造，推动制造业的模式创新，培育工业互联网在制造业中的新应用，建设云服务和工业大数据平台。第四，切实提高制造业生产效率。具体实施过程中要注重实效，发展智能制造要运用数字化、自动化、智能化的技术和装备切实地提高工业的生产效率。第五，在工业机器人领域实现重点突破。工业机器人是典型的数字化网络化智能化制造装备，是新工业革命的重要内容。工业机器人不但能够适应恶劣的条件与苛刻的生产环境，而且能够有效提高产品的精度和质量，显著提高劳动生产率。目前，工业机器人技术正在向智能化、模块化和系统化的方向发展；更重要的是，随着技术的成熟和成本的下降，工业机器人即将迎来爆发式增长，在工业生产各领域得到广泛应用，极大推动工业生产方式向定制化、柔性化和对市场快速响应的方向发展。国内配套产业发展跟不上，存在过度依赖进口的情况。我国工业机器人领域就出现了类似情况，我国是第一大机器人市场，但3/4的市场被外资机器人占领。现在很多企业，如德国西门子、美国的GE通过近几年的技术的并购，已经整合了智能制造上下游和硬软件，已经形成了系统化的解决方案，而且组建了庞大的产业联盟。国家应鼓励具有竞争优势的企业集团发挥全价值链创新，引导上下游企业之间建立起相对稳定的合约关系，协同发展。

第7章

企业集团推动我国制造强国战略的基本路径：制造业服务化

物联网和制造业服务化宣告着新一轮工业革命的到来。《中国制造2025》提出，要坚持把结构调整作为建设制造强国的关键环节，推动生产型制造向服务型制造转变。"再工业化"是发达国家反思过度"去工业化"、推动回归实体经济的发展战略。"再工业化"并非简单的制造业回归，而是在发展先进制造业的基础上，加强制造业与服务业的融合，实现服务业高端化发展，优化产业结构。其中制造业的服务化是重要的战略取向。

7.1

世界范围的制造业服务化潮流

此次工业革命目前表现出两个根本性的产业模式转变：一是终结大规模流水线的生产方式，从而转向定制化的规模生产，大量个性化生产、分散式就近生产将成为重要特征；二是将工业互联网应用到制造业，实现产业形态从生产型制造向服务型制造的转变。新形势下的制造业，必将在新产业模式的引导下，进入全新的发展阶段。

随着新一代信息技术的发展和个性化需求的日益增多，工业互联网、工业云、移动O2O等新型生产组织方式极大地提高了工业设备、生产过程、产品和用户数据的感知、传输、交互和智能分析的能力，为制造企业实现产品全生命周期的实时动态控制与管理提供了技术支撑，极大地提升了制造效率和服务能力。根据德勤会计师事务所与中国机械工业联合会共同发布的报告《2014年中国制造业服务创新调查报告》指出，制造业服务化已经成为全球产业发展的显著特点和重要趋势。为在新一轮产业和技术革命中抢占先机，近年来，发达国家纷纷制定先进制造发展战略。如美国的先进制造业伙伴计划、德国"工业 4.0"战略以及智慧日本（I-Japan）战略都凸显了发达国家通过加强制造业的顶层设计来适应制造业服务化的发展趋势。以德国为例，德国的制造业服务化相对比较弱，其制造产品没有充分挖掘服务的价值。德国"工业 4.0"的提出意味着德国试图利用其变革德国制造业的方向，即通过向智能制造的转型，大力推进制造业服务化①。以重振制造业和大力发展实体经济为核心的"再工业化"战略，并不是简单地提高制造业产值比例，而是通过现代信息技术与制造业融合、制造与服务的融合来提升复杂产品的制造能力以及制造业快速满足消费者个性化需求的能力，这种制造业信息化与制造业服务化的趋势使得制造业重新获得竞争优势。虽然这两种趋势的源头可以追溯到 20 世纪八九十年代，但金融危机后，随着对制造业发展的重视，在政府的大力推动下，制造业信息化和制造业服务化成为世界工业化进程的两个重要趋势②。

"制造业服务化"是指在经济全球化、客户需求个性化和现代科学技术与信息化快速发展条件下，出现的一种全新的商业模式和生产组织方式，是制造与服务相融合的新的产业形式。这种产业形式使企业实现了从单纯产品或者服务供应商，向"综合性解决方案"供应商的转变。2009 年全球"500 强"企业所涉及的 51 个行业中，有 28 个属于服务业；"500 强"企业有 56% 在从事服务业，而且在西方发达国家普遍存在两个"70%"的现象，服务业增加值占 GDP 比重的 70%，生产性服务业占整个服务业比重的 70%。在国际分工比较发达的制造业中，产品在生产过程中停留的时间不到全部循环过程的 5%，而处在流通领域的时间占 95% 以上；产品在制造过程中的增加值不到产品价格的 40%，60% 以上的增值发生在服务领域。2002～2012 年，美国制造业中的服务职位比率从 29.8% 增至 32.6%，直接从事产品制造的职位比率从 2002 年的 54.5% 降为 2012 年的 52.9%。2011 年 IBM 的服务收入占到总收入的 82.1%，服务业务的税前利润占到总利润的 92.9%。通用电气、宝马汽车、施乐公司的服务收入比重分别占营业总收入的 46%、30%、53%，基于产品的增值收入已成为国家大型装备制造企业的主要收入来源。2008 年国际金融

---

① 陈永广：《借鉴国际经验推动我国制造业加快服务化转型》，载《中国证券报》2015 年 6 月 15 日第 7 版。

② 黄群慧：《中国的工业化进程：阶段、特征与前景》，载《经济与管理》2013 年第 7 期。

危机后，欧美国家则先后启动"再工业化"进程。"再工业化"表面上看是增加就业，深层次原因是通过发展本国的高端制造业来强化本国的高级生产性服务业的领先优势。

制造业服务化可以分为两个部分：一是制造业投入服务化，包括新技术研发、市场调研和广告、物流、技术支持、零部件供应、信息咨询等方面；二是制造业产出服务化，包括销售服务、维修保养、金融租赁和保险等方面[1]。制造业服务化，一方面表现为产品制造过程中所需的工业设计、会计、法律、金融等服务性要素的投入不断增加和内部服务职能不断强化；另一方面表现为在实物产品的基础上衍生出越来越多地围绕实物产品的附加服务，独立的生产性服务业的快速发展。制造业服务化发展已成为全球制造业发展的重要趋势。制造业的产业链比较长，它可以向下游延伸，围绕主导产品发展售后服务、增值服务，发展现代物流、电子商务等；同时向上游延伸，搞研发、咨询、工业设计、软件信息服务、节能环保服务等，构建社会的服务平台。服务化转型正在演变成为跨国公司的共同战略和群体行为，服务型制造已经成为所有优秀制造企业的一个基本的特质，所以制造的服务化正在变成制造业发展的一个重要趋势和战略制高点。制造业服务化转型的本质是企业经营范围的扩张和拓展，从提供产品到提供产品组合＋服务组合（产品服务系统），是企业纵向一体化的重要表现形式。随着"互联网＋"的发展，未来制造的过程就是服务的过程，或者说制造本身就是一种服务。尤其是随着互联网的发展，未来制造的过程就是服务的过程，未来的制造业将更加注重用户体验，注重更加智能化的满足用户的需求。

7.2

我国制造业服务化面临的机遇和挑战

我国制造业强国建设不仅需要关注制造业技术水平的提升，更要通过发展服务型制造来提升制造业的附加价值。制造业的服务化会使整个制造业向生产型服务环境渗透以及与生产性服务业的深度融合，壮大整个制造产业，开拓制造产业的新业态，提高制造产业效能。使整个制造业链条得到了拓展和延伸。

---

① 《制造业服务化时代已经到来，聚集协同服务平台模式》，半月谈网，2015 年 8 月 10 日。

所以开拓出了制造业产业的新的业态和新的模式，提高了整个制造产业的效能。因此制造业与服务化之间的关系不是简单的替代的关系，两者是相互融合、渗透的关系。要坚持现代服务业和先进制造业双轮驱动。努力实现两者融合与互动发展，基本途径是在制造业中注入更多更高质量的服务元素。

长期以来，发达国家依靠在研发设计、商务服务、市场营销等服务领域的领先优势，主导着全球生产网络和产品价值链。发达国家服务业增加值占GDP比重的70%，其中制造服务业占整个服务业比重的70%。制造业对服务业的发展具有重要的支撑带动作用，如通信设备带动了年增加约1.4万亿美元的信息服务业，汽车制造业将带动几倍汽车售价的汽车售后服务业。美国服务业占国民经济70%以上，近60%的服务依靠制造业带动的生产性服务业。发达国家正是依靠在研发设计、商务服务、市场营销等服务领域的领先优势，主导着全球生产网络和产品价值链。制造业数字化网络化智能化技术使规模制造与定制化有机地融为一体，将用户需求充分体现在产品设计、生产和使用的各个环节，形成了全新的产业模式。制造业服务化，已经成为全球产业发展的一种趋势，技术融合和商业模式创新正不断推进制造企业的服务化和新型生产性服务业的涌现。我国经济发展进入新常态，制造强国的目标之一是既要满足客户的个性化需要，又要获得大规模生产的成本优势，制造业服务化是实现这一目标的突破口，为我国制造业实现由大变强的转变提供了重要机遇。

随着人们对个性化需求的日益增长，"工业4.0"标志着互联网时代的制造技术已经成熟，过去以提高生产效率、降低产品成本为主要目的的规模化、复制化生产方式将随之发生改变。"工业4.0"是工业制造业的技术转型，是一次全新的工业变革，是供给侧新一轮生产制造革命以及技术与解决方案的创新。"工业4.0"基于标准模块，针对客户的个性化需求，通过互联网技术手段让供应链上的各个环节更加紧密联系、高效协作，使个性化产品能够实现高效率的批量化生产，从过去落后的面向库存的生产模式转变为面向订单的生产模式，实现动态配置的单元式生产，实现规模化，满足个性化需求。这种大规模定制生产在一定程度上缩短了交货期，并能够大幅度降低库存，甚至零库存运行。对产品的差异化需求，正促使生产制造业加速发布设计和推出产品。大规模定制既保留了大规模生产的低成本和高速度，又具有定制生产的灵活性，将工业化和个性化比较完美地结合在了一起。因而，大规模定制生产是我国制造业实现转型升级的重要突破口。定制产品由于更接近个性化需求，因此比标准化产品有更大的价值空间。此外，大规模定制生产通过互联网，使供应商、制造商、经销商及顾客之间的关系更加紧密。借助互联网和电子商务平台进行大规模定制也可以实现消费者、经销商和制造商等多方的"满意"与"共赢"。"互联网＋工业"告别"微笑曲线"开创全新的共享经济①。

　　相较于西方，我国制造业服务化的水平并不高，如表 7 - 1 所示，我国制造业服务化仍处于起步阶段。从投入服务化的角度来看，中国制造业的发展以资源消耗投入为主，制造企业对服务的需求不足。中国的制造企业大多处于加工组装环节，产品位于产业链低端，使企业的生产服务需求主要停留在批发零售、运输仓储等低端服务领域，而对研发设计、品牌经营等高端服务环节需求不足②。

表 7 - 1　　　　　　　　　我国制造业服务化面临的主要挑战

商业模式 创新不足	中国制造业还处于全球价值链的中低端，制造业还普遍以加工、装备为主，商业竞争模式还主要是依靠低成本的价格竞争为主，通过品牌、研发、金融等环节的盈利能力还明显不足，缺乏服务理念的商业模式创新
集成服务 延伸力度不足	我国一些制造企业从制造环节向集成服务的延伸力度仍然不足，特别是在提供集成服务和整体解决方案、零部件定制服务等方面存在着明显的差距
标准规范 空白	我国 90% 以上的标准规范仍集中于制造业领域，服务业标准十分缺乏。在设备检修、合同能源管理、制造业物流、车载信息服务等制造业服务化的重点领域，还存在许多标准规范的空白
人才不足	推动制造业服务化发展需要复合型的专业人才，但是目前我国的教育体系还普遍缺乏对工业设计、现代物流、电子商务等生产性服务业领域专业人才的培养，人才培养模式和课程设计无法满足制造业服务化转型的需求

　　资料来源：陈永广：《借鉴国际经验推动我国制造业加快服务化转型》载《中国证券报》2015 年 6 月 15 日第 7 版。

　　当前，我国制造业面临产业价值链提升的重大挑战。对研发、设计、标准、供应链管理、营销网络、物流配送等生产性服务提出了更高要求。与发达

---

① 王喜文：《中国制造业转型升级的未来方向》，载《国家治理》2015 年第 7 期。
② 《制造业服务化时代已经到来，聚集协同服务平台模式》，半月谈网，2015 年 8 月 10 日。

国家相比，我国服务业发展仍然滞后，其中又以生产性服务业为甚。数据显示，发达国家生产性服务业占服务业比重已高达50%以上，成为国民经济的支柱产业；而我国这一比重却仅为15%。实现工业转型升级的关键是加快发展现代生产性服务业。通过工业与服务业的深度融合，推动制造业的全球化、信息化、服务化进程。生产性服务业涉及农业、工业等产业的多个环节，是全球产业竞争的战略制高点，是"微笑曲线"价值链的高端环节。但目前，我国生产性服务业还比较落后，对制造业升级的作用还很有限。过去消费是解决供应的问题，现在的消费更多地面临个性化的一些需求。未来如何适应客户的个性化需求，发展更加灵活的响应能力，实现个性化大批量生产是我国工业面临的前所未有的挑战。根据工业化理论，工业化进程是将经历第一产业占主导地位、过渡到第二产业占主导地位、进一步到第三产业占主导地位的产业结构高级化的过程，工业化实现国家三次产业结构中服务业比例一般可以达到70%~80%。为了推进产业结构的高级化、加快我国工业进程，大力发展服务业，努力推动形成一种以服务业为主体的经济结构，是我国工业化的基本战略。可以说，我国调整产业结构、推进工业化进程的战略和政策体系在相当程度上是依循这一思路设计并推进的。然而，现在看来这种战略受到挑战，制造业服务化趋势要求我国工业化进程中产业结构升级的方向从单纯提升服务业比例向推动制造业和生产性服务业相互增强发展转变。过去有关我国产业结构问题的政策辩论，常常围绕"工业比重是否太高、服务业比重是否太低"展开。制造业服务化的发展趋势不仅指出了这种非此即彼式思路的狭隘性，而且现实地指出产业结构从以制造业为主向以服务业为主转换的核心是制造业与生产性服务业的相互促进发展。从这个角度看，单纯从统计意义上的产业比重的角度来判断产业结构合理性是不合适的。我国未来的工业化将在相当长时期内保持制造业和生产性服务业相互增强发展的局面①。

制造业是经济结构调整和产业转型升级的主战场。一方面要推动战略性新兴产业、先进制造业健康发展，加快传统产业转型升级；另一方面，亟待推动服务业特别是现代服务业发展壮大。制造业的服务化带来了全球制造业的重新洗牌，服务化的先行者占据了全球制造业的领袖地位和拥有了主导制造业发展方向的"话语权"。推行制造业服务化是为了提升本国制造业在全球制造领域

---

① 黄群慧：《中国的工业化进程：阶段、特征与前景》，载《经济与管理》2013年第7期。

和国际贸易中的地位和"主导权"。发展现代制造服务业，是调整产业结构的重要途径。随着泛在连接和普适计算逐渐普及，3D 打印、大数据等技术将使产品的功能极大丰富，性能发生质的变化。在物联网、云计算等泛在信息的支持下，制造商、生产服务商、用户在开放、公用的网络平台上互动，单件小批量定制化生产将成为主流。未来随着产业价值链重心由生产端向研发设计、营销服务等的转移，产业形态将从生产型制造向服务型制造转变。通过在服务化领域的前瞻部署将有力提升我国未来在全球制造业的分工地位，从而赋予我国在全球制造业价值链的主导权。

7.3

企业集团推动制造业服务化的主要模式

面对世界制造业服务化发展潮流，中国制造业唯有主动转型，不断推进制造业服务化，缩小与发达国家的差距，近年来，产品加服务模式和大规模定制化模式是我国企业集团推动制造业服务化的两种主要模式。

7.3.1　产品加服务模式——陕鼓集团

产品加服务的模式是以产品为主导，通过提供附加服务来实现产品增值，提升制造业产品竞争力。这种模式核心在于向客户提供的不仅仅是产品，还包括依托于产品的服务和整体解决方案，即"产品——服务包"的个性化整体解决方案，能够大幅提高消费者使用体验和满意度，提高产品的价值和企业的品牌竞争力和收益。通过提供服务化，企业可以增加用户体验，增加用户的满意度，从而提高企业的市场竞争力。通过产品加服务的模式，可实现传统制造业价值创造向提供附加服务进行价值创新转变，从而实现从生产型制造业向服务型制造业企业的转变。

陕鼓集团是产品加服务模式的典型代表，2001 年，陕鼓集团从出售单一产品向出售解决方案和服务转变，从产品经营向品牌经营转变，完成了从制造业向制造服务业的转型，成为国内风机行业的第一品牌。2001 年以来，陕鼓集团实现的总产值从 4 亿元迅速增长到 50 亿元；2005 年，在陕鼓 25 亿元的总产值中，51.6% 的收入来自服务；2007 年，在陕鼓 40 亿元的总产值中，服务收入已上升至68%①。陕鼓集团发展模式的核心在于以客户需求为起点，并以客户需求为终点。在满足客户需求的同时锁定客户，获取新产品业务。通过从单一产品（风机、锅炉、仪表）向产品系统、整体解决方案、运行维护转型，陕鼓集团的主要业务由与其核心技术密切关联的"技术＋管理＋服务"，即新型服务所构成，从而实现以功能为主导，产品价值和服务价值相结合、相互促进，提高了集团的价值创造力。

如表7-2所示，陕鼓集团为客户提供产品全生命周期的专业化服务，包括专业化维修服务、专业化远程状态服务、备品备件服务和金融服务等。如陕鼓集团在卖产品的同时，借助于互联网技术在每一个售出的鼓风机的产品上面加装了远程的在线故障诊断系统。在运行过程中，鼓风机会实时地把自己的运行状态、运行参数等数据传递到陕鼓集团，集团内部建立了远程监控中心，实时更新监控数据，可以实时地获取鼓风机处于什么状态，存在何种故障等信息。这样企业可以提前预知，提前做在线检修或停机检修，其好处是减少了临时性的、突然的停机给企业带来的潜在风险和损失。通过提供了上述技术服务以后，极大提高了陕鼓集团鼓风机产品的市场竞争力。在具体实施中，为提供专业化备品备件服务，陕鼓集团于2003年9月组织成立了由56家相关配套企业组成的"陕鼓成套技术暨设备协作网"，包括西门子、爱默生、GE等许多世界知名公司。陕鼓成套技术协作网基于上下游供应链的合作配套，对产业链和配套资源进行优化整合管理，强化了为客户提供系统集成和系统服务的能力②，从而实现了价值链的横向集成，以及包括企业上下游与客户之间，上游企业、下游企业之间等价值链的协同，实现了生产企业和上下游企业同步、实时的响应效果。陕鼓集团在出售设备时还提供融资服务，实现了金融企业、核心企业和客户企业的三方共赢。通过在产品的全生命周期——产品开发改进、生产制造、安装调试、售后服务等全过程，对服务范围进行拓宽和延伸；并与具有共同价值观的下游大客户结成战略合作伙伴关系，为合作伙伴提供全程、专业、系统的服务，战略合作伙伴在项目选择上则优先考虑陕鼓集团。因此，向客户提供服务，成为陕鼓集团锁定客户、提高客户转换成本的有效途径；与客户建立的服务关系，成为陕鼓集团获取未来新产品业务的一个极佳途径，服务成为陕鼓集团价值创新的源泉③。

---

①②③　崔焕平：《陕鼓：一家传统制造商的服务转型》，载《北大商业评论》2009年第4期。

表 7 – 2　　　　　　　陕鼓集团提供的产品全生命周期专业化服务

名　　称	内　　容	效　　益
专业化维修改造服务	作为设备的制造厂商，陕鼓集团提供设备的维修、检修、升级和改造。陕鼓集团作为设备制造厂商，集中了大量的专业精英，熟悉自身设备性能，并有许多专业维修服务手段，能提供最专业的服务	陕鼓集团将自己的设备维修外包，然后去承包别人的设备维修，根据附加值来做市场最需要、自己最见长的部分，从而创造出更大的利润
专业化远程设备状态服务	陕鼓集团把信息技术与传统产业进行嫁接，研制开发了旋转机械远程在线监测及故障诊断系统。在陕鼓集团将旋转机械产品销售给全国各地的用户后，同时会将这些产品装上监测装置。当设备处于运行状态时，通过互联网，远在陕鼓集团监测中心的工作人员能够对设备进行全过程、全天候的状态监测，一旦设备运行出现问题，陕鼓的专家组立即通过网络为用户检修，快捷省时	陕鼓集团不仅可以赢得客户信赖，而且可以及时掌握现场机组运行情况的第一手信息，这些信息经陕鼓集团的内外专家队伍分析处理和在线观察预测，能为陕鼓集团的营销队伍提供许多超前、准确的客户维修改造和备品备件需求信息，也为快速响应奠定了基础
专业化备品备件服务	由于陕鼓提供的风机成套设备专业化程度高，多为客户流程装备上的核心关键设备，需要高可靠性。作为设备制造厂商的陕鼓集团向客户提供备品备件服务。客户所用陕鼓集团提供的设备不再提前采购储备，由陕鼓负责储备	通过自建备品备件库、整合管理集团备品备件成套技术协作网，陕鼓集团备品备件服务只会占用少量的库存，还可以借助零部件买卖获得收益，抵消库存成本和资金占用，最重要的是借此稳定了客户资源
为客户提供融资服务	"金融企业 + 核心企业 + 客户企业"的三位一体的融资服务模式：由核心企业（制造业产品及各种配套服务的生产者）与客户企业（制造业产品及各种配套服务的购买者）建立市场联系，引入金融企业（即商业银行）向客户企业提供贷款，配以核心企业向客户企业的回购机制，降低核心企业和金融企业的共同风险	对于金融企业来讲，通过取得总行批准的专项授信，扩展了金融产品范围，实现了在融资服务方面的业务创新；对于大宗装备制造产品生产的核心企业来讲，这一举措扩展了其产品市场，提升了企业的竞争力；对于用户企业来讲，则突破了原有的资金"瓶颈"，保证了创利项目的顺利实施

资料来源：崔焕平：《陕鼓：一家传统制造商的服务转型》，载《北大商业评论》2009年第 4 期。

7.3.2　个性化的定制服务——红领集团

近年来，互联网改造了制造业的价值链。过去，制造业企业注重追求技术和产品性能，现在制造业则更关心用户的体验，注重用户使用产品能不能得到最好的体验，如小米手机成功的核心在于与用户的实时互动和实时更新，给用户带来了很好的体验。因此，互联网使制造业价值链发生调整，包括去中心化、去中介化，如创客运动、分布式制造等使很多企业更多的直接面对客户，通过互联网直接了解用户的需求、实现对用户需求的反馈。随着用户个性化定制需求的凸显，传统大规模批量化生产模式已经开始发生变化，小批量、多样化的产品生产模式已经出现，中国制造业个性化定制开始兴起。《制造业2025》提出，发展现代制造服务业。促进制造业由大规模流水线的生产方式，转向定制化的规模生产，实现产业形态从生产型制造业向全生命周期的服务型制造业的转变。

柔性化、服务化、个性化成为生产模式的一个重要的变革方向，未来要响应用户个性化的需求。3D打印就是响应了柔性化、服务化、个性化的用户需求通过投资智慧的制造设备，制造业服务化的本质是以信息化与工业化深度融合为引领，以3D打印技术为代表，从而实现个性化定制的大规模工业化生产。信息化和互联网条件下的个性化制造，其先进性在于以工业化的效率制造个性化产品，效率高、成本低、质量稳定、满足个性化需求，市场竞争力强。制造业服务化实现了企业与用户端到端的集成。即用户成为实时生产系统的组成部分，而不是过去用户下完订单以后就和生产没关系了，未来用户在产品整个生产周期的各个环节都可以及时地介入，提出自己的需求，因此生产系统可以及时按照用户的需求进行适应性的调整，即实现了生产的柔性化、生产可变化。未来的智能生产系统是可变的、可重构的，柔性的。尤其是信息技术与制造业的深度融合为制造业的服务创新提供了可靠的基础条件。商业模式创新成为制造业企业创新的重要内容，这一模式创新本身就是这个制造业创新的一个重要环节。

青岛红领集团是个性化设计和大规模定制生产的典范企业，成立于1995年，创立初期主要生产并销售高端男士西服，后转型为集生产、销售、配送及售后服务于一体的男士西服"个性化定制平台"。红领集团进行工厂内部信息化改造及互联网融合创新，实现了大规模个性化定制的工业化制造，建立了下单、设计、生产、销售、物流与售后一体化的开放式互联网定制平台，形成个性化定制＋规模化生产的"红领模式"，创建了中国互联网工业雏形，使企业设计成本减少了 90% 以上，生产成本仅比规模化生产高出 10%，生产周期缩短近 50%，库存逐步减为 0，经济效益提升明显。制造企业制造业竞争力的提升必然要求有相应的现代生产性服务业的支撑。红领模式的核心价值在于探索出了传统制造业与信息化技术深度融合的新范式。这种新范式包含着工业生产的互联网思维、全程数据化驱动的生产流程、去科层化的组织、顾客和制造商直接联结的运营模式等，使个性化需求和工业化的大规模生产得以兼容。

如表 7-3 所示，青岛红领集团个性化的设计、专业化的定制成为企业实现服务化转型的基本路径。红领集团通过长期的数据积累，已经构建起了完善的衣服的版型、工艺和面料数据平台。基于这一数据平台，支撑红领集团可以用较低的成本实现大规模的定制化生产，集团把整个一件衣服分解成几百个设计参数，然后用这些数据来驱动设计参数，实现个性化定制。按照所提供的数据，一个数据的变化要驱动 9000 多个数据的同步变化，包括其整个上下游供应链的这个变化来敏捷地响应客户的需求。通过大数据体系来提供差异化的产品、强化客户体验和服务也是红领集团的成功经验之一，依靠过去十多年积累了超过 200 万名顾客个性化定制的版型、款式、工艺和设计数据，红领集团推出了国内首个服装个性化定制平台，建成了西装上衣、衬衫、西裤三个定制化生产工厂，用户可以从企业提供的上百种款式搭配中挑选自己喜欢的款式。用户确定要求后，数据将被发送到工厂。每件衣服都是个性化的产品，但生产过程却依然是大规模流水线生产。按照这一模式，红领集团每天能够完成 2000~2700 件定制西装的生产，这种个性化生产的成本只比普通大规模生产高 10%。红领集团实现了高度的工厂自动化来为消费者提供基于大规模定制的个性化产品，实现了业内领先的经济效益。2014 年上半年，国内 33 家服装上市公司整体营业收入增速为 -2.6%，净利润增速为 -3.6%，整个行业低迷，但红领集团则实现了瞩目的增长，2014 年生产、销售、利润都同比增长 150% 以上。

表 7 – 3	青岛红领集团个性化定制战略
运用互联网技术，构建个性化定制平台	将工厂与消费者直接对接，在快速收集顾客分散、个性化需求数据的同时，消除了传统中间流通环节，极大降低了交易成本
运用大数据和云计算技术，将顾客需求数据转变成生产数据	个性化定制平台囊括了几乎全部的设计流行元素数据，能满足 99.9% 的个性化设计需求。顾客既可进行自主化设计，又可用数据库提供的多种款式、版型、工艺、尺寸等版型进行自由搭配组合
借助互联网和大数据，进行生产流程改造，实现大规模个性化生产	整个生产全程以订单数据为核心线索，将任务分解后的数据注入基于互联网技术的数据传感器，各生产员工用专用电脑即时读取进行生产，传感器会持续不断地收集任务完成状况，反馈至中央决策系统及电子商务系统，每一工序、环节都可在线实时监控。通过全程数据驱动，使传统生产线与信息化深度融合，实现了以流水线的生产模式制造个性化产品
3D 打印模式工厂	拥有全球最早的个性化 3D 打印智能工厂，工厂在消费端的需求数据驱动下自发生产，产品在平台上设计并制造，不会存在积压订单的情况，大幅节省了用户和工厂的时间和资金
供需双方的无缝连接	C2M 电商平台使消费者和生产者进行瞬时的交互连接，实现下单、设计、生产、营销、物流、售后等一体化的智能化生态链

资料来源：根据公开资料整理。

第 *8* 章

企业集团推动我国制造强国战略的基本路径：制造业国际化

中国制造业的未来在于自主创新，才能在国际产业链上不断攀升。中国制造业要真正强大起来，需要掌握更多的先进技术和专利，而这需要用好国内和国外的两种资源。党的十八大报告提出，要"加快走出去步伐"，增强企业国际化经营能力，培育一批世界水平的跨国公司。在新一轮的国际化发展中，我国制造业正在从被动地适应国际化走向主动布局国际化。

8.1

我国制造业国际化发展的主要机遇

从加入世界贸易组织（WTO）以来我国"引进来、走出去"的历史进程可以看出，过去我国长期是全球吸引外资最多的国家，但是随着近几年来我国"走出去"的步伐大幅度加速，我国的境外投资已经超过 1000 亿美元，成为全球第三大对外投资国，我国的发展阶段能力状态都发生了重要的变化。制造业国际化发展是我国经济发展阶段的客观需求，对外开放从"引进来"为主转向"引进来"和"走出去"并重。"十二五"时期，我国加快构建对外开放新格局，以开放主动赢得了发展主动。尤其是新一轮的国际化发展，我国拥有广阔的空间。中国企业已积累了一定的国际化经验，具备了大规模国际化的条件与能力。推进"一带一路"建设，加强国际产能和装备制造合作，带动高铁、核电、通信、航空等大型成套设备"走出去"，让越来越多的国家分享到中高端"中国制造"。据亚洲开发银行的研究，我国在亚洲高端科技产品出口中的份额从 2000 年的 9.4% 上升到 2014 年的 43.7%。

"一带一路"建设是我国对外开放地理格局的重要变化，对我国广袤的内陆地区特别是西部地区对外开放意义重大。如表 8-1 所示，按照《推动共建丝绸之路经济带和 21 世纪海上丝绸之路的愿景与行动》（以下简称《愿景与行动》）。"一带一路"分别向西和向南延伸，沿线主要是新兴经济体和发展中国家，共 53 个国家、94 个城市，总人口约 44 亿，经济总量约 21 万亿美元，分别占全球 63% 和 29%，是全球贸易和跨境投资增长最快的地区之一[①]。沿线国家经济发展水平和产业结构、贸易结构和我国有很强的互补性，2014 年中国与沿线双边贸易值约 7 万亿元人民币，占同期外贸进出口总值的 1/4[②]。

表 8-1 　　　　　　　　　　　　"一带一路"涉及国家及畅通区域

	丝绸之路经济带	21 世纪海上丝绸之路
涉及国家	13 个国家	52 个国家
畅通区域	中国经中亚、俄罗斯至欧洲（波罗的海）；中国经中亚、西亚至波斯湾、地中海；中国至东南亚、南亚、印度洋	从中国沿海港口过南海到印度洋，延伸至欧洲；从中国沿海港口过南海到南太平洋

资料来源：《推动共建丝绸之路经济带和 21 世纪海上丝绸之路的愿景与行动》。

改革开放以来，我国已经形成了雄厚的资本能力和产能优势。"一带一路"涉及全球 64 个国家，44 亿人口，为我国的国际化发展提供了非常大的战略空间。当前我国的国际化发展理念、国际化发展空间都有了很大的变化。"一带一路"沿线国家在制造能力和资本方面都面临着很多问题，因而与我国形成优势互补。"一带一路"沿线区域主要是新兴经济体和发展中国家，这些国家城镇化程度不高，存在较大的基础设施建设需求，因此对建筑施工、工程机械、电力设备、钢铁建材等需求较大，为国内的优势产能如高铁、核电、通信、电力设备、家电制造产业提供了重要机遇。这一区域也是能源储备丰富、开发潜力巨大的地区，能源管道和油气设备制造业也面临较大的机遇。同时，"一带一路"环境下投射距离增加，响应速度至关重要，需要即时通信、大型运输机具，精确定位和智能化的介入手段。北斗系统、大飞机制造、信息安全

---

① 张翼：《"一带一路"：开启出海新浪潮》，载《光明日报》2015 年 2 月 5 日第 13 版。

② 刘东：《2.5 万亿美元愿景："一带一路"贸易增长点在哪儿》，载《中国经济报道》2015 年 3 月 31 日。

等企业都有发展空间①。"三线建设"时期西部地区布局了航空、电子、机械等装备制造业产业基地，四川、贵州和陕西等具备较完备的装备制造业产业基础和研发能力。西部地区应利用与沿线产业的互补性，强化优势产业研发能力和市场竞争能力。新兴发展中国家的工业化、城市化创造的市场空间（东南亚、中亚、拉美、非洲）中国在拓展新兴市场方面也具有较强的优势。我国制造业技术、产品、品牌方面正在加快提升，我国产品的国际竞争力也在不断地加强，已经形成了完备的工业体系和较强的产业配套能力。许多新兴经济体正加快推进工业化、信息化和城市化，基础设施建设和产业园区发展会创造新的市场空间，为我国未来的制造国际化发展提供了广阔的市场空间。由于处于同一发展阶段，消费和技术偏好相似，我国在国际产能合作和拓展新兴市场方面具备更强的竞争力，这一优势有利于我国的制造业产业结构调整和转型升级。"一带一路"不仅仅提出了中国资本优势，基础设施建设和软硬件的互联互通，更多的是资本、人才、规则、文化的互联互通。更重要的是，中国制造出来的中高端产品和中高端装备将在"一带一路"迎来巨大的市场机会。如表 8-2 所示，2000 年以来中国大企业在"一带"沿线国家建设了各种制造业产业园区。随着智能装备制造和工业化信息化深度融合，中国的开放新格局和经济新引擎面临历史性的机遇，对于提高我们国家的自主创新能力意义重大。"一带一路"实质上开启了我国开放型的新格局和区域合作新态势，将以创新驱动为抓手，以互联网、物联网技术为依托，把"中国制造"融入"一带一路"的时代背景和国家整体发展战略。

表 8-2　2000 年以来中国大企业在"一带"沿线国家建设的部分产业园区

发起企业	时间	国家＋工业园	产业布局
海亮集团	2008 年	越南：龙江工业园	轻工业
华立集团	2006 年	泰国：泰中罗勇工业园	轻工业
红豆集团	2006 年	柬埔寨：西哈努克港工业园	服装轻工
广西农垦	2007 年	印度尼西亚：经贸合作区	加工贸易
特变电工	筹建中	印度：工业园	汽车、电力设备

①　慕丽洁：《亚投行可为"一带一路"提供金融解决方案》，载《21 世纪经济报道》2015 年 4 月 6 日。

续表

发起企业	时间	国家＋工业园	产业布局
海尔集团	2000 年	巴基斯坦：海尔——鲁巴经济区	家电
永钢集团	2007 年	埃塞俄比亚：东方工业园	钢铁、水泥等
泰达集团	2008 年	埃及：苏伊士经贸合作区	重工业
中交集团	2015 年	肯尼亚：蒙巴萨工业园	轻工业
东方之星集团	2015 年	坦桑尼亚：仕达威轻工业制造产业园	轻工业
中国有色	2009 年	赞比亚：中国经贸合作区	有色金属、物流
海信集团	2013 年	南非：海信工业园	家电

资料来源：冯立果、李素云：《中国大企业的国际化之路难在何处》，财新网，2015 年 9 月 29 日。

中国企业经过多年的市场磨炼，已经具备了"走出去"的条件与能力。从中国企业整体看，中国企业"走出去"以跨国并购为主，跨国并购金额、笔数逐年上升，并购方式呈多样化发展中国企业过去对外直接投资热衷能源资源的传统驱动形式正在发生转变，目前逐步形成了能源资源驱动、市场驱动、技术驱动等多种投资驱动格局，越来越多的中国企业涉足国外高科技领域投资，追求高附加值投资。部分中国企业在对外投资策略、操作财技、风险防范及跨文化整合方面已积累了一定的经验，为其他企业提供了借鉴[1]。表 8 - 3 说明，2014 年中国企业共对 62 个国家和地区进行了并购投资，投资规模（含并购对象负担的净债务）为 554.2 亿美元，并购交易数量为 460 笔。

表 8 - 3　　中国企业跨境并购投资规模及交易数量（2005～2014 年）

	2005 年	2006 年	2007 年	2008 年	2009 年	2010 年	2011 年	2012 年	2013 年	2014 年
投资规模（亿美元）	94	148	300	704	399	541	535	568	646	554
交易数量	130	152	229	257	280	362	347	346	388	460

资料来源：汤森路透 Eikon。

---

[1]　王辉耀、孙玉红、苗绿编：《中国企业国际化报告（2014）》，社会科学文献出版社 2014 年版，第 3 页。

我国正在从被动适应国际化走向主动布局国际化。从国际分工角度看，后发国家的制造业转型与发展的关键，是要解决如何实现从价值链低端向中高端攀升的问题。改革开放以来，我国制造业抓住了全球化带来的机遇，积极融入全球分工体系，由自给自足的封闭经济，逐步向利用国内外两个市场、国内外两种资源的开放型经济转变，我国制造业也呈现出从全球价值链低端向中高端攀升的趋势①。部分企业开始注重全球产业链整合，从全球产业链参与者向产业链主导者转变。近年来，越来越多的中国企业通过对上下游产业链的控制，开始注重在全球范围内进行产业整合，中国企业从产业链的参与者向主导者转变②。从工业出口结构看，2013 年我国机电产品和高新技术产品出口值分别比 2012 年同期增长 7.3% 和 9.8%，远远高于全国工业品出口值 5% 的增长率。随着我国国内市场规模不断增大，内部分工体系逐步形成，技术创新能力也在不断增强，中国与新兴市场的交流和合作不断深化，这为我国制造业向全球价值链的高端攀升提供了很好的条件和机遇③。

8.2

我国制造业国际化发展面临的主要挑战

根据中国企业联合会公布的 2014 中国"100 大"跨国公司及跨国指数④研究成果，总体而言，目前我国大企业的跨国经营水平还不高，2014 中国"100 大"跨国公司的平均跨国指数仅为 13.60%，不仅远远低于 2014 世界"100 大"跨国公司的平均跨国指数 64.55%，而且也远远低于 2014 发展中国家"100 大"跨国公司的平均跨国指数 54.22%。2014 中国"100 大"跨国公司中跨国指数在 30% 以上的只有 11 家，达到 2014 世界"100 大"跨国公司平均跨国指数的企业只有 1 家，达到 2014 发展中国家"100 大"跨国公司平均跨国指数的企业也只有 2 家，还有 22 家企业的跨国指数没有超过 5%。在海外经

---

①③　黄群慧：《中国制造当积极应对"双端挤压"（新论）》，载《人民日报》2015 年 6 月 25 日第 5 版。

②　王辉耀、孙玉红、苗绿编：《中国企业国际化报告（2014）》，社会科学文献出版社 2014 年版，第 7 页。

④　根据企业联合会的计算，中国 100 大跨国公司由拥有海外资产、海外营业收入、海外员工的非金融企业，依据企业海外资产总额的多少排序产生，跨国指数按照（海外营业收入÷营业收入总额＋海外资产÷资产总额＋海外员工÷员工总数）÷3×100% 计算得出。

营业绩方面，2014 中国"100 大"跨国公司的海外资产和海外员工无论是规模还是占比都比上年有所上升，然而，海外营业收入的平均占比却由 22.25% 降至 20.86%，下降了 1.39 个百分点。这从侧面反映了中国"100 大"跨国公司的部分海外业务仍处于投入阶段或者投资回报率不理想。如表 8 - 4 所示，中国大跨国企业与世界跨国公司国际化的主要差距在于缺乏核心竞争力、全球影响力不足以及国际化经营能力不足等三方面因素。

表 8 - 4　　　　　　　　中国大跨国企业与世界跨国公司国际化的主要差距

	中国大企业	世界跨国公司
核心竞争力	缺乏企业核心竞争优势：第一，中国跨国公司的技术创新能力还不够强，尚未开发出突破性的原创技术，或者仍然处在追赶阶段；第二，当前越来越多的中国企业已经意识到品牌的重要性，然而拥有世界一流品牌的中国跨国公司仍然不多；第三，无论是生产管理、研发管理还是营销管理，中国跨国公司均存在差距	世界跨国公司拥有企业核心竞争优势，这些核心竞争优势体现在产品和技术创新、品牌和营销、经营管理方面
企业影响力和全球行业地位	不少中国跨国公司的生产经营规模位居世界前列，但其全球影响力却远远不够，尤其缺少全球行业领导企业	全球行业领导企业往往是整个行业的技术领先者、商业模式首创者、行业价值链的组织者和控制者
国际化经营能力	部分企业市场开拓力度不够，信息搜集和投资环境考察不到位，投资决策不科学和不规范；企业组织僵化，缺乏灵活性，对全球产业变革无法及时反应和调整；不重视跨文化整合和当地化经营，不清楚或未合理履行企业社会责任；疏于风险管理和应对；缺乏科学有效的国际化经营绩效考核与人力资源管理等	具备国际化经营和全球化经营能力

资料来源：中国企业联合会：《2014 中国 100 大跨国公司及跨国指数》，2014 年。

　　衡量一个企业是否强大的指标并不是在国内资产规模或者总销售收入，而是企业是否真正具有全球配置资源和实现可持续发展的能力。跨国公司往往超过一半的营业收入、资产和雇员来自海外。他们超越国家地理界限在全球吸纳资源，在全球布局价值链，在全球市场经营，从而大大提高了生产要素的效用，同时有效地规避了在一个或几个国家市场经营的风险。近年来，越来越多的中国企业相继进入世界"500 强"，表明我国企业开始具备世界级规模，我国进入了大企业主导的时代。但从全球市场布局和吸纳整合全球资源的能力来看，我国上榜企业虽然在企业规模上超过了许多老牌跨国公司，但多数还不是跨国公司，更不是全球公司。中国企业基本上仍属于"中国的企业"，离成为全球性公司还有很大差距，表现在境外收入占比很低、资本回报率不甚理想等方面①。当前，应发挥企业集团融入国际市场的带动作用，积极为具有国际市场的高端制造业总部基地研发中心、管理中心或销售中心提供配套服务，利用其国际化、规模化、高端化优势，带动同类及下游行业企业高水平发展，实现技术、服务和产品领域与国际的全面接轨，提高中国制造业企业竞争力。

8.3

我国制造业企业集团国际化发展的战略和主要模式

在我国制造业国际化的过程中，关键是要培育一批有竞争力的跨国公司，竞争力包括两个方面。第一，全球资源的整合能力。就是能够把分散在全球各地的创新资源、生产资源、服务资源等有效地整合起来，应对不同国家、不同地区的市场需求。第二，跨国经营能力尤其是服务能力。过去我国是主要是在国外销售产品，但是缺乏全球化的服务，所以我国制造业产品在市场竞争方面不足，未来要提升我国跨国公司的跨国经营能力。《中国制造 2025》特别强调培育有竞争力的跨国公司，将其作为我国未来走出去的重要战略举措。

中国与全球化智库从国际化导向、运营、绩效以及海外并购等四个方面的指标体系量化计算出了中国企业国际化程度指标。如表 8－5 显示，中国石油化工集团等 50 家大企业入选中国企业国际化"50 强"。反映出近年来中国企业过去对外直接投资热衷能源资源的传统驱动形式正在发生转变，逐步形成了能源资源驱动、市场驱动、技术驱动等多种投资驱动格局，越来越多的中国企业涉足国外高科技领域投资，追求高附加值投资，其中美国的高新技术产业成为中国企业首选②。近年来，以高铁、通信、变电技术等为代表的中国企业正以高技术、低价格的优势赢得国际认可，"中国制造"逐渐向"中国智造"蜕

---

① 《中国企业离全球性公司有多远》，载《上海金融报》，2012 年 7 月 24 日第 5 版。
② 王辉耀、孙玉红、苗绿：《中国企业国际化报告（2014）》，社会科学文献出版社 2014 年版，第 3 页。

变。中国企业"走出去"的不止是产品，还包括配套的服务，这样能获得更高的收益。在 2014 年美国《工程新闻记录》"250 强"中，中国上榜企业达 62 家，比上年增加 7 家。此排名以工程承包企业的全球营业总收入为排名依据，体现了施工承包企业的综合实力。近年来中国高铁、动车等制造业装备在国际市场上异军突起，大获成功，这表明一些中国企业已经达到这个行业的世界先进水平，高铁已经成长为中国的一张国家名片。

表 8-5   2014 中国企业国际化"50 强"

排名	名　称	排名	名　称
1	中国石油化工集团公司	26	中国交通建设集团有限公司
2	联想控股有限公司	27	海信集团有限公司
3	中国工商银行股份有限公司	28	中粮集团有限公司
4	中国中化集团公司	29	中联重科股份有限公司
5	华为技术有限公司	30	大连万达集团股份有限公司
6	中国五矿集团公司	31	兖州煤业股份有限公司
7	中国银行股份有限公司	32	中国黄金集团公司
8	中国远洋运输（集团）总公司	33	广东粤海控股有限公司
9	中国海洋石油总公司	34	金川集团股份有限公司
10	浙江吉利控股集团有限公司	35	光明食品（集团）有限公司
11	中兴通讯股份有限公司	36	中国冶金科工股份有限公司
12	中国石油天然气集团公司	37	中国建筑材料集团有限公司
13	复星国际有限公司	38	中国铁路工程总公司
14	TCL 集团股份有限公司	39	中国华能集团公司
15	中国中信集团有限公司	40	中国电力投资集团
16	中国化工集团公司	41	中国建设银行股份有限公司
17	万向集团公司	42	华润（集团）有限公司
18	中国保利集团	43	海尔集团电器产业有限公司
19	中国有色矿业集团有限公司	44	中国联合网络通信集团有限公司
20	美的集团股份有限公司	45	新希望集团有限公司
21	紫金矿业集团股份有限公司	46	神华集团有限责任公司
22	中国外运长航集团有限公司	47	上海电气股份有限公司
23	中国铝业公司	48	中国船舶重工集团公司
24	海航集团有限公司	49	腾讯股份有限公司
25	中国港中旅集团公司	50	中国移动通信集团公司

资料来源：王辉耀、孙玉红、苗绿：《中国企业国际化报告（2014）》，社会科学文献出版社 2014 年版。

在制造业国际化的背景下，我国企业集团"走出去"的形态发生了很多变化，从过去主要是把产品出售到国外发生了深刻的转型。如表 8－6 所示，市场国际化是我国企业集团国家化的主要战略之一。除自建销售网络走出国门外，我国制造企业在大量开展跨国并购，包括技术的并购、企业的并购等，包括我国更多的企业在境外的资本市场融资，如最近这几年我国互联网企业在美国纳斯达克市场等资本市场融资等。此外，制造业企业通过在国外建立生产基地、研发基地等整合全球资源，逐渐提高跨国化水平。同时制造业企业在"走出去"时，也在不断地通过国际工程的总承包、总集成来带动我国整个技术装备标准"走出去"，这也是我国这一轮"走出去"的一个不同点，过去我国强调的只是单个企业出售产品，现在则是通过系统的总承包、总集成来带动技术、装备、标准的产业链条系统地"走出去"。同时，在企业"走出去"的同时，我国的金融等这些配套服务也在加速"走出去"，为我国的相关企业提供金融的支持。

表 8－6　　　　　　　　企业集团国际化战略一：市场国际化

主要模式	运作方式和评价	典型代表
国内名牌自建销售网络走出国门	拥有国内名牌的企业投资自建国外销售网络，将产品直接销往海外市场，直接建立客户关系，减少中间环节，由国内名牌变为国际品牌	国内消费品名牌企业
收购企业获得海外销售渠道	并购海外下游企业可以迅速获得渠道，但要经历重组整合的考验	万向集团收购美国舍勒公司
国内优势企业先建销售网络、再建生产基地，开拓国际市场	将成熟的技术设备和生产能力向外扩展；合理利用原产地规则，规避和突破各种贸易壁垒；更接近当地市场，更好利用当地资源	纺织服装、家电、轻工、机械等行业企业
自建研发基地开发适合当地市场产品	充分实现本土化设计、生产和销售，强调研产销"三位一体本土化"	海尔建立海外研发基地
国内领先企业并购重组跨国公司业务	全球资源整合，成为跨国公司	联想收购 IBM 个人电脑业务
工程承包和劳务输出	综合性的国际经济合作方式，也是国际技术贸易和国际劳务合作方式	国内大型建筑企业集团

资料来源：国务院发展研究中心企业研究所：《中国企业国际化 22 种模式》，载《新经济导刊》2006 年第 15 期。

中国企业"走出去"的目标就是要形成一批拥有著名品牌和自主知识产权、主业突出、核心能力强、具有国际竞争力的大公司、大企业集团，而中国高铁与动车行业的崛起过程可以给其他企业很多启示。企业集团增强国际竞争力，也是整个国家经济发展战略中至关重要的一环。例如，中国高铁有着性能优越且价格相对低廉的特点，在发展中国家市场中有可观的市场潜力。"一带一路"沿线地区以及非洲、拉美、东欧等许多地区，基础设施落后，吸引投资的需求旺盛，而中国国内存在着产能过剩、内需不足的问题，以企业集团为代表的优势产能进入这些市场可以实现"双赢"的结果。《中国制造2025》明确提出把跨国经营能力作为下一步培育中国本土的跨国公司的重要方向，包括要提升本土化能力，即要融入当地的社会，企业"走出去"后要本土化，在法律、文化、习惯等方面与当地融合，包括培育一批全球化的人才来支撑我国全球化企业的运营。值得注意的是，企业集团向海外市场拓展必须尊重市场规律，以海外客户需求为最大考虑，以适应市场、提高竞争力为优先点，深入了解对方国家的政治与社会形势，注重与所在国民众建立起良好关系，树立起企业责任意识。在推进中国企业国际化发展过程中，充分发挥企业集团的率先和引领作用，尽快形成符合国际化规则的企业投资和评价体系，鼓励、支持企业集团作为主导，带动其他所有制经济主体共同"走出去"，协同发展。

要锻造企业核心竞争力，除了依靠自身努力、不断坚持自主创新外，还需加快"走出去"步伐，与国外先进科技研发机构、企业强强联手，以进一步开阔眼界，更好地开拓市场。同时通过引进、吸收再创新，不断突破关键技术，进一步提升在本行业内发展的主导权和话语权。"中国制造"转型升级，加速"走出去"，实现在国际产业链中的战略地位，从而在国际分工中能够处于关键的环节。如表8-7所示，技术国际化是企业集团国际化的另一主要战略。传统企业可以通过利用收购提升研发能力、核心技术能力、强化品牌，提升竞争优势。技术企业和高新技术企业可以通过国际并购，实行研发业务的全球化运作。2014年，中国铁路机车车辆装备制造企业，积极拓展海外市场，从亚洲、非洲到欧美发达国家，从铁路机车、客车、货车、动车组到地铁车辆、有轨电车，从单纯产品输出向产品、资本、技术全方位输出，实现了从低端产品向高端产品提升的历史性转变。技术国际化战略说明，中国企业需要更加关心知识产权，不仅是单项技术，应该更积极布局集成知识产权。"走出去"的中国企业需要将购买的重点从重资产转向以知识产权为核心的轻资产转移。开放合作，就是鼓励制造业企业集团加强对外交流和合作，鼓励制造业企业集团"走出去""引进来"，培育具有国际影响力的制造业品牌，推动重大技术装备国际化发展。

表 8 - 7　　　　　　　　企业集团国际化战略二：技术国际化

主要模式	运作方式和评价	典型代表
高新技术企业通过跨国购并获得技术进入新领域	技术要求高、建设周期长、产品生命周期短、成长性好，尤其是技术进步快的行业企业往往用购并的方式进入新领域	京东方 2003 年跨国并购韩国现代电子液晶部门
传统企业通过跨国购并获得技术提高国内市场竞争力	利用收购提升研发能力、核心技术能力、强化品牌，提升竞争优势	上汽收购双龙、南汽收购罗孚、兖州煤业收购德国一焦炭厂
技术型企业境外建立研发机构不断引进新技术和新产品	自主设立研发机构；收购国内外企业的境外研发部门；与境外具有技术优势的企业、大学、研究机构等合资、合作成立研发机构	中国南车集团株洲电力机车研究所与美国密歇根大学在美国联合成立 ZELRI—MSU 电力电子系统研发中心
高新技术优势企业境外建立研发机构	实行研发业务的全球化运作，包括自建、收购、合资、合作等	中兴通讯在海外建立研发机构

资料来源：国务院发展研究中心企业研究所：《中国企业国际化 22 种模式》，载《新经济导刊》2006 年第 15 期整理。

第9章

企业集团推动我国制造
强国战略的保障机制

发挥企业集团推动我国制造强国战略的顺利实施，离不开体制机制的保障，包括处理好政府与市场的关系、深化科技体制改革、创新人才培养、深化金融体制改革、强化制造业基础建设、夯实制造强国战略的绿色发展基础。同时，建设制造强国不仅是技术创新、知识进步、财富积累的过程，而且是文化演进的过程，因此需要弘扬制造业文化、夯实制造强国战略的软实力。

9.1

处理好政府与市场的关系，培育制造业创新发展动能

世界各国的工业发展史表明，由市场公平竞争过程所决定的优胜劣汰是制造业持续发展和走向整体强盛的必要条件[①]。企业集团是我国的主导企业组织形式，也是我国实现我国制造大国向制造强国转变的重要微观主体，关键是处理好政府与市场的关系，引导企业集团实现创新驱动的可持续发展。

9.1.1 转变政府职能，更好发挥政府作用

值得注意的是，发达国家希望通过技术进步和产业政策的调整以重获在制造业上的竞争优势等。因而，发达国家"再工业化"战略都采取一系列战略

---

① 金碚：《建设制造强国需要耐心和意志》，载《人民日报》2015 年 9 月 9 日第 7 版。

措施，强调发挥政府职能，这些战略措施中包含的政策具有的共性包括对新兴产业、前沿技术的研发扶持以及对市场竞争环境的优化等。

（1）简政放权，放管结合，创新政府管理和服务模式。

简政放权改革是推进供给侧结构性改革、更好发挥市场在资源配置中起决定性作用的重要内容，是加快转变政府职能、深化行政体制改革的重要举措，是进一步激发市场活力和社会创造力、推动经济社会发展迈上新台阶的必然要求。简政放权，放管结合，创新政府管理和服务模式是转变政府职能、更好发挥政府作用的应有之义。首先，创新型国家的建设需要形成有利于创新的社会环境，政府作为创新活动的重要参与者，除了在公共技术研发投入中发挥引导作用外，其最大的职能在于提供制度保障，营造创新环境。政府应该在法制规范、政策制定、舆论营造中发挥服务型作用。对政府而言，应做到不缺位、不越位，营造经济运行的良好制度环境，提供公共物品和服务。放手让企业成为市场化创新的主体，多提供支持，少进行市场干预，才能促使其迸发出强大的经济活力。其次，随着制造业发展的转型，未来我国在制造业产业政策也面临着转型升级。过去我国产业政策是结构性、差异化、选择性的产业政策，如明确鼓励、淘汰、禁止等项目，尤其是鼓励的产业政策有很多与之关联的优惠政策。随着简政放权、政府职能转变的推进，应全面清理取消非行政许可审批事项，放宽"互联网＋"等新兴行业市场准入管制，深入推进政务公共数据源开放应用。未来产业政策要逐步的向普惠性、功能性、竞争性的产业政策转型，建立起普遍的约束机制，如对落后产能，对环境保护的约束会对产业提出更明确的普遍性的约束包括建立公平竞争的环境和机制等。最后，培育企业技术创新主体地位要求政府发挥组织智力资源的能力，创新政府管理和服务模式。为企业提供服务，这是政府服务创新的重要的方式。一是政府要在关键共性技术供给方面发挥更大的作用，我国制造业创新体系中关键共性技术的供给缺位，客观上要求政府弥补企业家在技术创新中的短板，包括建设创新中心、建设创新平台，组织创新资源，为企业开展竞争性的技术开发提供关键共性技术支撑，以及加大研发投入的支持，完善创新基地的政策，强化知识产权的保护和劳动力数字的提升和培训等。二是政府应更加注重营造创新的环境。要搭建创新的公共服务平台，包括创新体系的建设，检测中心、认证中心、研发设施等创新平台的建设等，积极发挥政府支撑转型升级的作用。建设制造业创新体系（创新平台），提供关键共性技术供给、研发投入支持、创新激励政策、知识产权保护等，同时政府要营造良好的创新创业环境，促进科技中介服务集群化发展。建设科技创新中心，以市场为导向的创新型体制机制，既要减少对企业创新创业活动的管制，也要加强政策对创新的引导和支持。三是政府应支持企业发展联盟标准并促进国际标准的转化，以提高带动制造业的整体发展。联盟标准是由某一行业或某一产业内的成员自愿形成，为了本行业或产业的共同利益，经协商一致而共同制定并执行的标准。中国应围绕当下占据国际制造业份额较大的优势产业，鼓励优势企业发展联盟标准，并支持其转化为国际标准，以掌握制造业行业的国际话语权①。同时应吸收更多的企业参与制定国家技术创新规划，并且吸纳更多专家和企业家成立相关专家咨询组。特别是研发投入政策要一以贯之，要使我们国家真正形成一些具有影响力的产业、技术研发集团，在重大方向上和重大领域支持企业发展联盟标准并促进国际标准的转化。

（2）培育法治、诚信、公平的竞争环境。

培育法治、诚信、公平的竞争环境是中国制造业发展的核心，创新驱动发展处于中国制造强国战略的核心位置。实现这一战略目标，重中之重是培育法治、诚信、公平的竞争环境。在新的发展阶段，企业集团投入资金研究和开发具备自主知识产权的技术，再将技术转化为产品，再成为具有市场竞争力的产品，整个过程需要技术转化和转移的畅通机制、成熟的人才市场、公平的市场环境、诚信的交易体系等，而这些是当前中国制造业的短板，应充分发挥市场在资源配置中的决定性作用，激发制造业发展活力和创新动力。必须通过建设更加完善的创新制度体系和市场环境，强化知识产权保护，显著提升对知识创新的保护水平，改善企业创新发展的政策环境，才能培育企业集团的核心竞争力。这要求真正放开市场准入，鼓励社会资本进入制造业领域，同时政府要提供配套政策和政策引导，鼓励企业在制造业领域的创新发展。中国制造业发展的知识产权保护应该得到极大的加强。另外，强化我国制造业质量治理能力也亟待培育法治、诚信、公平的竞争环境：首先，我国质量公共服务具有较大提升空间；其次，质量领域的改革能够为经济增长带来巨大的增长效应。制造业质量竞争力是继续保持中国制造业中高速增长、向中高端水平迈进的重要抓手，良好的质量治理在当下中国劳动力

---

① 杨芷晴：《世界主要国家制造业的质量竞争力测评》，载《财政研究》2015 年第 9 期。

成本上升、产品附加值低的背景下，对于制造业质量水平的提升意义重大。2014 年消费者对于政府质量公共服务的评价为 56.93 分，年度变动 1.5 个百分点，相对于质量安全、质量满意以及公民质量素质而言是最为稳定的一个领域，这表明我国正在进行的质量治理的改革（如取消不必要的质量审批、加大对消费者的保护等）已经具有积极的效应。政府质量公共服务的改进，可不断地释放出新的市场活力。研究表明，质量公共服务对于 GDP 增长的弹性约为 0.16，因此，若质量公共服务得分能在现有的基础上提升至 70 分，可拉动 GDP 增长 2.09 个百分点，即约 1.33 万亿元。因而，质量公共服务的提升是我国未来最为重要的"改革红利"[①]。

9.1.2　围绕制造强国战略培育适宜的市场竞争环境

培育具有自主创新能力和有较强竞争能力的企业集团，必须围绕创新驱动加快构建适宜的市场竞争环境，包括打破行业垄断和市场分割、放开要素市场特别是能源市场价格，以及发挥市场在供给侧结构性改革中的决定性作用等。

（1）打破行业垄断和市场分割。

如表 9-1 所示，从我国制造业行业研发投入强度和利润率指标来看，由于存在资源价格扭曲、市场竞争不充分等制度因素，石油和天然气开采业、有色金属以及黑色金属、煤炭开采和洗选业等资源性、垄断性行业利润率长期在两位数以上，与此同时工业企业平均利润率只有 5% 左右。市场竞争能够显著影响企业创新活动的效率，在市场竞争程度比较高的行业，企业的前沿技术进步明显快于高度垄断行业中的企业；市场竞争程度的增强，能够使相同的科技经费投入带来更多的新产品销售收入和发明专利；市场集中程度的提高并不能提高企业创新活动的效率，反而因为缺乏竞争降低了创新资源的利用效率。目前，我国一些行业仍然通过行政管制维持着高度的垄断，使在位的企业缺乏竞争压力，这不仅造成了静态低效率，也导致有限的创新资源难以发挥更高的效率。

---

① 《报告：中国制造业产量全球第 1 整体竞争力仅第 13》，网易财经，2015 年 4 月 24 日。

表 9-1　　　　若干行业研发强度与利润率对照表（2010 年）

行　　业	研发投入强度（%）	利润率（%）
石油和天然气开采业	0.87	28.55
有色金属矿采选业	0.36	18.23
黑色金属采选业	0.11	17.70
煤炭开采和洗选业	0.64	15.81
医药制造业	1.79	13.28
专用设备制造业	2.04	9.40
交通运输设备制造业	1.31	9.35
通用设备制造业	1.56	9.01
电气机械及器材制造业	1.60	8.06
化学原料及化学制品制造业	1.00	7.74
通信设备、计算机及其他电子设备制造业	1.41	5.07

资料来源：根据公开资料整理得出。

　　我国市场化改革还远远没有完成，就产业部门而言，我国资源性和涉及资源的产业（如石油、天然气、矿业和房地产开发）、具有天然垄断属性的产业（如电力、电信、铁路、银行等部门）、有公共产品属性的产业（如医疗、教育、文化和传媒等），市场化程度较低，由于市场竞争不足，特别是资源型企业集团增长方式仍然比较粗放，竞争力有待加强。对垄断行业应该进行进一步的市场化改革，建议对于资源性行业征收适当的自然资源使用税以及鼓励电力、金融和通信等行业的准入和竞争。在市场化改革过程中，对垄断行业要实施合理的制度规范和政府监管，既要打破垄断资源，减少市场扭曲和负的外部性，更要减少政府行为的盲目性，降低改革的风险与成本，因此增加规范过程的透明度以及强化社会监督都是必要的。《中国制造 2025》很大程度上就是依靠创新，应该说创新是中国制造的不竭动力。创新要清除些障碍，如现在地方设置地方保护主义的、不当补贴的，还有前端性审批性准入门槛太高的，都要清除，要为科技成果的转化提供强大的支撑。推进国有企业改革，打破垄断，推行政企分开；推动国内统一市场的建设，打破各种资源流动尤其高层次人力资本流动的制度障碍，解决资本市场、要素流动、基础设施、信息等领域的割裂问题；打破行政干预所导致的横向、纵向经济分割，切实发挥经济网络的集聚、关联效应，增强城市化的空间配置效率，疏通知识部门和知识过程的分工深化、创新外溢渠道。

（2）形成要素价格"倒逼"创新的机制。

经济发展过于依赖能源消耗的背后，是资源价格体制的长期扭曲。能源价格是决定能源需求的最基本变量，能源价格上涨必然会使能源需求下降，逼迫高耗能企业通过技术改造等手段降低自身能耗，促进节能减排和产业结构调整。扭曲的价格，既不能真实反映产品市场需求，也不能反映资源的稀缺性，只会导致资源的错误配置，要加快仍然没有放开或理顺的能源产品价格改革，让能源要素市场真正发挥调节配置资源的功能。应进一步通过减少审批，开放市场准入，打破由特许经营权形成的垄断，增进市场竞争性。由审批形成的垄断，会限制资源进入。只有完全市场化的产品价格，才能真实反映产品的需求。更高的需求会有更高的价格，从而激励企业更多地生产；而需求萎缩，必然导致价格下跌，迫使企业退出特定行业。同样，只有市场化的资源价格，才能真实反映资源的稀缺性，企业的成本也才能真实地反映对资源的耗费。资源越是稀缺，价格越高，会迫使企业通过技术升级，提高管理水平，降低资源耗费及成本，甚至退出高资源耗费、低产出效益的行业。即使一个行业供不应求，由于限制了进入，供给不足也会长期保持，并在供不应求中维持垄断产品高价格和垄断者的高收益。通过产业结构的合理调整，将资源集中于能够更好地满足人们需要、技术先进、资源耗费小的行业及企业，就意味着既定资源能够满足社会成员更大的需要，这只会增进人民的福利，推进实质性的经济增长[①]。

（3）发挥市场在供给侧结构性改革中的决定性作用、同时更好发挥政府作用。

中国制造业面临着前所未有的挑战和机遇，表现为我国要素成本逐步提高，传统比较优势逐步减弱，这就要求我国从供给侧发力，加快产业结构转型升级，培育建立在新比较优势基础上的竞争优势。我国传统产业特别是一些重化工业存在产能过剩的现象，在"去产能"的过程中要充分发挥市场在供给侧结构性改革中的决定性作用。首先，在产业结构升级过程中，地区、行业、企业会出现越来越明显的两极分化现象。从资本市场可以看到，很多高成长企

---

① 杨晓维：《让市场机制在产业结构调整中起决定性作用》，载《光明日报》2015年5月27日第15版。

业最近几年年均增长都是超过 100%，同时我国一些传统的行业、落后的产业正在经历增速下滑。新旧企业此消彼长的这个过程，必然会增加经济增长的波动。因此要顺应新旧产业发展的客观规律，保持战略定力。其次，要为新产业和新企业的成长创造宽松的环境，要为旧产业和旧企业提供顺畅的退出机制。结构性产能过剩则是由于体制和模式原因而产生的大范围、长时间的产能过剩，这种产能过剩危害更大，是我们要重点关注和解决的对象。本轮产能过剩部分表现为周期性产能过剩，但主要表现为结构性产能过剩。尤其是对一些没有发展潜力的僵尸企业，要推动其市场化的淘汰，要释放出紧缺的要素资源。在政策执行上面要做一些更长远的考虑，对于不符合市场需求的，没有发展潜力的，该淘汰的、消亡的企业就要让其消亡，才能把有限的资源释放出来，为新生产业、新的业态、新的增长点的发展提供更充足的支撑。去产能可以倒逼地方、行业、企业加快发展高附加值、符合产业转型升级方向的新产业，真正依靠技术进步，提升人力资本，推进信息化等来提升产业发展的质量和效益，从而为打造中国经济升级版提供强大动力。去产能的根本出路在于深化市场化改革，让市场在资源配置中发挥决定性作用。一是让市场主体真正按照市场规律和市场需求组织生产；二是推动价格机制改革，实现生产要素价格的完全市场化，避免不合理的价格信号对产业发展带来错误诱导；三是引导政府切实转变职能，尊重市场规律。在去产能过程中还要发挥好政府的作用，要在转变政府职能的前提下，做好如下几方面的工作：首先，要加快完善相关法律法规，使去产能有法可依、有章可循；其次，要加快制定和完善相关的行业标准，特别是技术标准、质量标准、能耗标准、环保标准、安全标准，通过提高标准引导企业主动淘汰落后产能；再次，要制定合理的财税、金融、土地政策，做好基本的社会保障工作；最后，要加强协调与管理，妥善处理好去产能中面临的各种复杂问题。

9.2

深化科技体制改革、完善以企业为主体的技术创新机制

近年来，中国研发经费投入总量呈不断上升趋势，先后超过英国、法国、德国和日本，成为仅次于美国的世界第二大科技经费投入大国，研发经费投入

总体符合我国经济社会发展的基本要求和阶段状况，但与发达国家比较，中国研发投入的效益还有待进一步提升。中国的研发经费支出和研发人员数量都已经全球第二，如何将海量创新资源投资转化成相应的创新能力是建设制造强国迫切需要解决的问题，应深化科技体制改革，完善以企业为主体的产业技术创新机制，实现制造业创新驱动的可持续发展。既要依靠科技创新，使创新成果大量涌现；也要抓住工程科技创新成果工程化产业化这个关键，深化科技体制改革，以改革释放创新活力，瞄准突破口和主攻方向，着力攻克一批关键核心技术，不断提升自主创新能力，努力占据占领制高点。打通科技成果转化通道，真正实现科技创新引领支撑产业发展，真正把创新驱动发展战略落到实处，实现从科技强到产业强、经济强、国家强。

党的十八大提出企业是创新的主体，强化企业作为技术创新主体的地位，并且要由企业来牵头成立产、学、研创新协同机制。我国企业70%的研发费用来自政府。在我国的28000多家大中型企业中，仅有25%的企业拥有自己的研发机构，其中不少还是政府部门"指定"挂牌的，75%的企业没有专职的研发人员。在西方主要工业国，公司用于研发的费用往往占利润的3%以上，苹果公司甚至达到8%～10%，而中国公司的平均值是1%。2011年，我国企业平均研发投入超过3%的城市只有深圳。从创新者队伍来看，我国研发人员并不少，但主要在科研机构，不在企业。据统计，我国科技人员有3800多万人，研发人员有320多万人，均为全球第一。但企业研发人员过少，且缺乏科研投入积极性。美国80%的工程师和科学家在企业，我国只有20%多一点的工程师和科学家在企业。据估算，美国大约70%的研究和开发支出是由私人企业进行的，这种支出大多被纳入企业的日常活动，由此可见常规创新起着非常重要的作用。从专利结构来看，美国批准授予的专利中大约60%来自企业，剩下的大约40%由独立的发明者获得。公司研发在研发领域占了很大比例，而且已经将研发变成一种制度化行为。我国亟待重构社会创新的微观基础，让研发资金更多地来自企业或市场而不是政府；要从制度上保障我国科技人员进入企业是最有利的，并从制度上引导企业家投身到生产性和创新活动中去。在美国经济学家鲍莫尔看来，企业家才能的配置是理解企业家活动对经济繁荣贡献的关键。他认为一个制度及组织方式会影响企业家才能在生产性活动和非生产性活动之间投入的比例，不同的制度环境决定了不同企业家活动类型的报酬前景，进而影响到企业家对经济繁荣作出的贡献大小①。企业、政府办科研院所、高等学校是中国研发活动的三大执行主体，强调企业是制造业创新的主体力量，实施创新驱动发展战略，必须突出技术创新的市场导向机制，构建以企业为主体的高效协同的制造业创新体系，就是要完善以企业为主体的技术创新体系，推进企业与研究机构、上下游配套企业协同的创新，着力解决制造业企业产品从研发、设计、制造、配套、应用、服务环节中各类环节问题。形成大学开展出色的科学研究，科研机构通过技术研发建立桥梁，创新性的企业生产新产品的可持续的制造业发展模式。

创新体系是创新驱动的载体和链条，让科学研究成果转化成现实的生产力，从创新体系角度，制造业的创新可以分成基础研究、应用研究和产业化阶段等三个主要阶段。世界各国都着眼于应对危机、掌握发展主动权，从各自发展的阶段和需求出发，通过建设国家创新体系对产业科技、国家科技与学院科技进行合理的布局和统筹安排。产业科技是发明和技术创新的主战场，在需求拉动下，其通过市场机制配置各种资源，直接对经济增长作贡献；国家科技主要以国家利益与社会公益需求为驱动力，实施国家战略层面的研究计划、大科学工程等，提升国家科技竞争力；学院科技在兴趣与好奇心的驱动下为社会贡献新知识，源源不断地为经济增长和社会造就人才②。把基础理论转换化为产业化开发的产品是制造业发展的关键环节。世界主要发达国家对制造业创新体系非常重视，如美国制造业企业创新能力非常强，但美国政府为克服制约创新的薄弱问题，加快前沿的基础科学领域的研究成果向产业化领域的转移转化，奥巴马政府制定的国家制造业创新网络计划提出构建45个国家制造业创新中心，美国计划通过这些创新中心来把美国制造业领域的相关科研机构、大学、企业、高校组织起来，瞄准未来的产业技术方向进行技术突破，形成技术的解决方案。加快推动科技创新、技术进步、促进科学研究以及技术专利发明等科技要素，紧紧依靠一系列的制度创新过程，转变成为巨大的产业化、市场化和商业化的创新发展和升级过程。要把科学研究、技术发明、专利成果等潜在的要素变成一系列的创新过程，包括技术创新、产品创新、要素创新、管理创新、市场创新等一系列新的生产函数的变革。

基础成果转化率不高的问题是我国制造业的薄弱环节，目前中国的专利申

---

① 卢现祥：《创新主体：政府还是企业》，载《光明日报》2015年3月25日第15版。
② 中国科学院：《科技发展新态势与面向2020年的战略选择》，科学出版社2013年版，第12页。

请量已经处于全球首位，但依然面临转化率低的窘境，表现为部分专利落地难，产学研协调欠佳。解决这个问题在于加快我国科技成果向产业化转化的效率，提高转化率，打通转化的通道。加速我国科技成果向现实生产力转换就是要加快建立和完善我国的制造业创新体系，建设国家制造业的创新中心是我国的重要路径和抓手。国家制造业创新从某种方面也借鉴了美国国家创新网络的一些思路，我国制造业创新中心的定位就是产学研用协同创新平台，即围绕重点领域的关键技术，组织相关领域的科研力量，开展联合攻关，研究和提供系统性的技术解决方案，开展技术成果转化，并培养一批理论与实践有机结合的工程型人才，为企业开展竞争性的技术开发提供强有力的支撑。这一创新平台就是为企业产业化的开发提供所需要的基础性的技术支撑，同时打通基础研究和我们的最终的产业化开发之间的通道，加速科技成果的转换。模式：我国创新中心不是复原原来的全国性科研院所，而是要采用一些新的模式，如 PPP 模式，也就是说政府和社会力量共同来建设，可以发挥更多的社会资本的力量来参与创新中心的建设，整合我国的优势资源。载体：除了国家层面外，我国一些创新资源比较密集的区域如上海、北京、深圳这样的一些区域也可以试点建设本区域内部的制造业的创新中心，围绕本区域的战略重点和方向，依托于现有的研究院所、高校、重点企业等机构创新资源，采用 PPP 等新的机制和模式，探索建立区域性的创新中心来推动区域内的产业发展及提供技术的支撑。

我国在创新驱动方面，首要应着力推动的就是制造业创新能力建设和创新中心建设，这是《中国制造 2025》提出的重要举措。建设制造业创新中心，就是要整合创新资源，利用产业联盟等形式加强共性技术的研发，提高创新能力。把大学、科研机构、实验室及其研发投入等潜在的创新要素转变为创新活动和创新过程。在一定意义上说，"科技创新"中最缺乏的是"创新"机制。因此，建设科创中心的关键是培育创新机制，即培育各种创新要素能够按照市场机制进行资源配置，促成内生性地发生一系列创新的过程。这个过程既是技术创新过程，也是制度创新过程，更是新的商业模式发生和创新过程。同时，要进一步完善政策体系，引导市场主体、科研院所、高校等加大研发投入力度，提高资金使用效率；深化科研院所分类改革，健全鼓励企业主体创新投入的制度，强化企业家在推进技术创新和科技成果产业化中的作用，完善科技成果转移转化机制。同时，要深化科技体制改革，去行政化、强市场性，为更好利用市场机制配置研发资源创造条件，确保研发投入的针对性、及时性、有效性，充分发挥科技创新对经济转型升级的支撑和引领作用。通过加快科技成果使用处置和收益管理改革，扩大股权和分红激励政策实施范围，完善科技成果转化、职务发明法律制度，都将使创新人才分享更多成果收益，真正拓宽公众创新空间，为创新驱动发展提供了广阔的社会基础。

9.3
创新人才培养、夯实制造强国战略的人才基础

基于对我国现有中国制造业人才结构、人才需求变化的考虑，《中国制造2025》强调人才为本，把人才队伍建设作为制造强国的战略的一项基本方针，提出强化创新性人才，技术、技能人才和企业家队伍等三类人才队伍建设。提到这样的高度实际上是提出来的。加强人才队伍建设是制造强国建设的紧迫任务，人才队伍建设是我国实现制造业由大到强最薄弱的"瓶颈"环节必须创新人才培养、夯实制造强国战略的人才基础。

9.3.1　制造业人才培养为本

建设制造强国离不开创新人才的培养。实现《中国制造2025》的宏伟目标，需要创新人才培养机制，亟待众多文化素质高、技术精湛的优秀工程师和技术工人夯实人才基础。随着我国劳动年龄人口绝对数量开始下降，我国逐步走向人口红利减弱阶段。从劳动力素质来看，我国制造强国战略智能化的制造、绿色化的制造、服务化的制造等新的制造模式和方向对制造业的人员素质也有大幅度的提升要求，如智能制造人才需要着力培养信息技术与行业技术相结合的综合型技能人才。未来对高技能劳动力的需求不断地提升，对我国劳动力的结构、劳动力的整体素质提出了更高的要求。数字化、自动化装备的加快应用，对一般性劳动的替代逐渐显现，对高技能劳动力的需求不断提升，劳动力面临结构性短缺。制造业工人的地位、人们的理念和认识等，对高素质人才进入制造业会产生不利影响。中国实现制造强国的战略目标，离不开中国教育的持续改革与发展。中国大学教育一方面需要从精英教育过渡到普及性教育，为高端制造业的发展和服务业的发展培养合格的劳动者；另一方面要成为培养

创新型人才的摇篮，否则就难以为经济转型提供创新动力和人才支持。我们不仅需要领军型人才，也需要大批技能高超的技工队伍，缺一不可。近年来，高等工科院校的培养计划有轻视实践的倾向，实践环节有所削弱。同时，教师队伍的评价体系则片面重视论文发表忽视解决工程实际问题的能力①。我国大中专学生的就业很大程度上倾向于金融、财会、法律等高收入的服务行业，包括很多工科毕业的学生没有进入制造业里面来，这样的现状使我国对未来制造业人才的培养有急迫的需求。要实现《中国制造 2025》的目标，必须把人才作为建设制造强国的根本前提，加快培育制造业发展急需的经营管理人才、专业技术人才、技能人才、努力实现从人力资源大国向人才强国的转变，走人才引领的发展道路。应将培养优秀工程技术人才作为中长期战略发展一项重要内容，给予高度重视。国家应当引导以传统工科专业为主的名校创新办学理念，发挥自己的传统学科优势，科学合理地设置课程，理论联系实际，办好传统工科专业，培养顶级的优秀制造业工程技术人才。

9.3.2　创新制造业职业教育模式

我国制造业的薄弱环节之一是产品质量要素生产效率偏低、高质量的职业技术工人匮乏。随着我国制造业智能化生产的普及，工业机器人价格的降低，根据波士顿咨询公司 2014 年的研究成果，在已实现自动化的制造业（如汽车和其他运输设备、电脑、电子产品和电器设备等），约 85% 的工作可能会由机器人替代，人口红利的消失对职业工人的供给提出了更高的要求。高职教育已成为我国制造强国战略的重要支撑力量，高素质的技术技能人才是实现我国制造业由大变强的重要保障。

制造强国一定是人才强国，各个国家都十分重视制造业人才的培养。对产品精益求精的"工匠精神"根植于以制造业见长的德语区国家。产品质量的背后是高素质的人才。双元职业教育模式也是德语区国家的共性，这一职业教育模式为制造业和服务业输送了大批高质量的劳动力。德国拥有较强的研发创新能力和完善的职业教育体系，长期坚持并推广双轨制教育，即学徒制，培养了众多高素质的技术、技能型人才，打造了具有工匠品质的"德国制造"。德

---

① 柳百成：《"中国制造 2025"建设制造强国之路》，载《光明日报》，2015 年 3 月 20 日第 10 版。

国稳定的职业教育体系为德国制造提供了源源不断的高素质的熟练劳动力，形成利于工业发展的良性人才培育格局。德国有众多优秀的传统综合性大学和工业大学，传统综合性大学致力于纯学术领域的研究，工业大学则专注于理工科专业，有着优良的治学条件，培养了一批又一批高精尖技术科研人才。更重要的是，德国独特的"双轨制"教育体系使一些没有经过传统大学学习的年轻人能够接受良好的职业教育。企业与学校合作办学，企业为"一轨"，学校则是"另一轨"，这些学生在学校接受职业理论学习和文化教育，同时以"学徒"身份在职业岗位上接受职业技能培训和实践。"双轨制"职业教育将传统的"师傅带徒弟"的培训方式与职业教育理念相结合，通过学以致用实现职业与实践的无缝对接。如今，差不多2/3的德国年轻人通过2～3年的双轨制职业教育体系后进入各行各业，为制造业培养了大批人才。他们勤奋、专业，熟练掌握维修、组装、操作等制造业必备技能，成为奠定"德国制造"这一响亮品牌的基础，他们的社会地位也丝毫不因"蓝领"的身份而受到歧视①。

　　面向经济社会发展和国际竞争大局，我国应将职业教育摆在更加突出位置，加大支持力度，纳入总体规划。为此，我国一方面应促进技能型劳动力供给，提高制造业质量要素的生产效率。当下，中国的制造业质量要素生产效率集中表现为而随着中国需要进一步放宽职业技术毕业生的落户条件，并在公租房供给、公共教育、公共医疗等方面也应向技术工人倾斜。要创新人才培养模式，重视培养崇尚劳动、敬业守信、创新务实等职业精神和"匠人精神"，鼓励企业参与人才培养全过程，形成行业企业等多方深度参与的质量评价机制。促进绝大多数高等院校由研究型教育向职业教育转型，以培养操作性人才为己任。大幅缩减一些实用性差、内涵少的专业招生规模。加速与企业的紧密联合，形成产学研一体化培养模式。加强中等专业技术学校的建设。特别是在农村城镇化建设进程中，充分发挥中等专业技术教育的优势，并与国家职业技术专业等级鉴定相结合，大力培养优秀专业技术工人。在教育条件发达地区，可以借鉴德国的做法，将中等专业技术教育由普通职业教育转为普通高等教育之后的继续教育平台。新时期，国家应当引导全社会重视技术工人的生存状态。制定相应的激励政策，完善对技术工人的评价机制，提高优秀技术工人的生活福利，吸引更多的优秀技术人才。建立职业教育体系，为工业发展提供源头活

---

① 田园、柴野：《德国制造：打造精密而安全的世界》，载《光明日报》，2015 年 12 月 15 日第 12 版。

水。同时推动职业教育法修订工作，进一步完善配套法律法规和政策，努力形成职业教育可持续发展的制度标准体系。要统筹好政府和市场的关系，鼓励社会力量参与和举办职业教育，大力弘扬劳动光荣、技能宝贵、创造伟大的时代风尚，形成"崇尚一技之长、不唯学历凭能力"氛围，让尊重和发展职业教育在全社会蔚然成风。

9.4

深化金融体制改革、夯实制造强国战略的金融基础

改革开放 30 年来，我国经济增长表现为投资驱动型的经济增长，经济增长源泉主要表现为技术引进的"干中学[①]"。如表 9-2 所示，支撑这一阶段经济增长的金融体制是政府主导型的金融体制，即国有银行信贷主导的企业投融资体制。随着我国经济发展阶段的演进和经济增长源泉的改变，我国金融体制也面临进一步深化改革，其中包括促进我国企业集团的绩效源泉向技术进步和自主创新转变，从而推动企业集团的未来健康发展。实现中国制造强国战略目标，需要发挥金融体制改革对制造业由大到强转变的推动作用。一方面要在财政金融体制方面建立鼓励企业集团提升自主创新能力、强化核心竞争力的金融环境；另一方面，要尽快建立多层次资本市场体系，发挥金融市场对制造业企业发展的支持作用。

表 9-2　　　　　　　　　我国经济增长源泉与相关金融体制

经济增长源泉	经济增长决定因素	金融体制提供信贷支持
"干中学"	社会总投资规模	政府主导型金融体制即国有银行信贷主导的企业投融资体制
技术进步	知识生产数量	更加市场化的金融投融资体制，实现资本的有效配置

资料来源：根据刘霞辉、张平、张晓晶《改革年代的经济增长与结构变迁》第 280 至第 289 页内容整理所得。

我国目前金融市场的发育程度还远低于产品市场的发育程度，虽然近年来

---

① Arrow（1962）定义"干中学"为：技术和知识的积累既可以通过以往的生产经验，又可以通过外部的学习来进行。

非国有金融机构有了相当发展，但几家大型国有控股银行占有的市场份额仍然过高。信贷资金的分配仍然在某种程度上受非市场因素的制约，金融业的市场竞争还很不充分①。正如案例分析显示，企业集团的纯规模扩大型的并购和投资行为正是由于其资金优势，研究显示占企业总量 0.5% 的大企业拥有 50% 以上的贷款余额，户均 4.42 亿元，而创造我国 GDP 的 1/3，占企业总量 88.1% 的中小企业其贷款余额不足 20%②。而 90% 的中小企业智能制造实现程度较低的原因在于，智能化升级成本抑制了企业需求，其中缺乏融资渠道影响最大。年收入小于 5 亿元人民币的企业中，50% 的企业在智能化升级过程中采用自有资金，25% 为政府补贴，银行贷款和资本市场融资各占 11%。而企业收入规模大于 50 亿元人民币的企业，其智能化升级资金来源于自有资金占 67%，银行贷款占比 25%。整体而言，中小微型企业的银行贷款比例低于大中型企业，占企业数量绝大多数的中小企业只能依靠自有资金进行智能化改造。

当前，我国经济发展进入新常态，我国经济增长动力正处于转换期。"干中学"的经济增长阶段已经结束，亟待培育技术进步等新的经济增长源泉。当"干中学"为技术进步等新的经济增长源泉所替代时，国有银行信贷主导的企业投融资体制及其所形成的信贷集中性均衡并不能有效地为新的经济增长源泉提供信贷支持。在人口老龄化和对外开放程度不断提高的共同压力下，缺乏市场化的企业投融资体制将严重制约对企业创新提供充分的长期资本支持，无法促进技术进步推动的经济增长。这就对实现企业投融资体制市场化转型提出了迫切要求。只有构筑更加市场化的企业投融资体制，才能有效地提高资本配置效率，顺利推进资本化进程，激励企业创新投资，实现经济增长范式由"干中学"和投资推动的"汗水经济"向主要由技术进步推动的创新经济转变③。要使我国企业集团的绩效源泉转移到技术进步上来，必须要实施金融体制改革，构建更加市场化的企业投融资机制。一是加速发展包括企业债在内的债券市场，稳步发展资本市场，激励资本市场对企业创新投资提供充分的长期资本支持。二是探索市场化的金融监管机制，促进资本市场的规范和发展。形成市场化的监管机制是

---

① 樊纲、王小鲁、朱恒鹏：《中国市场化指数——各地区市场化相对进程 2011 年报告》，经济科学出版社 2011 年版，第 255 页。

② 张明芳：《中小型科技企业成长机制》，经济科学出版社 2011 年版，第 21 页。

③ 刘霞辉、张平、张晓晶著：《改革年代的经济增长与结构变迁》，格致出版社 2008 年版，第 285 页。

由国有银行信贷主导的企业投融资机制向更加市场化的体制成功转变的核心内容，其本质是发展市场化的金融监管体制，扩大强制性信息披露范围和保证信息披露的真实性要求，实现对投资项目融资成本的差别化定价。三是增加金融业的市场竞争，改善中小金融机构的发展环境，特别是取消现行政策中对于中小银行的歧视性规定，创造公平有效、充分竞争的市场环境，促进中小银行持续健康的发展①。从而推行更加市场化的金融投融资体制，实现资本的有效配置，在引导企业集团自主创新导向的同时，把企业集团成员加入集团的动机引导到获取集团研发、营销和商业模式等优势上来，减少为获取资金支持的动机，实现集团成员和企业集团之间的优势互补和资源的优化配置。四是调整财政资金的使用方式。未来技改工业强基方面，财政资金要更多地从过程性的补贴，转向事后补贴、目标奖励、风险补偿。《中国制造 2025》对此做出明确，如过去激励创新的政策主要是政府加大研发投入，未来我国在加大企业研发项目支持的同时，会更多地通过研发投资的加计扣除、企业固定产投资加速折旧等，包括首台套设备的保险补贴等建立更加普惠性的积极创新的政策，激励各行各业的企业积极实施创新活动。在财政领域，《中国制造 2025》明确指出，要推动财政资金向高端装备、技术改造等方面聚焦；在金融方面，鼓励制造业重点领域的大型集团开展产业和金融结合的试点。五是对社会资金的撬动。政府需要加大投资，但我国未来的资金要更多地撬动社会资本，如产业投资基金、集成电路基金、中小企业基金、新兴产业创新投资基金等，以及 PPP 等投资模式的设立等政府资金使用模式、使用方式的新的变化，从而发挥政府资金的杠杆作用，共同形成合力来推动产业的发展。政府的作用在于发挥其"四两拨千斤"的杠杆效应，实现有限财政投入 + 撬动倍加银行贷款 + 带动更多社会资金跟进。六是着力拓宽企业的融资渠道。首先，要推动支持制造业企业开展贷款和租赁资产的证券化试点。其次，支持大型制造企业集团开展供应链金融。支持一批有实力的龙头企业依托自己的资本优势对产业链的上下游开展融资服务。一方面可以缓解我们企业融资难的问题；另一方面也为大型企业向服务化转型，提升自身价值链提供了很好的路径和方向。七是推动科技与金融紧密结合，支持各类研发创新机构发展，搭建各类创新成果转化平台、创新企业融资平台，大众创新平台，创新风险保障平台，强化对科技创新中心建设

---

① 张明芳：《中小型科技企业成长机制》，经济科学出版社 2011 年版，第 146 页。

的法治保障，进一步营造大众创业、万众创新的浓厚氛围。加大金融供给侧结构性改革，实现科技创新与金融创新的完美融合，更好地支持实体经济发展、服务国家创新战略，推进经济产业结构转型，提高我国经济增长质量。

9.5

强化制造业基础建设、夯实制造强国战略的基础环节

产业共性技术研究是应用研究的基础，是从基础理论研究成果转化为最终的企业技术开发的重要环节。我国当前亟待建设共性技术创新平台、补齐共性技术缺位的短板。同时，随着信息技术和传统制造业融合度增加，实现智能制造需要强化信息基础建设、夯实我国智能制造的基础环节。

9.5.1　建设共性技术创新平台、补齐共性技术缺位的短板

如表9-3所示，我国目前的共性技术创新体系实际上面临着缺失、不到位与现实需求脱节的突出问题，有利于产业共性技术创新的市场环境没有形成。成果共享是我国科技成果转化率低的一个重要原因，如前所述，就是因为全行业服务的共性技术缺位。以国际公认的技术成熟度标准来分析，既不可能要求高校完成从技术原理到全部产业化的研发任务，也不可能要求企业的研发从技术原理起步。我国产业创新体系创新主体缺失，集中反映为共性技术平台的缺失。由于共性技术在经济上表现为公共产品，完全依靠市场力量很难从根本上解决共性技术供给不足的问题。因此，政府的主要任务是要在基础研究与成果产业化之间架设起桥梁，建立为全行业服务的重大关键共性技术创新平台或国家制造创新研发中心。共性技术创新平台应是独立的、非营利的，能为大中小企业服务，并兼有工程人员培训的功能。共性技术创新平台可以由原有的行业研究院所或国家工程实验室等机构重新整合而成，也可根据工程科技的新发展，如数字化制造、智能制造等试点建立一批新的先进制造创新平台①。

---

① 柳百成：《"中国制造2025"建设制造强国之路》，载《光明日报》，2015年3月20日第10版。

表 9-3　　　　　　　　我国产业共性技术创新体系存在的主要问题

产业共性技术研究缺失	我国很多领域关键共性技术研发缺位，共性的、基础性的共性技术具有风险大，周期长的特征，仅靠企业力量难以承担
产业共性技术创新的资源分散，点多面广	我国重点实验室、工程实验室的创新资源相对分散，缺乏组织机构整合打通我国产业发展的技术路线，围绕产业发展的共性问题进行整合研究、形成我国的技术解决方案
产、学、研合作的良性互动机制没有形成	产业共性技术研发与供给之间存在脱节的现象，研究和市场需求之间存在脱节的问题
技术市场发育相对落后	由于缺失产业技术市场这一中间环节，很多技术成果没有转化成现实生产力。同时也没有有效的技术市场及时、准确、高效地估算出产业技术的市场价格，导致资本市场交易和向制造业产业层面推广和应用的困难

资料来源：根据公开资料整理。

　　根据经济学"外部性"理论，政府需要在科学研究和创造的初始阶段加大各类投入，积极支持各类研发活动的开展，这是发达国家政府研发投入促进创新的重要成功经验。2012 年 3 月，美国政府提出"国家制造业创新网络"计划，将投资 10 亿美元在制造工艺、先进材料及其加工工艺、高效能技术及其平台以及具体应用 4 个优先领域建设 15 个国家先进制造创新研发中心。美国于 2012 年 8 月 16 日优先启动设立国家增材制造创新研究所，此研究所由超过 80 家企业、9 个研究型大学、6 个社区学院和 19 个非营利性机构共同构建。同时，科技创新离不开体制机制创新。我国先后设立了众多的科技研发机构，如国家工程实验室、国家工程研究中心等。但是，技术创新体制仍有待完善，特别是大院大所改制后造成的共性技术研发缺位问题远未解决，也造成了技术创新链上的错位。其次，应鼓励建立名副其实、确有实效的产学研用协同创新联盟。以我国的海洋工程装备及高技术船舶为例，2014 年中国造船厂的完工量达到 681 艘、3630 万载重吨，为全球第一，但造船总值却不如韩国造船厂。我国的造船产品与韩国有一定差距，如以集装箱船、散货船等为主流产品，若能增加海工和高技术的船舶等产品，那么中国的造船产值及附加值将会得到提高。而对于高技术船舶方面，工信部也曾发布过相应科研指南，其中包括重点开展高速天然气发动机、双燃料发动机攻关等，对于船型设计和关键技术的研究、关键配套设备研制、LNG 燃料加注船、极地多用途运输船和超大汽车滚装船等都可做更多探索。如果在以上领域有重大突破，对于我国的整体船舶技术性能和掌握国际船舶话语权，将起到推动作用。

加强基础研究，特别是关键基础零部件/元器件、关键基础材料和先进基础工艺的研究，这是实施创新驱动、提升制造业从中低端向中高端发展的前提。要加强基础，仅靠企业的力量是不够的，需要政府主导、产学研用联合，组成协同创新联盟，建设共性基础研发平台。因此，我国未来不但要自主突破工业基础能力，还要通过我国整机的牵引和产需的对接使我国的研发成果得到实际应用，并通过应用不断地予以完善，这样才能不断地强大我国的工业基础能力，发展我国的工业基础产业。同时，还要围绕我国加强基础研究的一些领域建设一批技术创新和服务平台来提高对整个技术产业发展的支撑能力。我国工业强基工程从 2013 年开始已经开始逐年的实施并取得了一些成效，未来我国还要持续地加大对强基工程的支持力度，来推动我国基础领域的能力提升。特别是要实施国家制造业创新中心建设工程，重点围绕制造业重大共性需求，依托企业、高校、科研院所改建新建一批国家制造业创新中心。充分发挥行业骨干企业的作用，高校、科研院所的基础作用，行业组织的桥梁纽带作用，开展产学研协同创新。同时，建设一批促进制造业协同创新的公共服务平台，重点行业领域工程数据中心，以及重大科学研究和实验设施。

9.5.2 强化信息基础建设、夯实我国智能制造的基础环节

互联网是推动工业 4.0 的重要基础设施，信息物理系统的开发和应用是新一轮工业革命的关键技术。此外，信息技术是实现商业模式变革的重要技术支撑，商业模式的重大创新，将引发产业业态的嬗变。智能制造工程，是我国应对新一轮科技革命和产业变革的前瞻性工程。信息技术是新产业革命重要的先导技术，基础设施的变革是历次新产业革命发生的一个重要标志。当前，信息网络已成为战略性的基础设施，从这个意义上讲，信息技术不仅是先导性技术，还是战略基础性技术，扮演着复合角色。作为衡量利用信息技术推动经济发展的权威指标，我国的网络就绪度指数 2012 年为 4.03，低于美、日、德等国，世界排名 51 位，2013 年排名下降至 58 位[①]。我国网络就绪度指数较低表

---

① 杨君：《"智造"，中国制造的未来路径》，载《光明日报》，2015 年 5 月 28 日第 13 版。

明企业利用信息技术改造传统生产方式和工艺流程的意愿偏低，这是我国推进智能制造面临的主要困难之一，大部分地区和行业仍处于以初级或局部应用为主的阶段。发展不平衡使我国制造业走向"智造"将是一个长期而艰难的过程。我国在互联网基础设施、信息和通信技术（ICT）支撑技术方面仍面临很多的瓶颈和对外的技术依赖。推进智能制造，当务之急是大力加强基础网络的建设，构筑智能制造的基础和环境。信息产业要抓好自身发展。如宽带中国战略和4G网络建设，扩大覆盖面，提高效率；推进下一代互联网建设，加强自主可控软硬件研制，提升网络信息安全保障能力等。加快建设低时延、高可靠、广覆盖的工业互联网，加快产业集聚区光纤网、移动通信网和无线局域网的部署建设，提高制造业企业宽带接入能力。此外，对于智能制造而言，标准化体系建设是根基，没有标准化，信息化和工业化就无从融合，更无法推进智能制造及其大规模应用推广。智能制造跨行业、跨领域、跨系统的特点十分突出，连接口的各种标准又不统一，标准已成为实施智能制造的一个瓶颈。因此，通过试点示范，建立智能制造综合标准化体系是深入推进智能制造的重要前提。

9.6

创新体制机制、夯实制造强国战略的绿色发展基础

走中国特色的绿色发展化道路，必须进一步采取市场化手段推动经济发展绿色化，建立科学的绿色经济考核、评价体系，为经济发展绿色化提供法治保障，同时经济发展绿色化的体制机制保障。通过创新绿色发展的体制机制，培育企业集团实现绿色发展的良好环境，夯实制造强国战略的绿色发展基础。

9.6.1　进一步采取市场化手段推动经济发展绿色化

国内外经验表明，市场化手段是推动绿色发展的重要途径。1997 年《京都议定书》把市场机制作为解决二氧化碳为代表的温室气体减排问题的新路径，首先通过设计碳排放总量，明确参与的企业和行业的范围，形成碳排放权的配额分配，再建立由市场主导的碳排放权配额的二级市场交易。采取市场化手段，即把二氧化碳排放权作为一种商品，从而形成了二氧化碳排放权的交

易。碳排放交易在国际上获得了迅速发展，建立碳排放交易体系的国家遍布各大洲，所覆盖的范围和人口都在迅速增长。2013 年以来，中国国内碳交易市场建设的在试点与国家层面两个维度均取得了突破性进展。一方面，七个碳交易试点先后正式启动交易，使中国一举成为碳排放配额规模全球第二大的碳市场；另一方面，国家发改委正式启动了自愿减排项目，公布了 10 个行业温室气体排放核算指南，国家登记系统建设取得了进展，为建设全国统一碳市场打下良好基础①。我国应当在区域性碳交易试点的基础上，建立起全国统一的碳交易市场，进一步采取市场化手段推动经济发展绿色化。

9.6.2 建立科学的绿色经济考核、评价体系

党的十八届三中全会《决定》指出，要完善发展成果考核评价体系，纠正单纯以经济增长速度评定政绩的倾向，加大资源消耗、环境损害、生态效益、产能过剩、科技创新、安全生产、新增债务等指标的权重，更加重视劳动就业、居民收入。《决定》要求建立资源环境承载能力监测预警机制，对环境容量等超载区域实行限制性措施；对领导干部实行自然资源资产离任审计，建立生态环境损害责任终身追究制。2015 年 7 月 1 日，中央全面深化改革领导小组第十四次会议《关于开展领导干部自然资源资产离任审计的试点方案》《党政领导干部生态环境损害责任追究办法（试行）》，强调促进自然资源资产节约集约利用和生态环境安全。现阶段是我国经济发展绿色化的关键阶段，目前我国已首次将二氧化碳排放强度纳入各地区（行业）经济社会发展综合评价体系和干部政绩考核体系，全国已有超过 70 个县市从 2015 年开始明确取消了 GDP 考核。"十三五"期间亟待探索构建反映资源消耗、环境损害、生态效益等经济绿色化发展水平的绿色 GDP 考核评价体系，全面客观反映中国经济活动的"环境代价"。同时探索编制自然资源资产负债表、试点自然资源离任审计，对全国的自然资源进行定量化管理，将自然资源审计纳入领导干部经济责任审计内容，真正推动"生态追责"落实到位，使我国的发展建立在自然资源可持续利用的绿色发展基础之上。

---

① 薄燕、杨谧：《国际气候谈判与亚洲减排经验》，载《光明日报》，2015 年 6 月 10 日第 16 版。

9.6.3　为经济发展绿色化提供法治保障

自 1979 年以来，全国人大常委会已经制定了 32 部有关环境资源的法律，生态文明建设方面基本实现了有法可依。对照依法治国背景下生态文明建设、推进经济发展绿色化的要求，我国环境保护领域尚存在环境保护法律体系不够完备，适用法律受限；环境保护重点领域立法空白，资源保护缺失；环境保护法律制度不够严格，环境执法不力等问题，亟待解决[①]。在水、土壤、大气污染防治和节水、节约能源和发展循环经济方面，亟待完善相关法律法规，提高居民、企业等社会成员的绿色发展践行度。同时，要从推进经济发展绿色化进程中面临的挑战出发，针对绿色发展中的重点和难点问题，进行相关立法工作。今后要在环境保护税法的基础上，研究污染排放税、碳税、生态保护税等税种的立法工作，形成统一的环境税体系，以科学立法保障资源环境成本的内化，规范和约束各类开发利用自然环境和资源的行为，引导经济发展方式转型，使环境立法成为我国经济发展绿色化和生态文明建设的有力保障和有效引导。同时，鉴于我国存在较大的地区发展差异，应当鼓励地方完善区域环境法律法规，体现地方特色，立足地方实际，就排污许可证管理、污染物排放总量管理、生态补偿等问题，制定相应的地方条例、补充规定等[②]。

9.6.4　经济发展绿色化的体制机制保障

推动经济发展绿色化需要完善的体制机制保障，包括财税、投资、价格、金融等政策机制需要创新和完善。据环保部规划院测算，预计"十三五"期间环保投入将增加到每年 2 万亿元左右，"十三五"期间社会环保总投资有望超过 17 万亿元，2015～2020 年，中国在包括清洁能源、工业、建筑、交通节能、污染物减排等重点领域的投资年均需求 2.9 万亿元人民币，其中对绿色金

---

① 王玮：《法学专家谈十八届四中全会对环境保护的深刻影响》，载《中国环境报》，2014 年 10 月 30 日第 4 版。

② 宁夏中国特色社会主义理论体系研究中心：《制度建设是生态文明建设重中之重》，载《人民日报》，2015 年 6 月 23 日第 7 版。

融的需求大体每年在 2 万亿元人民币左右①，我国必须实施环境治理模式的改革，引入 PPP 第三方治理，引入市场化金融改变金融资源的配置机制、引导社会资本进入绿色产品开发、绿色技术推广领域。一方面应当采取金融、财税手段抑制高耗能行业过快增长，鼓励金融业向节能、低碳、生态化的绿色产业进一步倾斜，充分调动企业家的积极性和能动性；另一方面需要政府出台配套的支持性政策，构建 PPP 第三方治理的合理回报机制和方法。同时，应当改革和完善能源产品价格形成机制，恢复资源能源产品的商品属性，并完善居民用水、电、气等能源产品的阶梯价格制度等。此外，加快制定修订污染物排放、能耗、水耗等方面标准，实施能效和排放绩效"领跑者"制度，建立与国际接轨、适应我国国情的环保和能效标识认证制度等。

9.7

弘扬制造业文化、夯实制造强国战略的软实力

在过去 100 多年的工业化进程中，发达工业国已经使工业文化深入每个人的价值观中，已经形成了独具特色的制造业文化，成为本国工业的软实力。如"德国制造"具备四个基本特征：耐用、可靠、安全、精密。这些可触摸的特征是德国文化在物质层面的外显，而隐含其后的，则是"德国制造"独特的精神文化。如表 9 - 4 所示，"专注主义""标准主义""精确主义""完美主义""秩序主义""厚实精神"构成了德国制造的工业制造业文化。"德国制造"已经成为"中国制造"的重要参照物②。新中国成立尤其是改革开放以来，我国工业制造业持续快速发展，建成了门类齐全、独立完整的工业产业体系，有力推动工业化和现代化进程，显著增强综合国力，支撑我世界大国地位。然而，与世界先进水平相比，我国工业制造业仍然大而不强，在自主创新能力、资源利用效率、产业结构水平、信息化程度、质量效益等方面差距明显，转型升级和跨越发展的任务紧迫而艰巨，而工业文化正是实现这一任务的灵魂工程③。

---

① 中国人民银行金融研究所：《中国能源转型和煤炭消费总量控制下的金融政策研究》，2015 年 4 月。

② 葛树荣、陈俊飞：《德国制造业文化的启示》，载《企业文明》2011 年第 8 期。

③ 刘坚：《塑造国家工业文化的灵魂工程》，载《光明日报》2016 年 3 月 22 日第 11 版。

表9-4	德国制造文化内涵
专注精神	几十年、几百年专注于一项产品领域例如：Koenig & Bauer 的印染压缩机，RUD 的工业用链，Karcher 的高压专业吸尘器都是行业的全球领袖
标准主义	在德国制造的过程中，"标准"就是法律。全球三分之二的国际机械制造标准来自"德国标准化学会标准"——DIN（DeutschesInstitutfuerNormung）。可以说，德国是世界工业标准化的发源地。DIN标准涵盖了机械、化工、汽车、服务业等所有产业门类，超过3万项，是"德国制造"的基础。其次是"标准为先"，亦即在具体的生产制造之前，先立标准。奔驰公司通过实施"标准为先"的质量文化，实现"零缺陷"目标。其有效途径就是尽可能详细地完善每个环节和部件的标准
精确主义	对于标准的依赖、追求和坚守，必然导致对于精确的追求。精确主义给德国制造带来了精密的特性
完美主义	"完美主义"，是"专注精神、标准主义、精确主义"的综合表现；而"完美至臻"则德国制造的根本特征。追求完美（Gruendlichkeit）的工作行为表现是"一丝不苟、做事彻底"
秩序（程序）主义	"标准主义"的时间维度表现是"程序主义"，其空间表现则是"秩序主义"。秩序主义在具体工作中则主要表现为流程主义
厚实精神	"德国制造"的厚实外观与表现，来自其制造者的厚实精神。"德国制造"在设计和材料使用上，实实在在地考虑用户利益，注重内在质量，胜过外观和华而不实的功能。德国汽车的安全系数和耐用性，明显超过一些竞争对手

资料来源：葛树荣、陈俊飞：《德国制造业文化的启示》，载《企业文明》，2011 年第 8 期。

　　欧美国家的工业文明，表面上源自发达的科学技术，内核则是工业精神的引领，重视理性，重视实业，重视科学与创新，提倡合理谋利和多边共赢。工业化的标志之一是产品的标准化，其背后是由一丝不苟的职业文化支撑的，包括流程的标准化、劳动操作的标准化、使用工具的标准化、工作环境的标准化等。在培育产业运行标准的过程中，亟须培养工匠精神[①]。"工匠精神"是一种对职业敬畏、对工作执着、对产品和服务追求完美的价值取向。具体到工匠个体，往往具有专注、坚守、耐心、淡然、创新，以及不断突破自我等优良品

---

① 柳百成：《"中国制造2025"建设制造强国之路》，载《光明日报》，2015 年 3 月 20 日第 10 版。

质；具体到产品和服务上，表现为以人为本、精心打造、精工制作、质量上乘等特质。大国工匠是"工匠精神"的具体化身，代表着制造强国技术技能人才的最高水平[1]。工匠精神就是精益求精的精神，就是专注专业的精神，就是一丝不苟的精神，就是精雕细琢的精神，就是持久坚韧的精神。这种精神代表着一个国家对制造的尊重和执着。中国正处于改革的攻坚期，"工匠精神"是供给侧改革的"新动能"，是经济转型升级的激发要素，是实现"中国制造2025"、由制造大国转变为制造强国目标的原动力之一。"工匠精神"所倡导的执着和专注，并不意味着墨守成规，而是强调持续推陈出新。优秀的工匠永远不会满足于已经取得的成就，而是不断根据环境的变化，在品种、款式、材料、工艺、流程等方面寻求改进。

30多年来，我国制造业的快速发展、工业化的进程加速推进虽然取得了很大的成就，但是工业文化意识并没有在整个社会运行机制中积淀和成熟。一个国家制造业的发展，推动其创新除了需要依靠新的体制机制外，更不能忽视的是工业文化的创新。实现我国由制造大国向制造强国转变的宏伟目标，需要弘扬工业制造业文化、夯实制造强国战略的软实力。在制造业的发展中，我国迫切地需要建立起整个社会的工业文化或者工业的软实力，一是创新意识，要使创新成为整个社会的一种主动行为，整个社会形成尊重创新、鼓励创新、勇于创新的文化氛围。二是用户意识，即对用户需求的理解和把握，包括努力建设企业的软实力，即创新意识、用户意识、绿色意识、质量意识、合作意识、信用和法制意识等，通过夯实制造业软实力才能真正支撑起硬实力。对此，我们需要正确认识工业化的理念。工业化的实质是工业文明渗透到经济社会生活的各个环节。工业化理念的实质是工业精神，包含合作精神、契约精神、效率观念、质量意识、科学观和创新精神、持续发展观。中国制造业的崛起，应研究借鉴"德国制造"等制造强国背后的文化因素，弘扬制造业文化、夯实我国制造强国战略的软实力。

---

① 孙兴洋：《职业教育尤重"工匠精神"（凭栏处）》，载《人民日报》，2016年3月24日第18版。

译名对照表

A		**Kock**	科克	
Adner	阿德纳	Kumar	库马尔	
B		**L**		
Bruton	布鲁顿	Land	兰德	
C		La Porta	拉波尔塔	
Chandler	钱德勒	Leff	列夫	
Choi	崔	**M**		
Claessens	克莱森斯	Moore	摩尔	
Cuervo-Cazurra	奎尔沃－卡里拉	Morck	默克	
F		**P**		
Fan	范	Palepu	帕里皮尤	
Freeman	弗里曼	Pedersen	佩德森	
G		Perotti	佩罗蒂	
Gelfer	格鲁尔	**R**		
Ghemawat	格玛沃特	Rivkin	里夫金	
Granovetter	格兰诺维特	**S**		
Guest	盖斯特	Strachan	斯特拉坎	
Guillen	吉伦	Sutherland	萨瑟兰	
H		**W**		
Hannan	汉南	WaQar I. Ghani	瓦卡尔我·加尼	
Heckman	赫克曼	Williamson	威廉姆森	
K		**Y**		
Kali	卡莉	Yafeh	亚费	
Keister	基斯特	**Z**		
Khanna	康纳	Zattoni	姿托尼	

参 考 文 献

[1] 程虹：《2014 年中国质量观测发展报告》，中国社会科学出版社 2015 年版。

[2] 陈佳贵、黄群慧、吕铁、李晓华等：《工业化蓝皮书》，社会科学文献出版社 2012 年版。

[3] 崔焕平：《陕鼓：一家传统制造商的服务转型》，载《北大商业评论》2009 年第 4 期。

[4] 迟树功、杨渤海：《企业集团发展规模经济研究》，经济科学出版社 2000 年版。

[5] [美] 丹尼斯·W. 卡尔顿，杰弗里·M. 佩洛夫著：《现代产业组织》，胡汉辉，顾成彦，沈华译，中国人民大学出版社 2011 年版。

[6] 国务院发展研究中心产业经济研究部课题组：《中国产业振兴与转型升级》，中国发展出版社 2010 年版。

[7] 樊纲、王小鲁、朱恒鹏：《中国市场化指数——各地区市场化相对进程 2011 年报告》，经济科学出版社 2011 年版。

[8] 房丰洲：《工业转型升级如何突破把握新一代制造技术发展方向》，载《人民日报》2015 年 6 月 30 日第 7 版。

[9] 冯蕾、鲁元珍：《哪个地区最具创新力——从 R&D 投入看经济动力》，载《光明日报》2015 年 6 月 15 日第 18 版。

[10] 国家经济贸易委员会，中共中央文献研究室：《十四大以来党和国家领导人论国有企业改革和发展》，中央文献出版社 1999 年版。

[11] 国务院发展研究中心产业经济研究部课题组：《中国产业振兴与转型升级》，中国发展出版社 2010 年版。

[12] 葛树荣、陈俊飞：《德国制造业文化的启示》，载《企业文明》，2011 年第 8 期。

［13］古依莎娜等：《"制造强国"的战略路径研究及初步分析》，载《中国工程科学》，2015 年第 17 卷第 7 期。

［14］郭朝晖：《敲开工业 4.0 之门——〈工业 4.0：即将来袭的第四次工业革命〉导读》，载《光明日报》2015 年 9 月 15 日第 10 版。

［15］韩朝华：《战略与制度：中国企业集团的成长分析》，经济科学出版社 2000 年版。

［16］韩国高、高铁梅等：《中国制造业产能过剩的测度、波动及成因研究》，载《经济研究》2011 年第 12 期。

［17］黄群慧：《中国的工业化进程：阶段、特征与前景》，载《经济与管理》，2013 年第 7 期。

［18］黄群慧、贺俊：《第三次工业革命"与中国经济发展战略调整——技术经济范式转变的视角》，载《中国工业经济》2013 年第 1 期。

［19］黄群慧：《中央企业在国家创新体系中的功能定位研究》，载《中国社会科学院研究生院学报》2013 年 5 月第 3 期。

［20］［美］霍利斯·B·钱纳里：《工业化与经济增长的比较研究》，吴奇等译，上海三联书店 1989 年版。

［21］李廉水主编：《中国制造业发展研究报告 2014》，北京大学出版社 2015 年 2 月版。

［22］刘丹等：《"制造强国"评价指标体系构建及初步分析》，载《中国工程科学》2015 年第 17 卷第 7 期。

［23］刘霞辉、张平、张晓晶：《改革年代的经济增长与结构变迁》，格致出版社，上海三联书店，上海人民出版社 2008 年版。

［24］刘霞辉：《四种经济增长路径比较》，载《经济日报》2015 年 05 月 14 日第 13 版。

［25］金碚：《大国筋骨——中国工业化 65 年历程与思考》，广东经济出版社 2015 年版。

［26］金碚：《喷薄崛起蓄力再发（思考·十年)》，载《人民日报》2012 年 9 月 18 日第 10 版。

［27］李成勋：《中国经济发展战略 2011》，知识产权出版社 2011 年版。

［28］李非：《企业集团理论》，天津人民出版社 1994 年版。

［29］柳百成：《"中国制造 2025"建设制造强国之路》，载《光明日报》

2015 年 3 月 20 日第 10 版。

[30] 刘坚：《塑造国家工业文化的灵魂工程》，载《光明日报》2016 年 3 月 22 日第 11 版。

[31] 卢现祥：《创新主体：政府还是企业》，载《光明日报》2015 年 3 月 25 日第 15 版。

[32] 陆一：《谈股论经：中国证券市场基本概念辩误》，上海世纪出版股份有限公司、远东出版社 2010 年版。

[33] ［美］罗纳德·科斯：《产业组织：研究的建议》，载［美］奥利弗·威廉姆森，斯科特·马斯滕编：《交易成本经济学》，李自杰，蔡铭等译，人民出版社 2008 年版。

[34] ［美］小阿尔弗雷德·钱德勒著：《规模与范围》，张逸人等译，华夏出版社 2006 年版。

[35] 毛磊、张洋：《苗圩向全国人大常委会作报告时表示主攻智能制造加快两化融合》，载《人民日报》，2015 年 6 月 30 日第 12 版。

[36] 毛蕴诗、李家新、彭清华：《企业集团——扩展动因、模式与案例》，广东人民出版社 2000 年版。

[37] 邱靖基、陈佳贵编：《企业集团：模式构想与道路选择》，经济管理出版社 1991 年版。

[38] ［美］乔治·斯蒂格勒著：《产业组织》，王永钦，薛峰译，上海三联书店，上海人民出版社 2006 年版。

[39] 盛毅编：《中国企业集团发展的理论与实践》，人民出版社 2010 年版。

[40] 史丹：《应重视产业结构早熟风险发展服务业并不意味着忽视制造业（热点辨析）》，载《人民日报》，2015 年 05 月 11 日第 7 版。

[41] 史建平编：《中国中小企业金融服务发展报告 2010》，中国金融出版社 2011 年版。

[42] 世界银行：《世界发展指标 2011》，中国财政经济出版社 2011 年版。

[43] 孙效良：《发展企业集团的若干理论和方针政策问题》，载《集团经济研究》1992 年第 5 期。

[44] 孙兴洋：《职业教育尤重"工匠精神"（凭栏处）》，载《人民日报》，2016 年 3 月 24 日第 18 版。

［45］王迪等：《"制造强国"评价指标历史发展趋势及特征分析》，载《中国工程科学》，2015 年第 17 卷第 7 期。

［46］王辉耀、孙玉红、苗绿：《中国企业国际化报告（2014）》，社会科学文献出版社 2014 年版。

［47］王鹏：《信息技术是战略基础和先导性技术》，载《科技日报》，2013 年 1 月 27 日第 2 版。

［48］王伟光、郑国光、潘家华：《气候变化绿皮书·应对气候变化报告：科学认知与政治争锋》，社会科学文献出版社 2014 年版。

［49］王喜文：《中国制造业转型升级的未来方向》，载《国家治理》，2015 年第 7 期。

［50］王骁：《李克强宣布中国政府将提交应对气候变化国家自主贡献文件》，载《人民日报》，2015 年 6 月 30 日第 7 版。

［51］王一鸣、陈昌盛、李承健：《正确理解供给侧结构性改革（人民要论）》，载《人民日报》，2016 年 3 月 29 日第 7 版。

［52］伍柏麟：《中国企业集团论》，复旦大学出版社 1996 年版。

［53］席酉民、梁磊、王洪涛：《企业集团发展模式与运行机制比较》，机械工业出版社 2003 年版。

［54］杨亮：《中国制造：走自己的路》，载《光明日报》，2015 年 5 月 28 日第 13 版。

［55］杨晓维：《让市场机制在产业结构调整中起决定性作用》，载《光明日报》2015 年 5 月 27 日第 15 版。

［56］杨芷晴：《世界主要国家制造业的质量竞争力测评》，载《财政研究》2015 年第 9 期。

［57］银温泉、臧跃茹：《中国企业集团体制模式》，中国计划出版社 1999 年版。

［58］于林月、张力：《"绿色化"升级我国经济硬实力》，载《光明日报》，2015 年 5 月 20 日第 15 版。

［59］于左：《企业集团的性质、资源分配行为与公共政策》，中国社会科学出版社 2009 年版。

［60］郑新立：《创名牌是建设制造强国核心工程》，载《人民日报》2015 年 9 月 9 日第 7 版。

［61］周济：《2025 年中国制造业可进入世界第二方阵》，载《中国电子报》，2014 年 11 月 3 日第 6 版。

［62］张先治、陈友邦编：《财务分析》，东北财经大学出版社 2010 年版。

［63］左昌鸿、唐拥军：《中国企业集团组织与管理原理研究》，广西师范大学出版社 1992 年版。

［64］中国企业集团促进会：《母子公司关系研究——企业集团的组织结构和管理控制》，中国财政经济出版社 2004 年版。

［65］中国社会科学院工业经济研究所：中国产业发展和产业政策报告（2011），中信出版社 2011 年版。

［66］中国信息通信研究院：《2015 年中国工业发展报告》，人民邮电出版社 2015 年版。

［67］张明芳：《中小型科技企业成长机制》，经济科学出版社 2011 年版。

［68］张翼：《"一带一路"：开启出海新浪潮》，载《光明日报》，2015 年 2 月 5 日第 13 版。

［69］中国科学院：《科技革命与中国的现代化：关于中国面向 2050 科技发展战略的思考》，科学出版社 2009 年版。

［70］中国科学院：《科技发展新态势与面向 2020 年的战略选择》，科学出版社 2013 年版。

［71］中国人民银行金融研究所：《中国能源转型和煤炭消费总量控制下的金融政策研究》，2015 年版。

［72］中华人民共和国国家统计局编：《2003 年中国大企业集团》，中国统计出版社 2004 年版。

［73］中华人民共和国国家统计局编：《2004 年中国大企业集团》，中国统计出版社 2005 年版。

［74］中华人民共和国国家统计局编：《2005 年中国大企业集团》，中国统计出版社 2006 年版。

［75］中华人民共和国国家统计局编：《2006 年中国大企业集团》，中国统计出版社 2007 年版。

［76］中华人民共和国国家统计局编：《2007 年中国大企业集团》，中国统计出版社 2008 年版。

［77］中华人民共和国国家统计局编：《2008 年中国大企业集团》，中国统

计出版社 2009 年版。

［78］中华人民共和国国家统计局服务业调查中心：《中国大企业集团竞争力年度报告——2009 年》，中国统计出版社 2009 年版。

［79］左昌鸿、唐拥军：《中国企业集团组织与管理原理研究》，广西师范大学出版社 1992 年版。

［80］Acemoglu, D. and Zilibotti, F., "Was Prometheus unbound by chance：Risk, diversification and growth", *Journal of Political Economy*, 105 (4), 1997, pp. 709 – 51.

［81］Ahlstrom, D. and Bruton, G. D., "Learning from successful local private firms in China：establishing legitimacy", *Academy of Management Executive*, 15, 2001, pp. 72 – 83.

［82］Althauser, Robert P. and Donald B. Rubin., "The Computerized Construction of a Matched Sample", *American Journal of Sociology*, 76, 1970, pp. 325 – 46.

［83］Amsden, A. H., *Asia's Next Giant：South Korea and Late Industrialization*, New York：Oxford University Press, 1989.

［84］Amsden H. Alice, "South Korean：Enterprising Groups and Entrepreneurial Government", in Alfred D. Chandler, JR., Franco Amatori and Takashi Hikino, (ed.), *Big Business and the Wealth of Nations*, Cambridge University Press, 1997.

［85］Amsden, A. H., The Rise of 'The Rest'：Challenges to the West from Late-Industrialization Economies, New York：Oxford University Press, 2001.

［86］Arrow, K. J., "The Economic Implications of Learning by Doing", *Review of Economic Studies*, 29, 1962, pp. 155 – 173.

［87］Ashenfelter, O., "Estimating the Effect of Training Programs on Earnings", *Review of Economics and Statistics*, 60, 1978, pp. 47 – 57.

［88］Bain S. Joe, *Industrial Organization*, John Wiley & Sons, Inc., 1959.

［89］Barney, J., "Firm resources and sustained competitive advantage", *Journal of Management*, 17, 1991, pp. 99 – 120.

［90］Baumol J. William, Nelson R. Richard and Wolff N. Edward, *Conver-*

gence of Productivity: Cross-National Studies and Historical Evidence, New York: Oxford University Press, 1994.

[91] Buchanan, James M., "A Contractarian Paradigm for Applying Economic Theory", American Economic Review, 65 (2), 1975, pp. 225 – 30.

[92] Burtless, G., "The Case for Randomized Field Trials in Economic and Policy Research", Journal of Economic Perspectives, 9, 1995, pp. 63 – 84.

[93] Cameron A. Colin and Trivedi Pravin K., Microeconometrics: Methods and Applications, New York: Cambridge University Press, 2005.

[94] Carney Michael, Asian Business Groups: Context, Governance and Performance, Oxford: Chandos Publishing. 2008.

[95] Chandler, A. D., Jr., the Visible Hand: The Managerial Revolution in American Business. Cambridge, MA: Belknap Press, 1977.

[96] Chandler, A. D., Jr., Scale and Scope: The Dynamics of Industrial Capitalism, Cambridge, MA: Belknap Press, 1977.

[97] Chandler, A. D. "The M-Form: industrial groups, American style", European Economic Review, 19, 1982, pp. 3 – 23.

[98] Chandler, A. D., Jr., Strategy and Structure: Chapters in the History of the American Industrial Enterprises, Reprint edn. With new introduction, Cambridge, MA: MIT Press, 1990.

[99] Chandler D. Alfred, Jr., Franco Amatori, Takashi Hikino, Big Business and the Wealth of Nations, NY: Cambridge University Press, 1997.

[100] Chang, S. J., Hong, J., "How much does the business group matter in Korea?", Strategic Management Journal 23, 2002, pp. 265 – 74.

[101] Chang, Sea Jin, and Unghwan H. Choi, "Strategy, Structure and Performance of Korean Business Groups: A Transaction Cost Approach", Journal of Industrial Economics 37, No. 2, 1988, pp. 141 – 58.

[102] Chang, S. J., Financial Crisis and Transformation of Korean Business Groups: The Rise and Fall of Chaebols, New York: Cambridge University Press, 2003.

[103] Choo kineung, keun lee, keunkwan ryu, jungmo yoon, "Changing Performance of Business Groups over Two Decades: Technological Capabilities and

Investment Inefficiency in Korean Chaebols", *economic development and cultural change*, The University of Chicago Press, 2009.

[104] Chung, H. M., "Managerial ties, control and deregulation: An investigation of business groups entering the deregulated banking industry in Taiwan", *Asia Pacific Journal of management*, 23, 2006, pp. 505 – 20.

[105] Claessens, S., Fan, J. P. H. and Lang, L. H. P. "The benefits and costs of group affiliation", World Institute for Development Economics Research working paper, 2002.

[106] Coase, R., "The Nature of the Firm", *Economica*, 4, 1937, pp. 386 – 405.

[107] Coase, R., "The Problem of Social Cost", *Journal of Law and Economics*, 3, 1960, pp. 1 – 44.

[108] Coase R. H., "Industrial Organization: A Proposal for Research", *Economic Research: Retrospect and Prospect*, Vol 3: Policy Issues and Research Opportunities in Industrial Organization, NBER, 1972.

[109] Cochran, W. G., "The planning of ovservational studies in human populations", *Journal of the Royal Statistical Society*, (Series A), 128, 1965, pp. 134 – 155.

[110] Cochran William G. and Gertrude M. Cox., *Experimental Designs*, New York: Wiley, 1950.

[111] Cox, David R., *Planning of Experiments*, New York: Wiley, 1958.

[112] Cuervo-Cazurra, A., "Business groups and their types", *Asia Pacific Journal of Management*, 23, 2006, pp. 419 – 39.

[113] Dehejia, R. and Wahba, S., "Propensity score matching methods for nonexperimental causal studies", NBER working paper 6829, 1998.

[114] Encarnation, D. J., *Dislodging Multinationals: India's Strategy in Comparative Perspective*, Ithaca, NY and London: Cornell University Press, 1989.

[115] Fisher, R. A., *the Design of Experiments*, Edinburgh: Oliver and Boyde, 1935.

[116] Fisher, R. A., *Statistical Methods for Research Workers*, Edinburgh: Oliver & Boyd, 1925.

[117] Fisher, R. A., *Statistical Methods for Research Workers*, 2rd edition, London: Oliver and Boyd, 1928.

[118] Fisman Raymond, and Tarun Khanna, "Facilitating Development: The Role of Business Groups", *World Development*, Vol. 32, No. 4, 2004, pp. 609 – 628.

[119] Gerschenkron, A., *Economic Backwardness in Historical Perspective: A Book of Essays*, Harvard University Press, Cambridge, M. A., 1962.

[120] Ghemawat, P., Khanna, T., "The nature of diversified business groups: A Research Design and two case studies", *Journal of Industrial Economics*, 46, 1998, pp. 35 – 61.

[121] Goto, Akira, "Business Groups in Market Economy", *European Economic Review*, 19, No. 1, 1982, pp. 53 – 70.

[122] Granger, C. W. J., "Investigating Causal Relation by Econometric and Cross-Sectional Method", *Econometrica*, 37, 1969, pp. 424 – 438.

[123] Granovetter, Mark, "Economic Action and Social Structure: The Problem of Embeddedness", *American Journal of Sociology*, 91, 1985, pp. 481 – 510.

[124] Granovetter, Mark, "Coase Revisited: Business Groups in the Modern Economy", *Industrial and Corporate Change*, 4 (1), 1995, pp. 93 – 130.

[125] Granovetter, Mark. "Business Groups and Social Organization." in *the Handbook of Economic Sociology*, Neil J. Smelser and Richard Swedberg (ed.), New York: Russel Sage Foundation, Princeton: Princeton University Press, 2005.

[126] Greenberg, D., and M. Wiseman, "What Did the OBRA Demongstrations Do?" In C. Manski and I. Garfinkel, eds., *Evaluating Welfare and Training Programs*, Cambridge Mass.: Harvard University Press, 1992.

[127] Guest Paul, Dylan Sutherland, "The impact of business group affiliation on performance: evidence from China's 'national champions'", *Cambridge Journal of Economics*, 34, 2010, pp. 617 – 631.

[128] Guillen F. Mauro, "Business Groups in Emerging Economies: A Resource-based View", *Academy of Management Journal*, Vol. 43, No. 3, 2000, pp. 362 – 380.

[129] Hamilton, Gary G. and Feenstra, Robert C., "Varieties of Hierar-

chies and Markets: An Introduction", in M. Orr ' u, N. W. Biggart and G. G. Hamilton (eds), *The Economic Organization of East Asian Capitalism*, Thousand Oaks, CA: Sage, 1997, pp. 55 – 94.

[130] Hausman, J. , and D. Wise, eds, *Social Experimentation*, Chicago: University of Chicago Press, 1985.

[131] Hayami Yujiro, "Changes in the Sources of Modern Economic Growth: Japan Compared with the United States", *Journal of the Japanese and International Economies*, 13, 1999, pp. 1 – 21.

[132] Heckman, James, "Shadow Prices, Market Wages and Labor Supply", *Econometrica* 42 (4), 1974, pp. 679 – 94.

[133] Heckman, James, "Dummy Endogenous Variables in a Simultaneous Equation System", *Econometrica*, 46 (4), 1978, pp. 931 – 60.

[134] Heckman, James, "Sample Selection Bias as a Specification Error", *Econometrica*, 47 (1), 1979, pp. 153 – 61.

[135] Heckman, James, "Causal Inference and Nonrandom Samples", *Journal of Educational Statistics*, 14, 1989, pp. 159 – 68.

[136] Heckman, James, "Randomization and Social Policy Evaluation", In Evaluating Welfare and Training Programs, edited by C. F. Manski and I. Garfinkel, 1992, pp. 201 – 30.

[137] Heckman, J. , "Microdata, Heterogeneity And the Evaluation of Public Policy", Nobel Memorial Lecture in Economic Sciences, December 8, 2000, Stockholm, Sweden.

[138] Heckman, James, "Causal Parameters and Policy Analysis in economics: a Twentieth century Retrospective", *The Quarterly Journal of Economics*, 115, 2000, pp. 45 – 97.

[139] Heckman, J. and Smith, J. , "Assessing the Case for Social Experiments", *Journal of Economic Perspectives*, 9 (2), 1995, pp. 85 – 100.

[140] Heckman, James, Hidehiko Ichimura and Petra Todd, "Matching As An Econometric Evaluation Estimator", *Review of Economic Studies*, 65 (2), 1998, pp. 261 – 94.

[141] Heckman, J. , H. Ichimura, and P. Todd, "Matching as an Econo-

metric Evaluation Estimator: Evidence from Evaluating a Job Training Program", *Review of Economic Studies*, 64, 1997, pp. 605 – 54.

[142] Heckman, J., H. Ichimura, and P. Todd, "Matching as an Econometric Evaluation Estimator", *Review of Economic Studies*, 65, 1998, pp. 261 – 94.

[143] Heckman, J., H. Ichimura, J. Smith, and P. Todd, "Characterizing Selection Bias Using Experimental Data", *Econometrica* 66, 1998, pp. 1017 – 1098.

[144] Holland, P., "Statistics and Causal Inference," (with discussion), *Journal of the American Statistical Association*, 81, 1986, pp. 945 – 70.

[145] Holmen, Martin and Peter Hogfeldt, "Pyramidal Discounts: Tunneling or Agency Costs?", Unpublished, 2005.

[146] Hotz, J., "Designing and Evaluation of the Job Training Partnership Act", In C. Manski and I. Garfinkel, eds., *Evaluating Welfare and Training Programs*, Cambridge, Mass. : Harvard University Press, 1992.

[147] Imbens Guido M. and Jeffrey M. Wooldridge, "Recent Developments in the Econometrics of Program Evaluation", Working Paper 14251, National Bureau of Economic Research, 2008.

[148] Kali Raja, "Business groups, the financial market and modernization", *Economics of Transition*, Volume 11 (4), 1999, pp. 671 – 96.

[149] Keister A. Lisa, "Engineering Growth: Group structure and Firm Performance in China's Transition Economy", *The American Journal of Sociology*, Vol. 104, No. 2, 1998, pp. 404 – 40.

[150] Keister, L. A., *Business groups: The Structure and Impact of Interfirm Relations During Economic Development*, New York: Oxford University Press, 2000.

[151] Kempthorne, Oscar, *The Design and Analysis of Experiments*, New York: Wiley, 1952.

[152] Khanna T., "Business groups and social welfare: existing evidence and unanswered questions", *EuropeanEconomic Review* 44, 2000, pp. 748 – 61.

[153] Khanna, Tarun and Yishay, Yafeh, "Business Groups In Emerging Markets: Paragons Or Parasites? ", *Journal of Economic Literature*, 45, 2007,

pp. 331 – 72.

[154] Khanna, Tarun, and Krishna Palepu, "Why Focused Strategies May Be Wrong for Emerging Markets", *Harvard Business Review* 75, no. 4, 1997, pp. 41 – 51.

[155] Khanna Tarun and Rivkin W. Jan, "Estimate the Performance Effects of Business Groups in Emerging Markets", *Strategic Management Journal*, 22, 2001, pp. 45 – 74.

[156] Kock, Carl J., Mauro F. Guillen., "Strategy and Structure in Developing Countries: Business Groups as an Evolutionary Response to Opportunities for Unrelated Diversification." *Industrial and Corporate Change* 10, no. 1, 2001, pp. 77 – 103.

[157] Kuznets, S., Modern Economic Growth: Rate, Structure and Spread, New Haven, CT: Yale University Press, 1966.

[158] La Porta, Rafael, Florencio Lopez-de-Silanes, Andrei Shleifer, and Robert Vishny, "Corporate Ownership around the World", *Journal of Finance*, 1999, pp. 471 – 517.

[159] LaLonde, R., "Evaluating the Econometric Evaluations of Training Programs with Experimental Data", *American Economic Review*, 76, 1986, pp. 604 – 20.

[160] Langbein Laura and Felbinger L. Claire, *Public Program Evaluation: A Statistical Guide*, New York: M. E. Sharpe, Inc., 2006.

[161] Lee Myoung-Jae, *Micro-Econometrics for Policy, Program, and Treatment effects*, New York: Oxford Universtiy Press, 2005.

[162] Leff, Nathaniel H., "Industrial Organization and Entrepreneurship in the Developing Countries: The Economic Groups", *Economic Development and Cultural Changes* 26, No. 4, 1978, pp. 661 – 75.

[163] Ma X., and Yao X., Xi Y., "Business Group Affiliation and Firm Performance in a Transition Economy: A Focus on Ownership Voids", *Asia Pacific Journal of Management*, 23 (4), 2006, pp. 467 – 83.

[164] Manski F. Charles, *Identification Problems in the Social Sciences*, Cambridge: Harvard University Press, 1995.

[165] Manski, C. , *Partial Identification of Probability Distributions*, New York: Springer-Verlag, 2003.

[166] Marukawa, T. , "Review: Chinese business groups: the structure and impact of inter-firm relations during economic development", *The China Journal*, 47, 2002, pp. 150 – 52.

[167] Morck, R. And L. , Steier. "The Global History of Corporate Governance: An Introduction", in R. Morck (ed.), *A History of Corporate Governance around the World*, Chicago: University of Chicago Press, 2005, pp. 1 – 64.

[168] Morgan Stephen L. and Winship Christopher, *Counterfactuals and Causal Inference: Methods and Principles for Social Research*, New York: Cambridge University Press, 2007.

[169] Murphy, M. Kevin Andrei Shleifer, Robert Vishny, "Industrialization and the Big Push", NBER Working Paper, No: 2708, 1989.

[170] Neyman, J. , (1923), "On the Application of Probability Theory to Agricultural Experiments. Essay on Principles. Section 9", translated in *Statistical Science*, (with discussion), Vol. 5, No. 4, 1990, pp. 465 – 80.

[171] Nolan Peter and Xiaoqiang Wang, "Beyond Privatization: Institutional Innovation and Growth in China's Large State-Owned Enterprises", *World Development*, Vol. 21, No. 1, 1999, pp. 169 – 200

[172] Norlan, P. and Yeung, G. , "Large Firms and Catch-up in a Transitional Economy: the Case of Shougang Group in China", *Economics of Planning*, 34, 2001, pp. 159 – 78.

[173] North, D. , *Institutions, institutional change, and economic performance*, New York: Norton, 1990.

[174] Odaka, K. , Ono, K. , and Adachi, F. , *The Automobile Industry in Japan: A Study of Ancillary Firm Development*, Tokyo: Kinokuniya, 1988.

[175] Okabe, M. , *Cross Shareholdings in Japan: A new Unified Perspective of the Economic system. Cheltenham*, UK: Edward Elgar, 2002.

[176] Park, C. , "Radical Environmental Changes and Corporate Transformation: Korean Firms", Long Range Planning, 40, 2007, pp. 419 – 30.

[177] Pearl, J. , *Causality: Models, Reasoning and Inference*, Cambridge

University Press, 2000.

[178] Peng W. Mike, "Institutional transitions and strategic choices", *Academy of Management Review*, 28, 2003, pp. 275 – 86.

[179] Peng W. Mike and Andrew Delios, "What determines the scope of the firm over time and around the world? an Asia Pacific perspective", *Asia Pacific J Manage*, 23, 2006, pp. 385 – 405.

[180] Penrose, Edith, *The Theory of the Growth of the Firm*, New York: Oxford University Press, 1959.

[181] Perotti C. Enrico, and Stanislav Gelfer, "Red barons or robber barons? Governance and investment in Russian financial industrial groups", *European Economic Review*, 45, 2001, pp. 1601 – 617.

[182] Rodrik, Dani, "Growth Strategies." in *the Handbook of Economic Growth*, (ed.), Amsterdam: Elsevier B. V. , 2005.

[183] Rosenbaum, P. , "Conditional Permutation Tests and the Propensity Score in Observational Studies", *Journal of the American Statistical Association*, 79, 1984, pp. 565 – 574.

[184] Rosenbaum, P. , *Observational Studies*, Springer Verlag, New York, 1995.

[185] Rosenbaum, P. , and D. Rubin, "Constructing a Control Group Using Multivariate Matched Sampling Methods that Incorporate the Propensity Score", *American Statistician*, 39, 1985, pp. 33 – 38.

[186] Rosenbaum, P. , and D. Rubin, "The Central Role of the Propensity Score in Observational Studies for Causal Effects", *Biometrika*, 70, 1983, pp. 41 – 55.

[187] Rubin, D. , "Matching to Remove Bias in Observational Studies", Biometrics, 29, 1973a, pp. 159 – 83.

[188] Rubin, D. , "The Use of Matched Sampling and Regression Adjustments to Remove Bias in Observational Studies", Biometrics, 29, 1973b, pp. 185 – 203.

[189] Rubin, D. , "Estimating Causal Effects of Treatments in Randomized and Non-randomized Studies", *Journal of Educational Psychology*, 66, 1974, pp. 688 – 701.

［190］Rubin, D., "Assignment to Treatment Group on the Basis of a Covariate", *Journal of Statistics*, 2, 1977, pp. 1 – 26.

［191］Rubin, D. B., "Bayesian inference for causal effects: The Role of Randomization", *Annals of Statistics*, 6, 1978, pp. 34 – 58.

［192］Rubin, D. B., "Formal Modes of Statistical Inference for Causal Effects", *Journal of Statistical Planning and Inference*, 25, 1990, pp. 279 – 92.

［193］Rubin, D. B., "Practical implications of models of statistical inference for causal effects and the critical role of the assignment mechanism", *Biometrics*, 47, 1991, pp. 1213 – 234.

［194］Saint-Paul, G., "Technological change, financial markets and economic development", *European Economic Review*, 36, 1992, pp. 763 – 81.

［195］Seo Bong-kyo, Keun Lee and X. Wang, "Causes for Changes Performance of the Business Groups in a Transition Economy: Market-level versus Firm-level Factors in China", *Industrial and Corporate Change*, Vol. 19, No. 6, 2010, pp. 2041 – 2072.

［196］Shadish William R., Cook Thomas D. and Campbell Donald T., *Experimental and Quasi-Experimental Designs for Generalized Causal Inference*, Boston: Houghton Mifflin Company, 2002.

［197］Shdish, W. R., Cook, T. D., "Design rules: More Steps towards a complete theory of quasi-experimentation", *Statitical Science*, 14, 1999, pp. 294 – 300.

［198］Shirouzu, N., "Toyota is Tightening Control of Key Suppliers in Bid to Block Encroachment by Foreign Firms", *Wall Street Journal*, August 3: A18, 1999.

［199］Smelser J. Neil and Richard Swedberg (ed.), *the Handbook of Economic Sociology*, New York: Russel Sage Foundation. Princeton: Princeton University Press, 2005.

［200］Smith, J., "A Critical Survey of Empirical Methods for Evaluating Active Labor Market Policies", *Schweiz. Zeitschrift fur Volkswirtschaft und Statistik*, Vol. 136 (3), 2000, pp. 1 – 22.

［201］Smith, J. and Todd, P., "Does matching overcome Lalonde's critique of nonexperimental estimators?", Mimeo, 2000.

[202] Strachan, Harry, *Family and Other Business Groups in Economic Development: The Case of Nicaragua*, New York: Praeger, 1976.

[203] Tobin, J., "Estimation of Relationships for Limited Dependent Variables", Econometrica, 26, 1958, pp. 24 – 36.

[204] Vedung Evert., *Public Policy and Program Evaluation*, New Brunswick, New Jersey: Transaction Publishers, 2009.

[205] Warfiled, T. D., J. J. Wild and K. L. Wild., "Managerial Ownership, Accounting Choicesand Informativeness of Earnings", Journal of Accounting and Economics, Vol. 20 (1), 1995, pp. 61 – 91.

[206] WaQar I. Ghani, Omair Haroon and Junaid Ashraf, "Business Groups' Financial Performance: Evidence from Pakistan", *Global Journal of Business Research*, Volume 5, No. 2, 2011.

[207] White, M and Lakey, J., *The Restart Effect: Evaluztion of a Labour Market Programme for Unemployed People*, London: Policy Studies Institute, 1992.

[208] Williamson, Oliver, *Markets and hierarchies: analysis and antitrust implications.* New York: The Free Press, 1975.

[209] Williamson, Oliver, *The economic institutions of capitalism.* New York: The Free Press. 1985.

[210] Williamson, Oliver, "The vertical integration of production: market failure considerations", *American Economic Review*, 61 (2), 1971, pp. 112 – 23.

[211] Williamson, Oliver, "Markets and hierarchies: some elementary considerations", *American Economic Review*, 63 (2), 1973, pp. 316 – 25.

[212] Williamson, Oliver, "Transaction cost economics: the governance of contractual relations", *Journal of Law and Economics*, 22 (2), 1979, pp. 233 – 61.

[213] Williamson, Oliver, "Transaction Cost Economics: The Natural Progression", *American Economic Review* 100, 2010, pp. 673 – 90.

[214] Wong, G., "Business groups in a dynamic environment: Hong Kong 1976 – 1986", in G. G. Hamilton (ed.), *Asian Business Networks*, Berlin: Walter De Gruyter, 1996, pp. 87 – 112.

［215］Wooldridge Jeffrey M. , *Econometrics Analysis of Cross Section and Panel Data*, 2rd edition, Cambridge: the MIT Press, 2010.

［216］The World Bank Development Research, Center of the State Council, P. R. C. , *China* 2030: *Building a Modern*, *Harmonious*, *and Creative High-Income Society*, 2012, Conference Edition.

［217］Yiu Daphne, Bruton D. Garry, Lu Yuan, "Understanding Business Group Performance in an Emerging Economy: Acquiring Resources and Capabilities in Order to Prosper", 42 (1), 2005, pp. 183 – 206.

［218］Zattoni Alessandro, Torben Pedersen, and Vikas Kumar, "The Performance of Group-affiliated Firms during Institutional Transition: A Longitudinal Study of Indian Firms", *Corporate Governance: an International Review*, 17 (4), 2009, pp. 510 – 23.

后　记

本书是拙著《企业集团对公司绩效的影响及其决定因素研究》的姊妹篇，在对企业集团的绩效效应及其影响机制的研究基础上，本书把企业集团这一我国主导的企业组织形式放到了我国制造强国战略背景下，研究如何发挥企业集团在我国由制造大国向制造强国转变进程中的推动作用。

当前，新一轮科技革命与产业变革正在与我国加快转变经济发展方式形成历史性交汇，新的国际产业分工格局正在重塑。我国经济发展进入以中高速增长为特征的"新常态"，工业化、现代化进程站在新的历史起点上。制造业是实体经济的主体，是国民经济的脊梁，是国家安全和人民幸福安康的物质基础，是我国经济实现创新驱动、转型升级的主战场。形成中国经济增长新动力，塑造国际竞争新优势，重点在制造业，难点在制造业，出路也在制造业。可以这样说，推动制造业在调整中发展，在发展中创新，对于提升综合国力、保障国家安全、建设世界强国、实现两个百年的奋斗目标都具有重要意义。中国有全球最完善的工业体系，具有全球最为完备的工业体系和产业配套能力。这是我国实现制造业强国宝贵而难得的坚实基础。当前，中国和发达国家掌握新一轮工业革命的核心技术的机会是均等的，这为我国发挥后发优势、实现跨越发展提供了可能，我国可以通过掌握新工业革命的核心技术，成为制造业新的竞赛规则的重要制定者、新的竞赛场地的重要主导者，依靠工程科技创新和"并联式"发展，实现我国制造强国建设的宏伟目标。

实施制造强国战略首先要夯实微观基础，企业集团是我国的主导企业组织形式，是我国推进供给侧结构性改革，构建创新生态系统，迈向制造强国的重要基础和核心力量。当前，要顺应"互联网＋"的发展趋势，以信息化与工业化深度融合为主线，强化工业基础能力，提高工艺水平和产品质量，推进智能制造、绿色制造。同时促进生产性服务业与制造业融合发展，提升制造业层次和核心竞争力。关键是要着力发展一批具有国际影响力的制造企业集团、培育一批具有国际市场竞争力的品牌产品，发展一批具有较强自主创新能力的先导产业，以企业集团为核心构建我国创新生态系统，形成一大批具有国际竞争优势的"专、精、特、新"专业化生产企业，形成一批战略性新兴产业集群，增强技术创新和产业化能力，带动和促进战略性新兴产业的培育和发展，推动绿色产业发展壮大，抢占未来经济竞争的制高点。发挥企业集团的推动作用，坚持把结构调整作为建设制造强国的关键环节，大力发展先进制造业，改造提升传统产业，提升产品设计能力、完善制造业的技术创新体系、强化制造基础、提升产品质量、推行绿色制造、培育全球竞争力的企业群体和优势产业发展现代制造的服务业。推动生产型制造向服务型制造转变。

《中国制造2025》指出"制造业是立国之本、兴国之器、强国之基"，继续保持制造业的规模发展优势、着力提升制造业的质量效益、推进制造业的结构优化并坚持制造业的可持续发展是我国实现由制造大国向制造强国转变的必由之路，在这一伟大历史进程中将形成和发展一批具有国际竞争优势的制造业企业集团，推动我国实现制造业由大转强的历史性跨越。

雷德雨

2016 年 4 月